The
Price
of
Collapse ——————————— The Little Ice Age and the Fall of Ming China

崩盘

小冰期与
大明王朝
的衰落

[加]卜正民 著
陈佳臻 译

九州出版社
JIUZHOUPRESS

《崩盘：小冰期与大明王朝的衰落》序

我没有见过卜正民教授，但感觉对他很熟悉，原因是我不仅读过他的多部著作，更重要的是我对他的观点多有认同。在各种不同的场合，我经常推荐卜教授的著作，更是在多次课堂中以他的著作为典范。所以，当编辑告诉我，希望我能为这部著作撰写序言时，我没有推辞。

大家都知道卜教授是海外明清史研究的代表性人物，对全球史情有独钟，更是一个讲故事的高手，他能通过大家喜闻乐见的事例或传奇，来阐述自己的学术新见，经常别开生面，引人入胜。凡看过《维米尔的帽子：17世纪和全球化世界的黎明》的读者，无不为他讲故事的高超技术、深刻的学术洞察力及观察问题的独特角度所折服。说实在话，当开始读《崩盘：小冰期与大明王朝的衰落》这部书稿时，我以为卜教授仍是要通过陈其德这个地方士人的经历，来讲一个明亡清兴的故事，而这已是一个人所熟知且很难讲出新意，甚至说已经是一个很难让人感兴趣的故事了。

但是，当我即将读完第一部分"陈其德小传"时，我不能淡定了，立即感觉到这本书有"料"，有"大料"，迫不及待想要一口气读完。这不仅是因为卜教授所要阐述的问题重要，是我多年想知而不能知的难题，而且也是目前历史学界最为关注、最为重要的一些重大议题，比如如何评价前现代中国历史，如何理解前现代中国与世界的关系等，当然也包括如何重新阐释明亡清兴这样的老问题。读懂这本书不容易，这不单单是史料的复杂性问题，也不单单是无数商品的价格及货币单位换算问题，读懂这本书既需要跨学科的知识储备，更需要挑战传统观点的勇气。就此而言，这本书的理解难度远大于《维米尔的帽子》。

从价格史入手，将明代及清初连续三百年的历史纳入自然史和全球史的框架中来考察，是本书最值得称道的地方。当然，本书的核心问题是重新解释大明"崩盘"的根本原因。

现代科学技术的进步，使人类应对自然的能力大大增强。不仅如此，各种先进的现代技术还使人们能够在一定程度上改造自然、驯服自然，使自然能够服从于人类的需要。因此，现代社会的一个突出特征是"变"，有时变得还非常之快。然而，在前现代社会，人们改造自然的能力极其有限，我们的先人只能服从依顺大自然。除少数城邦或近海小国主要依靠工商贸易生存外，几乎所有前现代社会的经济基础都是农业。正是因为人在大自然面前的力量有限，所以前现代社会的一个突出特征是稳而不变或稳而小变；如果发生剧烈变化，那一定是外部原因引起的，其中气候就是一个非常重要的外部因素。气候条件是制约农业发展的最大因素，因此从气候史角度去理解、观察前现代社会的变迁，无疑是非常必要的。

然而，仅仅从气候的角度去理解明清这个时段的历史，并没有任何新意。因为早在20世纪初就有竺可桢等著名学者提倡气候史研究，而与之相关的环境史研究在近年更是为人关注。卜教授在细读史料时发现，在前现代经济中，气候、环境、粮价与社会稳定之间存在直接关联。这些事实可以说司空见惯，但此前研究者并没有特别关注，更没有将其中的关系引入研究之中。而正是这个发现，卜教授才有了讲《崩盘》这个故事的冲动，我认为这是到目前为止他讲的最为生动、最为成功的一个故事。

将粮价纳入考察气候和环境变化的文献指标，是卜教授的过人之处。他发现，明代中国粮价与气候变化之间有密切关系，通过明代价格史与气候史的综合分析，能够窥见明代兴亡的秘密。比较而言，此前历史学者从政治、经济或道德等方面所做有关明清易代原因的分析就未免相形见绌了。正是从这个意义上，卜教授认为，明朝的灭亡实际上可以视为一场长达两个世纪的生存危机的结束，而这一危机产生的根本原因是气候变化。

发现物价与气候之间的关系，但如果没有系统物价数据的支撑，同样是水中之月。很显然尽管明代留存的经济史资料足够多，但是物价方面的资料非常有限。卜教授敏锐发现，明代物价整体上是比较稳定的，每当灾荒发生时，各种资料尤其是方志中关于物价的记载就会更多。编撰者之所以记载灾荒时的价格，是因为这些价格是特殊史实，记载这些特殊史实并非为了说明经济状况，而是为了铭记创伤，引人警觉。这些异常的灾荒价格资料具有重要的史料价值，由此可以建立起明朝粮价波动与气候变化之间的联系；而记载的有关天气现象，如冰雹、蝗灾、龙现、黑瘴、瘟疫、龙卷风、地震、山体滑坡、暴雨等，则为气候史、社会史、疾疫史、灾害史等提供了宝贵资料。

通过对粮价波动与气候变化的比较分析，卜教授发现在诸多气候条件中，气温和降水因素对农业生产的影响最大，如果出现其中的任何一种，文献中都会有关于环境危机、饥荒等社会问题的记载。明朝后期出现的历次危机，几乎都与气候变化以及由其引起的物价上涨相关。作者将危机称为"深渊"，认为明中后期出现了六次"深渊期"，其中万历和崇祯时期的两个"深渊期"影响最大。"万历深渊二期"（1615—1620年），导致女真人的崛起，东北严寒的气候逼迫女真人持续南下，并加强了同明朝的斗争；而"崇祯深渊期"（1638—1644年）的极端天气，不仅是明朝二百多年中最猛烈的，甚至堪称千年来气候最为恶劣的时期（持续干旱），华北尤其严重。极端的气候变化导致粮食价格腾贵，北方粮价更是在南方的10倍以上，远远超出了人们所能承受的上限。至此，明代的价格体系完全崩溃，随之而来的就是大明王朝的崩溃。入清以后，粮食价格尽管有所回落，但价格区间的底部已经太高，因此清朝百姓的生活水平总体来说低于明代，这是显而易见的。作者还饶有趣味地说，满人能够统治中国，可能是因为他们更能适应寒冷干燥的气候。上述对明兴清亡的解释，无疑比传统解释更有说服力。

将中国历史放在全球史视野中来考察，是本书的另一个显著特点。卜教授认为，明代中国不是一个自我封闭的世界，而是与全球有着复杂的联系，而这种或主动或被动的联系，对明代历史产生了极大的影响。比如，美洲曾经是西班牙重要的布料市场，但由于中国布料价廉物美，从马尼拉远道而来的中国布料，很快就占领了西班牙在美洲的布料市场，每年大约有200比索的白银从美洲运到马尼拉购买中国布料。那时的中国居然与今天极为相似：人工成本低，生产能力强，产品价格低，在世界各地的低端市场具有很强的竞争力，白银大量流入国内，长期是贸易顺差国。

白银问题是近三十年来全球史及明史研究的热点，不少学者通过白银的全球贸易，论证明代不仅参与了经济全球化的过程，而且以强大的吸银能力证明明代商品经济的繁荣。卜教授提出了完全不同的解释，他认为，从全球背景考察，从美洲运到中国的白银数量有限，即使在对外贸易最活跃的万历年间，运来中国的白银仅占秘鲁矿山开采量的7.5%；绝大部分白银被运往欧洲和其他地方，运到欧洲的白银最多，而其中的一部分白银又从欧洲转运到中国。很显然，卜教授并不同意贡德·弗兰克在其著作《白银资本》中的观点，尽管他经常对弗兰克赞赏有加。他进而对明朝因白银大量流入而扩大了货币供应并引起价格上涨的观点提出质疑，认为这种观点是缺乏史实依据的。中国巨大的经济体量，以及政府购买的特殊体制，使有限流入的白银不足以引起物价的上涨，最多可能只影响到部分商品（如奢侈品）。白银之所以流入中国，一方面当然是中国的商品价廉物美，受到欧美人的欢迎，他们愿意用白银购买；但更大程度上是因为中国金银的兑换比例对欧洲商人有巨大的吸引力：明代金银的兑换比大约为1∶5，而当时欧洲的兑换比率则大约为1∶12。也就是说，白银在中国的购买力强，黄金在欧洲的购买力强；中国银贵金贱，欧洲银贱金贵。在市场法则下，直接导致白银持续不断地进入中国，而黄金则大量从中国流出。因为中国与欧洲之间金银兑换比率长期如此，所以一直到清朝，始终是白银流入，黄金流出。而随着欧美金本位的确立，中国经济的发展动力及融入全球的能力越来越弱。这些问题尽管本书没有涉及，但对于我们理解经济史和全球史是非常有用的。

　　作为一个研究中国史的欧美学者，卜教授经常说自己研究中国历史是一个"局外人"。的确，无论对中国的感知，还是史料的运用等方面，外国学者研究中国史可能有诸多不利之处。但实际上，卜教授对中国历史的深入体察以及对史料的熟练程度决不输中国学者。不仅如此，他还更是将"局外人"这种劣势转化为了优势，以"他者"的眼光观察中国历史，而"他者"的判断不仅可能更为客观，而且更有可能发现新问题并解决新问题。本书的实践，就证明了这一点。

　　卜教授运用史料的非凡能力令人赞叹，他的算术能力更是让人叹为观止。于不可能处发现可能，于不可算处算出数据，卜教授的确做到了。经济史学者最为重视数据，记得著名学者吴承明先生曾说，凡能用数字证明的观点，没有必要浪费文字。卜教授披沙拣金，从三千多部方志中，零星提取出了777份关于灾荒价格的数据，正是依靠这些坚实的数据，给我们讲述了大明王朝"崩盘"的根本原因。

　　这是一部有趣的著作，但读懂不易。

清华大学历史系教授　仲伟民

2025 年 5 月 1 日

目 录

序　一位价格史学者的自我简介　xiii

壹　陈其德小传　1
　　明人对价格的认识　13
　　国家在场　17
　　价格作为数据　22
　　可能性的限度　27
　　灾荒价格作为气候指标　31

贰　太平盛世？万历年间的价格体系　37
　　记　账　43
　　两位知县　46
　　何为 1 分、1 钱、1 两　50
　　在粤西班牙人　59
　　华北平原的一位知县　63
　　万历朝价格体系下的生活成本　67

收　入	72
富人世界的价格问题	77
奢侈品经济中的价格	81

叁　白银、价格与海外贸易　　87

海外贸易	93
朝贡与贸易	99
南海贸易中的价格问题	106
瓷器贸易中的价格问题	114
对外贸易对价格的影响	118
支持贸易	123
麦哲伦大交换？	128

肆　灾荒时期的粮价　　133

粮　价	137
方志中所见的灾荒粮价	139
灾荒价格的分布状况	147
上天、气候与灾荒	155
六次深渊	162
价格高涨	166

伍　崇祯时期的价格猛涨　　175

长时段下明朝的价格变化	182

万历年间短期的价格变动　　　　　188
后崇祯时期价格的再稳定　　　　　192
崇祯年间的价格猛涨　　　　　　　197
明朝崩溃时的灾荒价格与气候扮演的角色　201

后　记　气候与历史　　　　　　　205
附录A　计量单位　　　　　　　　213
附录B　明朝皇帝年表（1368—1644年）　214
附录C　参考表　　　　　　　　　215
参考文献　　　　　　　　　　　　231
译后记　　　　　　　　　　　　　255

附　录

表 1.1　计量单位　213

表 1.2　明朝皇帝年表（1368—1644 年）　214

表中所用文献缩写　215

表 2.1　1562 年浙江官员日用家具（家伙）公开布告价格　216

表 3.1　英国东印度公司年度从亚洲进口到欧洲的商品，约 1620 年　219

表 3.2　马尼拉部分商品的价格与中国国内价格的对比，约 1575 年　220

表 3.3　约翰·沙利思所记部分离岸价格与中国国内价格的对比　221

表 5.1　1368 年与 1451 年价格清单中部分价格变化及其百分比　222

表 5.2　1368 年与 1562 年、1565 年部分价格变化及其百分比　223

表 5.3　1368 年与 1590 年间实际价格的变化　224

表 5.4　《程氏染店查算帐簿》部分材料价格，1593—1604 年　228

图

图 4.1　以铜钱、白银计价的灾荒粮价（每斗），　153
　　　　1440—1647 年

图 4.2　中国的气温与降水偏差，1260—1644 年　159

图 4.3　灾荒粮价（每斗）记载，涉及粮种是大米、　169
　　　　小米、小麦，1628—1647 年

图 5.1　以铜钱计价的年度灾荒粮价（每斗），1440—　198
　　　　1647 年

_# 序
一位价格史学者的自我简介

我们所处的世界，总给人一种急剧变动且反复无常的感觉。要想从这种变动所带来的苦恼和沮丧中得到解脱，我们就要说服自己，"变"是当代生活的鲜明特征，它使我们有别于前人生活于其中的更单调的世界。过去十年来，气候变化、物价上涨、政治野心的发展速度和规模所造成的动荡，比我们这些年迈的人所经历过的都要大得多。然而我们也没什么理由确信，目前的这种变动比往昔更为剧烈，毕竟我们的祖辈曾经历过朝不保夕、累累如丧家之犬的日子。本书所述的17世纪40年代初的中国正是这样的一个时代，出现了大规模气候变冷、疫病流行、兵连祸结，并因此造成数百万人死亡。

17世纪40年代初期，全球正经历较长时段的低温，专业术语称为"小冰期"。气象史学者根据欧洲记载的史料数据，将这次小冰期的开始时间定在16世纪80年代。与中国一样，当时的欧洲也突然进入降温期。但现在被更为广泛接受的观点是，这一寒冷时段应始于14世纪。①到了17世纪30年代末，小冰期开始进入一个更加寒冷的阶段，即所谓的"蒙德极小期"——该专业术语乃为纪念天文学家安妮·蒙德及沃尔特·蒙德夫妇（Annie and Walter Maunder）而订，他们假定地球的温度与太阳黑子活动衰微之间存在联系，并将此现象出现的日期确定在1645—1715年。

这次气温下降，加速了国号"大明"的朱明王朝（1368—1644年）的崩溃。在近三个世纪的小冰期里，明朝较为稳定地持续统治了很长时间。②它的覆灭虽非由气候一手造成，但如果不探讨彼时的气候以及人们对气候变化的反应，就无法解释明朝的崩溃。明朝当然也做出了反应，但在17世纪30—40年代的气温骤降中，其反应无力回天。我在此将要叙述的，并非治明史诸生所熟知的导致明末崇祯皇帝自缢和1644年清军入关的政局动荡、战乱不已的史事。③反之，我更倾向于将明朝的覆灭视为一场长达两个世纪的生存危机的结束，且正是这一危机将明朝百姓推向动荡的时局，而他们只能将此释为"天谴"。我将采用不同的叙事角度，很大程度上把明朝衰亡叙事中常见的政事、党争及兵祸等搁置一边，而将重点放在我们熟视无睹、平平无奇的价格数据上。

---

① Le Roy Ladurie, *Histoire humaine et comparée du climat*, 17–29. 有关小冰期的各项实物指标，可参见 Mann et al., "Global Signatures and Dynamical Origins of the Little Ice Age and Medieval Climate Anomaly"; Campbell, *Great Transition*, 335–344; Degroot, *Frigid Golden Age*, 2–9, 31–41. 有关小冰期树木年轮数据的最新成果，可参见 Wilson et al., "Last Millennium Northern Hemisphere Summer Temperatures"。我的研究也能支持中国经历早期小冰期这一论点，参见卜正民：《九渊》，第30—44页。
② 有关"王朝"的概念，可参见 Brook, "Great States"。
③ 相关史事的更多细节，可参见 Parsons, *Peasant Rebellions of the Late Ming Dynasty*; and Wakeman, *Great Enterprise*。

在这方面,我并非科班出身的价格史学者或气候史学者。我在研究分析中国 13 世纪以来历史发展变迁的职业生涯中逐渐被前述研究领域所吸引,乃因我尝试将关注点转移到超越中国本身的宏大背景下来理解中国,而这种研究范式在我开始研究时并不流行。我在 20 世纪 70 年代进入研究生院时,恰逢价格史和气候史领域的研究刚刚起步。① 我开始研究中国价格史要归功于我在哈佛大学攻读研究生时的导师杨联陞,但不凑巧,价格相关内容从未成为我们交流或研究的主题。1952 年,杨联陞教授出版《中国货币与信贷简史》(*Money and Credit in China: A Short History*)一书,副标题是谦逊的"一部简史",为我们提供了第一部研究中国货币、信贷问题的英文专著。氏著并非像以往学者那样,从钱币学的角度来研究货币,而是从货币在经济生活、公共财政中的地位和作用出发来研究货币。他的结论是,"货币与信贷的有限发展反映了传统中国的本质",现在听起来在文化主张上过于笼统,对中国财政能力的评价也过于悲观,但终究为肇始之作。② 由于杨联陞教授是根据欧洲经验得出有关中国财政制度的研究成果的,因此他在一定程度上认可欧洲货币、信贷记录在理论上的优先级。尽管如此,他坚信存在一种将中国和欧洲置于同一个框架体系中进行考察的方法,而这是对彼时中西学界将中国视为例外的旧研究范式的一种可喜的反击。氏著较少探讨价格问题,乃因作者对货币作为一种计价媒介,而非货币所促成的实际交易更感兴趣。他关心的是在制度意义上审视货币是什么,而不是货币能

---

① 有关欧洲历史学者开始关注气候史的情况,可参见 Le Roy Ladurie, "Birth of Climate History"。

② Yang Lien-sheng, *Money and Credit in China*, 103.

买到什么。

杨联陞教授为英语世界读者撰写氏著的同时，比他年长 7 岁的一位上海银行家彭信威正在撰写其巨著《中国货币史》。彭氏的详尽研究成果于两年后出版，至今仍是学习中国货币史诸生的入门教材，其 1958 年的修订版和爱德华·卡普兰（Edward Kaplan）1994 年的英译本被得到引用。与杨氏重点关注公共财政不同的是，彭信威从钱币学角度来探讨价格问题。他将价格视为重建和检验货币价值变化的数据，而非人们如何体验所谓经济的指标。① 依彭氏的观点，价格取决于货币的价值，本身并无独立的价值。相比之下，我所关注的是对必须支付价格的人来说，价格意味着怎样的算计和策略。货币史和价格史是不同但又互补的研究范式，旨在提供不同的研究视域。

1979 年，我去东京大学攻读博士学位，尽管我当时尚未意识到，但我应该是在那里开始接触价格史的。那两年的乐趣之一，是与一位年轻的研究学者岸本美绪（Kishimoto Mio）建立了友谊。当时她的名字还是中山美绪（Nakayama Mio），尚未结婚，未改姓岸本。在我们认识的那一年，她发表了两篇关于 17 世纪中国价格史的佳作，一篇是用日语撰写的关于长江下游地区商品价格的研究，另一篇是用英语撰写的关于同一时期该地区谷物价格的研究。② 当时我为自己的研究课题所分神，未能拜读这些重要

---

① 彭信威：《中国货币史》，第 442—469 页；Kaplan, *Monetary History of China*, 597–616.
② Nakayama, "On the Fluctuation of the Price of Rice"; Nakayama, "Shindai zenki Kōnan no bukka dōkō."关于 17 世纪清代价格的其他研究，还可参见 Y. Wang, "Secular Trend of Prices during the Ch'ing Period"; Marks, "Rice Prices, Food Supply, and Market Structures"; Will and Wong, *Nourish the People*。

著作，更不承想几十年后我会追随她的科研步伐。

直到20世纪90年代，崔瑞德（Denis Twitchett）邀请我为《剑桥中国史》(The Cambridge History of China) 撰写一篇关于明代商业的文章，价格问题才真正引起我的关注。我本打算在该文中提及相关价格数据，但我发现可利用的材料少得可怜。即使如此，20世纪90年代仍是一个开始思考价格问题的好时机，因为包括我在内的一批治中国史学者开始将中国史置于世界史脉络中进行比较与联系。1998年，研究欠发达理论的学者安德烈·冈德·弗兰克（Andre Gunder Frank）在其充满活力的论著《白银资本》(ReOrient) 中向治史学者提出理论挑战，呼吁他们摒弃现有的欧洲中心主义研究范式，转而从亚洲的视角进行思考。冈德甚至以旁听者的身份参加了我在多伦多大学举办的研究生研讨班，这使得切磋更在当下，挑战更须直面。他的核心观点是，白银扮演了联结区域贸易体系与全球商品交换网络的角色，而价格是其中的调节因素。① 西班牙人监督美洲银矿的开采，中国人则生产物美价廉的纺织品和瓷器，世界各地的商人纷纷涉足这一贸易业务。这一建构模型既雄心勃勃，令人耳目一新，又简单易懂，颇具说服力。尽管后来有人批评这一模型过于简化复杂的关系网络，但对我们这些希望将中国置于更加全球化、联系更加紧密的世界历史视角中的人来说，无疑是有力的号召。②

在此背景下，千禧年结束前出现了四部参与这一范式转换讨论的专著：万志英（Richard von Glahn）的《财源》(Fountain

---

① Frank, *ReOrient*, ch.2.
② 对弗兰克的假说进行鞭辟入里的批判的成果，可参见 Deng, "Miracle or Mirage"。

of Fortune）、王国斌（R.Bin Wong）的《转变的中国》（China Transformed）、我的《纵乐的困惑》（The Confusions of Pleasure）和彭慕兰（Kenneth Pomeranz）的《大分流》（The Great Divergence）。这四本书出版于1996—2000年，帮助中国研究摆脱了欧洲中心主义的守旧范式，进入全球史视野。我们的确未曾仔细研究价格问题，但我们确实提出了与价格相关的问题。对价格的了解是否有助于我们比较中国和欧洲的经济？中国的价格数据是否有助于确定中国经济对全球经济体系中价格的影响程度？这些价格在日本人和欧洲人进入贸易网络的过程中又起到了何种作用？或者说得更直白一些，明朝的价格是否意味着，明朝商人以各类产品博易金属货币的做法，相当于变相接收了西班牙征服者和日本军阀的战利品？我们没有答案，但至少我们提出了问题。

我对明代中国消费文化和社会投资的关注，让我进一步关注到了价格问题。当我开始搜索相关史料时，我从阅读的文本中抬起头来，意识到消费史不仅指向价格史，还指向气候史，正因所处乃气候动荡时期，价格才会上涨，编年史家也才会想到将之记录下来。本书总结了我此前的发现。与其说它是一部关于明朝价格史的书，不如说它描述了价格在调和明朝人民与不利于他们的气候之间的关系时所发挥的作用。虽然大部分文献皆为明朝精英撰写和出版，但我的目标是了解一般民众的情况，以便更好地理解他们在买卖商品和服务时所做出的决定，特别是彼时中国正处于从繁荣陷入灾难的时期。

在研究明朝价格的岁月中，我非常感谢支持这项工作的学生和同人们。从浩如烟海的明代文献中获取关于价格的史料辛苦且乏味，因此我特别感谢我以前的学生戴尔·本德（Dale Bender）、张海浩（Desmond Cheung）、戴联斌（Lianbin Dai）、费丝言（Si-yen Fei）、陆永玲（Yongling Lu）、司徒鼎（Tim Sedo）、弗雷德里克·勃默特（Frederik Vermote）和严旎萍（Niping Yan）等能为我分忧解劳。我还要感谢我的同人格雷戈里·布卢（Gregory Blue）、包筠雅（Cynthia Brokaw）、杰里·布罗顿（Jerry Brotton）、彼得和罗斯玛丽·格兰特（Peter and Rosemary Grant）夫妇、何谷理（Robert Hegel）、杰弗里·帕克（Geoffrey Parker）、阮思德（Bruce Rusk）、理查德·昂格（Richard Unger）、魏丕信（Pierre-Étienne Will）以及王国斌等惠赠史料，或助我琢磨本书所涉议题，尤其特别感谢万志英对本书终稿的仔细审定。

项目初期的资金支持来自约翰·西蒙·古根海姆纪念基金会（John Simon Guggenheim Memorial Foundation）。书中使用的一些史料曾于2010年哈佛大学赖肖尔讲座（Edwin O. Reischauer Lectures）中发表，同年稍后又在魏丕信的盛情邀请下，于法兰西学院举办了第二场讲座。同样要感谢的还有施奈培（Burkhard Schnepel），他在2016年邀请我到德国哈勒的普朗克社会人类学研究所，对全球贸易价格进行深入研究。感谢薛凤（Dagmar Schäfer），她在三年后邀请我前往柏林的马克斯·普朗克科学史研究所做访问学者，并在陈诗沛（Shih-Pei Chen）、叶桂林（Calvin Yeh）的协助下，通过LoGaRT（地方志研究工具）访问柏林国家图书馆CrossAsia门户网站搜集史料。若非他们，我想进行的特定技术分析恐难实现。

在我的写作历程中，有三位编辑对我影响颇深，在此并致谢忱。索菲·巴雅尔（Sophie Bajard）建议我写一本关于明代环境史的书，尽管本书最终与其设想初衷并不一样。凯瑟琳·麦克德莫特（Kathleen McDermott）对初稿的坦率回应，使该书免于沦落为一本无人问津的书，甚至更让我写出了我真正想写的内容。还有普利亚·纳尔逊（Priya Nelson）对我工作的热情支持，为我的书在普林斯顿大学出版社找到了新家。最后，如若本书尚具可读性，那一定是因为费伊·西姆斯（Fay Sims）饶有兴致地耐心听我大声朗读终稿，并及时提醒我行文中的磕绊处。

陈其德小传

是时,积米一担,博价一两有六。然米价腾贵,仅以月计,便觉野无青草,树无完肤,而流离载道,横尸遍路矣。

予生也晚，不及见洪、永（1368—1424年）开辟之盛，并不及见成、宏［弘］（1465—1505年）熙皞之时。①

陈其德晚年时常常带着一丝沮丧回顾往事。未能生活在明君治下久远的大明盛世，算是他的一个较小的遗憾，他在落款日期为崇祯十四年中元节（1641年8月21日）的《灾荒记事》开篇表达了这样的情感。这篇文章与第二年的另一篇文章《灾荒又记》，共同描述了明朝大厦将倾的最后时刻。

浙江桐乡位于上海西南方向约100公里处，地处富庶的长三角核心，是陈其德的家乡。陈其德所目睹的"大厦将倾"，即在此地。陈其德本为"苜蓿多年"的平庸学官，若非这两篇灾荒文字幸存，后人大概已经遗忘了他。这些文字得以流传下来，很大程度上归功于嘉庆十八年（1813年），同里后学将之附入陈其德薄薄的家训《垂训朴语》中。是书虽付梓，但据我所知，现存仅有南京图书馆所藏孤本。而陈其德的两篇灾荒文章得以为史学研究者所关注，更多是因为1877年版《（光绪）桐乡县志》的收录。

---

① 陈其德:《灾荒记事》，见其文集《垂训朴语》，第16a—20a页，以及《桐乡县志》(1887年版)卷20《祥异》，第8a—10a页。本书所引《桐乡县志》，皆为该版本。

《桐乡县志》记录了当地的历史沿革,陈其德的文章也正依托于《桐乡县志》中对明末本地重大事件的记载,其关于17世纪40年代早期的记录才能跨越四个世纪而流传下来,并为我所关注,成为本书立论基调的重要参考文献。我将在下文对陈其德这两篇文章展开个人评述。

《灾荒记事》开篇,陈其德表达了对明朝前中期列位圣君的虔诚追思,并从抽象的遗憾转向对个人往事的怀旧。

> 犹记万历(1573—1620年)初年,予始成童,在在丰亨,人民殷阜。

陈其德本人的生平,我们只能从他作品的只言片语中推断。如所引这段话,大致可知其出生于隆庆年间(1570年左右)。其《垂训朴语》中有《本来十乐》一文,略言及其家庭生活。据其文,陈其德"幸生于耕读书家",这意味着在传统"四民"序列中,陈其德的家境应属财富积累尚可,能够提供良好教育环境的士绅阶层,"为四民首",因而他得以"觉人世宽展无碍"为其中一乐。[①] 与其他士子一样,陈其德也曾发奋读书,希望通过"学而优则仕"的科举来实现忠君报国的抱负。"三年一大比"几乎贯穿了他整个20岁生涯,惜乎屡试不第。而立以后,陈其德放弃了科举,转而在当地出任学官,并在接下来二十多年的时光中安分其职。可以说,陈其德是当地士绅阶层下层一分子,其本人"学博其德",为明季有道之人。

陈其德为万历时代的物阜民丰提供了最有力的证据:

---

① 陈其德:《垂训朴语》,第14b—15a页。

斗米不过三四分。

　　陈其德提到的"米",是某些谷类的种子。在长三角地区,"米"通常指代大米。相较于中国北方人对小米、小麦的热爱,南方人更青睐大米。"米"的计量单位是"斗",字面意思是用1勺或1桶称量。若以西制计量单位折算,1斗约等于1.2配克、2.8美制加仑或10.7升。我以"配克"(peck)来对译"斗",但二者之间的换算并不精确对等。陈其德提到的货币单位是"分",这是古代中国计算白银价值的常用小单位,意为"百分之一"。但货币的标准计量单位是"两"①,1两等于100分,白银1两,约折算为1.3盎司(约37.3克),大致相当于1支铅笔的重量。我以英语中的"cent"对译"分",取今日1美元等于100美分的用法。而以"tael"对译"两",则主要因16世纪葡萄牙人受马来语单词"tahil"(重量)的影响。这种对译亦非完全符合规范,因此我需要在此提醒读者,尽管换算有相似之处,但在明朝,1分白银虽大致只等于1/3克,在购买力上却并非微不足道的小数目,在陈其德年幼时能买1加仑大米。②

　　起码在陈其德看来,物价低廉,意味着几乎所有人都能实现繁荣富裕。没有人担心食不果腹。

　　欲以粟易物便酸鼻。弃去豆麦,辄委以饲牛豕。而鱼鲜

---

① 为了更好地了解明朝中后期的"白银货币化"问题,可参见黑田明伸(Kuroda Akinobu),"What Can Prices Tell Us about the 16th–18th Century China"。
② 更多关于重量与货币计量单位的介绍,可参看附录A"计量单位"中的表1.1。

鼎肉之类，比户具足。人以为长享如是耳。

但在经历了后来发生的事情后，陈其德也给予这种繁荣生活一定的负面评价。盛世自得安享，但其中也孕育着社会道德危机。他具体指出：

岂知人心放纵，天道恶盈。一转眼而岁在戊子（1588年），淫雨淋漓，远近一壑。越己丑（1589年），赤地千里，河中无勺水，鞠为茂草者两月。

陈其德的记忆分毫不差。1588年和1589年这两年自然灾害频发，先是暴雨倾盆，而后则是严重的干旱。作为儒家学说的卫道士，陈其德唯一能解释这两次天灾的理论就是寻找天灾频发背后的"人祸"。在他看来，万历初年的丰稔导致人们丧失了道德准绳。旱涝并不仅仅是自然灾害，而是上天的警告。陈其德谈回米价，试图将天谴的严重性进行量化。

当是时，积米一担，博价一两有六。然米价腾贵，仅以月计，便觉野无青草，树无完肤，而流离载道，横尸遍路矣。

斗米价格升至16分，已经是原来的4到5倍。高昂的米价下，穷苦民众只能转而搜刮周遭自然环境中可攫取的任何替代食物，下至青草，上至树皮。社会动荡随之而来。

谈完1589年的天灾后，陈其德的叙述跳跃到17世纪20年代。

彼时，天启皇帝（1621—1627年在位）御下无方，阉党播虐，明朝政权岌岌可危，政治精英及卫道士们对此皆大失所望。陈其德简要地描述了这一时期的混乱，并将之视为上天垂警。然后，陈其德的叙述跳回了他此文最终要描述的时期，崇祯皇帝（1628—1644年在位）的统治末年。①

> 至崇祯十三年（1640年），大雨积雨弥月。较之万历戊子（1588年），水更深二尺许，四望遍成巨浸。舟楫舣于床榻，鱼虾跃于井灶。有楼者以楼为安乐窝，无楼者或升于屋，或登于台，惟虑朝之不及夕也。

在这里，陈其德再次谈到米价，以此来量化天灾程度并追踪其发展进程。

> 米价初自一两（1石或10斗）余，渐至二两余。至水退，而吴兴（桐乡西北之邻郡）之农父，重觅苗于嘉禾（嘉兴之禾，嘉兴乃桐乡所在州府），一时争为奇货。即七月终旬，犹然舟接尾而去也。

在这里，陈其德的计量单位已经从"斗"上升为"石"。"石"的字面意思是"石头"，大致约为"百升"。以1石米价除以10，可以得到1斗的价格。1640年时，1斗米价已经涨到了10分，然后进一步涨到20分。

---

① 关于明朝诸帝的年号及在位时间，请参看附录 B 表 1.2 "明朝皇帝年表（1368—1644年）"。

与1588—1589年的情形如出一辙，第二年大旱取代了洪水。1641年的旱情极为严重，旱魃为灾，河流尽涸。米价又上升到了一个新的高度。

> 米价自二两骤至三两，乡人竟斗米四钱矣。虽麦秀倍于他年，终不足以糊口。或啗糠粃，或啗麦麸，甚或以野草树肤作骨，而糟糠佐之。

米价变动造成的经济影响便是市场倒闭，而其社会影响则更是灾难性的。

> 即素封之家，咸以面就粥。二餐者便称果腹，而一餐者居多。夫弃其妻，父弃其子，各以逃生为计耳。若动用什物，山积于市，得用者半估携之而去。至美好玩弄之器，莫有过而问者。呜呼！民穷极矣！

因为可以质典之物枯竭，典当行也只能关张。还有力气下地耕作的农民才把庄稼种下，飞蝗便遮天蔽野而来，禾苗之类无一幸免。溪流也干涸了，田地无水可浇。疫病随之而来，且很可能是鼠疫，民户染疫者，十室而有五六。许多人"就木"，"而无木可就者，不过以青蝇为吊客"。

随后，陈其德再次把叙述内容转向了价格，并从米价谈到了其他食物的价格，以强调他所说的物价越来越高的情况。

> 彼如日用之物，无不数倍于昔。即鸡之抱子，鸭之生

雉，亦四五倍之。以至豆之作腐，非数十余钱。

唯一便宜到不需要以银钱计价的是用来制作豆腐的大豆。陈其德用薄薄的方孔铜铸钱币来标价，这种铜币是用来购买小件物品的，其计价单位被称为"文"，字面意思是"写印"，系指这类铜钱通常会将铸币时在位皇帝的年号刻于钱币的正面。同样，葡萄牙商人再次效仿马来语，将这种铜钱称为"caixa"（西班牙语则为"caxa"），英语中的"cash"就是从此演变而来的。[①] 由于"cash"一词现在在英语中已经有其他含义，所以我选择使用古代英语中表示低价值铜币的词"copper"来对译"文"。明初，千文铜钱的名义兑换额是 1 两白银，但很快铜钱升值，每两白银只能兑换 700 文左右的铜钱，即 7 文铜钱值 1 分白银。1 文铜钱并不多，可以买 1 块豆腐，或 1 张普通的写纸，或 2 双筷子，或 1 磅木炭。[②] 2 文铜钱可以买 1 支廉价毛笔，或 1 根柏木香，或 1 块米糕。贫困者攥紧手中的铜钱，而富人从不屈尊俯拾地上的铜钱——除非此举所可实现的真正价值与铜钱的薄利无关。[③] 锱铢

[①] Finlay, *Pilgrim Art*, 33. 该文指出，此马来语源于泰米尔语，原意为"小锡币"（karshápana），后来逐渐转变为汉语中的"价值"一词。我认为这种词源追溯靠不住，因为"价值"一词早在汉代就已经出现了。

[②] 纸的价值，见彭信威：《中国货币史》，第 469 页注释 20；木炭与筷子的价值，见海瑞：《海瑞集》，第 88、130 页。

[③] 李芳的家族是嘉兴最富有的家族之一。他曾在出门时注意到门外的泥土中有一枚铜钱，但没有过多在意就迈了过去。那天稍晚的时候，他又想起那枚古怪的铜钱，于是回去，打算捡回来一探究竟。但他发现铜钱已经被别人捡走了。李芳怀疑这是一枚"恶钱"，即掺杂其他成分或缺斤少两的劣币。于是他派了一个仆人去找到这个捡钱的人，并提议用自己一枚良币交换。引自谈迁：《枣林杂俎》，第 593 页。

必较成了讽刺守财奴的贬义词。① 托钵行僧会因为所谓气节而拒接 1 文钱的施舍，但对几十文钱的施舍则坦然受之。② 到了 1641 年，买 1 块豆腐竟然需要数十文铜钱，这证明饥荒年代铜钱分文不值的事实。

通胀之下，能吃的活物都被人们吃掉了。

> 则八口之家不能沾唇。又自猪料一贵，中人之家，不能豢一豕。所谓二母彘者，早已付之鼎俎。前此或白镪一两，可得汤猪一口，今则一猪首亦索价八九钱。故昔之鸡犬相闻者，今即闹市之中，倾耳听之，早上得一鸡声，便如华亭鹤唳。

文章最后，陈其德提醒读者不要将这篇《灾荒记事》"视为老生腐谈"。存者应当庆幸自己度过了艰难岁月，但也不应该忘记曾经的苦难，仿佛一切都没有发生过。只恨又有几人能够长自警省呢。

但天灾远未终结。陈其德在 1641 年中元节搁笔后，绝没想到更糟糕的日子还在后头。一年又一个月后的中秋节，也就是 1642 年 9 月 8 日，陈其德再次执笔，踵去年故事再次叙述下去。他以去冬大米严重短缺一事开篇，不再谈及高昂的米价，乃至于连价格也不曾提及，因为市面上根本没有大米可以交易。

---

① 彼时许多外国游人的记载中都提到明朝寻常百姓非常在意每一文钱，堪称毫厘不失、锱铢必较。参见 Ch'oe Pu, *Record of Drifting across the Sea*, 157。关于晚明文学中的铜钱，又可参见 Shan, "Copper Cash in Chinese Short Stories," 230–235。

② Girard, *Le voyage en Chine*, 125.

是时市上无米可贸,即有米,亦过而不问。富者仅觅豆觅麦,贫者或觅糟糠,或觅腐渣,贷得糠皮数斗,便喜动颜色。至十五年(崇祯十五年,1642年)春,青草初生,遍野俱掬草之人。前此犹择草而食,至此则无草不食矣。乡人成担担来,须臾罄尽。即鬻蔬果,未有若此之速售也。

更甚者,饿汉弃子于市,甚至有杀食子女之人。疫病愈重,十室有九尽皆得病。人们拼命想要阻止这种恶性循环,将他们所能搜刮到的仅有的食物拿去向神明祷祝,祈求神明保佑,尤其是在疫病复燃之后。陈其德说,这种可悲的做法只会让食品价格"倍长于去年"。

又因病者祈祝太甚,食物倍长于去年。大鸡二足,得钱一千,即小而初能鸣者,亦五百六百。汤猪一口,动辄自五两至六七两。即乳猪一口,亦一两五六钱至一两七八钱。若小厮妇女,反不过钱一千二千。又安见人贵而畜贱耶?

此处,陈其德使用两种不同的货币计价。鸡用铜钱计价,猪则用白银计价,而人又反而用铜钱计价。当时,社会上对于使用铜钱或白银计价有着较为普遍的认识,即廉价物品以铜钱计价,而贵重物品则以白银计价。陈其德称妇孺以铜钱计价,意在表达人不该被视为如家禽一样的廉价物。但在经济崩溃的情况下,猪甚至比人值钱。

直到当年夏末八月水稻收获,这场天灾才开始得到缓解。

> 幸八月苗始吐花,米价渐平。病者少瘳,民有起色。但恨死者不能复生,流亡者不能尽复耳。

和《灾荒记事》一样,在这篇《灾荒又记》中,陈其德提醒读者发生的一切皆为上天示警,日后慎戒勿忘。既然上天能够降罚一次,那么以后同样也能再行降罚。他在文章结尾总结道:

> 嗟乎!当此一番厄运,连岁灾荒,一不死于饥,再不死于疫,便可称无量福泽矣。倘不警心刻骨,思所以上报天地,仰报祖宗,自快凶荒已过,生一受用之想,岂复有人心者哉?予又不能忘情,故复记之如此。

在艰难时期,人们经常从逆境中寻求道德教训,像陈其德这种以道德自居的卫道士尤其如此。作为最底层的士绅,陈其德时刻极力维持他所享有的微末特权,以免失去那一点点他自以为的福报。他的父母以"其德"为其命名,大体可以解释为"有德者",似乎也暗含了这种思绪。由于家资有限,又无功名在身,陈其德只能以其德誉来维持自己的社会地位,并因此谨言慎行,唯恐失德。正如他在《垂训朴语》所写,"增一分明敏,不若减一分世情"。在这里,陈其德用了"一分"的说法,似乎智力可以像银子一样以"分"量化。又曰"加一重振作,不若去一重昏惰"。最后,他的结论是:"盖骛世情则品俗,任昏惰则品下。"[1]

儒家学说总是将伦理与宇宙紧密联系起来,二者之间几乎没有边界。雨从天降,如果天不下雨,就意味着天以不雨为警戒惩

---

[1] 陈其德:《垂训朴语》,第6a页。

罚。今天我们的宇宙观与当时不同，但我们同样也会把天气异常和疾病视为环境退化、气候变化的某种"道德警示"。因此，我们与明人之间并无截然差异，尽管我们对道德问题的考量基础与之非常不同。我写作本书的目的就在于，以一种理解之同情的态度来重构明人的世界。我们今天将世界概念化为一个易受各种条件变化影响的物理生态系统，而明人却认为世界像一个形而上的沙盘，由上天主导一切人事。古今的思想架构是不同的，我不认为应当采用儒家的逻辑，但我也确实认为，应当尽可能地去接近生活在那个时代的人，并以对他们有意义的方式理解那个时代的人的经验和体悟。如果不考虑生存危机对他们来说意味着什么，我们就等于掏空了过去。

事实上，古今之人都栖居在地球这个生态系统中，无论过去还是现在，这个生态系统都容易受到各种干扰。不管是因为人类的愚蠢行为造成了天罚，抑或因为人类排碳和制造各种悬浮颗粒阻挡了太阳能，我们起码还有一个共同的习惯，即通过支付对价来衡量我们的财富。本书接下来将继续跟随陈其德的脚步来考察粮价，当然，考察目的并非检验上天对人事的满意度，而是作为接下来考察气候变化的一种衡量标准。如此，则不妨将本书视为对陈其德 1640—1642 年灾荒记述的扩展脚注。

明人对价格的认识

动笔写这本"脚注"前不妨设想，当陈其德及其同时代的人谈论价格时，他们是如何理解这一切的。他们相信一成不变的世界才是最好的，所以他们希望价格也是如此。我们都知道，价格因供求关系会出现季节性波动，而在正常情况下，这种波动能够使价格回到波动前的水平，而不是将之推至新高。表达这种对价格稳定的渴望的通常说法是，价格应该"平"。稳定性不仅对预算、管理生活成本至关重要，且对某些人来说，价格不稳还意味着不公平。价格的不公平违背了时人所谓的"公平"的品质。而所谓"公平"，是指符合所有人的公共利益（"公"）和对所有人一视同仁（"平"）。① 公平的价格，因其符合共同的期望而为买卖双方接受。而不正常的价格通常则偏向于其中一方，对另一方而言自然是不公平的，因此而产生的交换行为就会形成一方以牺牲另一方为代价而收益的买卖关系。

最美好的世界应当是村落间"米多价平，则鸣吠相应"，富庶自足的世界。根据这一理想模型，人们就可以实现"不烦远输，而获利已多"。② 这些话出自上海人徐光启之口。徐光启是17世纪初少数皈依天主教的中国士人之一（受洗后教名为"保禄"）。他对欧洲基督教的了解，使他得以兼用基督教和儒家的知识来侍奉皇帝。最终，在1633年去世前，徐光启以礼部尚书兼文渊阁大学士入内阁，为次辅。③ 徐光启于17世纪20年代中期提到前述"不烦远输"的话语，此时朝廷虽然一片混乱，但气候引起的天灾已经彻底平息，人们得以重新畅想理想的世界秩序。他不是与一些儒家基要主义者一样意图彻底否认商业交换的必要性，而是在

---

① 举个例子，明人章懋（1437—1522年）就将价格公平与公共正义联系起来。他曾批评某些官员以"世俗私小之见"拒绝周边粮食进入灾区，从而导致灾区粮价居高不下。这种行为乃非"公平正大之道"。引自陈子龙：《明经世文编》卷95，第14a页。
② 徐光启：《农政全书》，第194页。
③ 译者注：原著以徐光启为首辅，当为次辅。

畅想一个人皆享利、价格公允的商贸体系。

当时许多商人亦有相同观点,即贸易使价格持平,以便证明其所业具有正当性。1638年,为了保护布业牙行,上海西边的新泾镇张榜告示,称布商们"易价度命",将遵循以一种价格进货并以另一种价格售出,"平买平卖,三尺无欺"的原则,这样人们就可以买到原来无法立刻获得的商品。这些布商希望被视为在基本经济活动中扮演重要角色的有德者,而非剥削生产者、消费者的寄生虫。诚如告示所称,布商们"照物之精粗,定价之高下,以有易无"。[1] 尽管这种说辞不见得能让民众信服,特别是当年中国正濒临千年以来未有的严重的气候崩溃,但观点本身仍有一定的可信度。

并非只有中国人认可价格应当保持稳定、交易可以成为实现公平的手段。欧洲人也有类似关于价格公平的论述,且基于这种价格应该稳定的信念,欧洲人同时也意识到,在各类商品价格中,粮价通常最不稳定。[2] 在17世纪的英国,提倡自由贸易者中流行的一个观点是,维系价格公平稳定不仅会带来正面的好处,而且是一种正义的行为。诚如杰勒德·德·马利纳在其1622年出版的商业实践手册中所述,定价应该"尽量为双方带来平等",而非此消彼长。同样在20年代,徐光启立足于农业经济,也提出了商业应为公共利益服务的观点。1635年,布商威廉·斯科特以类似思路认为,在一个公正的体系中,价格是衡量事物的真正尺度。为此他说:"公平无非是在有序和真实的基础上相互自愿地对事物

---

[1] 上海博物馆图书资料室:《上海碑刻资料选辑》,第82—83页。关于商人们对如何平衡价差的认识,则可参见张瀚:《松窗梦语》,第80页。英译本见Brook, "Merchant Network in Sixteenth Century China," 187.

[2] De Vries, *Price of Bread*, 9–10.

的评估。"经济史学家克雷格·穆德鲁解释道,这些作者相信"公平公正的价格也是最便宜的价格",为此他说:"就像时间是衡量商业的尺度一样,价格是衡量商品的尺度。如果价格超过了事物的价值,或事物的价值超过了价格,就无所谓正义的平等。"公平的价格有助于"确保自由供应的商品得以平等地提供给所有人,以便穷人和富人都能买得起商品"。要做到公平,价格就必须便宜到人人皆可负担得起,但也要"高到可以赚取利润,否则没有人能买得起其他东西"。①

明人同样理解供求关系决定公平价格的逻辑,尽管他们会更多地从个人道德而非抽象的公正角度来思考这一运作机制。将市场视为能够自发形成公正的场所,并赋予其自由生产、自主运作权限的观点,并非明人愿意完全接受的论点。儒家耻言"利",谴责私利害公、利高于义的做法。这使得明人的思想偏离了"以利实现公正"的论调。某种程度上讲,只要买卖双方均从交易中受益,且任何一方都不以牺牲另一方为代价而获利,那么价格就是公平的。在这种情形下,人们便会认为一个开放的市场有利于公平,据此再谈及价格公平时,他们通常会使用"市场价"或"当前价"。如果记载中言及某次交易是以市场价为基础达成的,那就意味着这次交易获得了人们的认可。②

公平并不排斥合理利用市场力量,以确保生产者的产品能够

---

① 马利纳与斯科特的观点,转引自 Muldrew, *Economy of Obligation*, 44—46。
② 举个例子,《玉山县志》(1873年版)记载,从县学田里收成的粮食"照时值易银",意味着这一交易是被认可的。见《玉山县志》(1873年版)卷4上,第37b页,该内容乃其前版县志所载。此外,1524年户部官员也提议将运河粮船上兵丁的粮饷折价为银,并称只有以"市价"折算才能准允。见谢彬:《南京户部志》卷10,第18a页。

获得充分报酬。出售作物的农民并未因"待时而沽"受到谴责，而只是被理解为在市场交换中为维护自身合理利益、获取公平价格而采取该做法。① 同理，如果商人将商品从价格较低的市场转至价格较高的市场进行销售，只要他遵循两个市场通行的当前价，他的行为就被理解为在为自己赢获一定的利益的同时服务于公共利益。清朝灾荒专家俞森曾言："无论官米民米，俱当随时价低昂，不可故为增减。盖价高则远贩自多，米多则价值自平。"这就是私商为公共利益服务的方式。俞森不像他的英国同行，援引市场这只"看不见的手"来解释这种能力，而是引用了儒家的中庸思想。诚如他所说，"此理势之必然者也"。②

国家在场

像陈其德这种接受儒家思想的底层士绅，关心的是价格不公以及民众在危机时期有限的承付不公价格的能力。然而，他们并不总是相信市场会平价提供商品。当价格出现不公时，他们认为国家应该出手干预，平准物价，使商品价格重新回归民众期望且能承担的范围。这也是明朝政府通过若干不同途径想要达到的效果。

保障粮价处于可承受范围的最基础途径是奏报。地方官负责监管所监临州县的粮价，每十天须令吏役记录当地市场价格，并留意价格可能上涨的迹象。州县正官每月须向京城奏报这些信息，

---

① 徐光启:《徐光启集》，第459页。诚如一位明初士绅告诫诸子那样，家庭是否兴旺在于是否有"访稻谷时值之高下"的能力。该内容转译自 Ebrey, *Chinese Civilization and Society*, 198。
② 俞森:《荒政丛书》卷1，第5b—6a页。关于清代语境下的市场价格观念，可参见 Will, "Discussions about the Market-Place," 328–329。

朝廷才能因此及时了解全国各地的食品供应情况。① 而在北京，这项任务由令人胆寒的皇家特务机构东厂负责。东厂干事于每月的最后一天前往京城各大市场，察看大米、谷物、豆类及食用油等食品的价格。这些收集的数据既可以让朝廷知道农业之丰歉情况，也可以通过核查数据判断商人是否有哄抬物价、制造通胀、窒碍市场的可能。② 尽管商人们都极力标榜自己童叟无欺，但市场缺乏透明度，几乎可以说除了邻近商铺的价格，民众对于其他地方的物价一无所知，因此商人很难完全得到他们的信任。同时，随着时间的推移，国家对于价格的审查也不可避免地放松。1552年，制度熵增开始显现，月度价格审查改为每年两次，分别在2月和8月进行。③ 到了16世纪70年代，这一审查机制在北京以外的大多数地方都被淘汰了。为了预判市场价格是否对首都的稳定构成威胁，北京的市场价格监管至少持续到17世纪30年代。

在危机出现时，明朝政府采取更为激进的方式干预市场。④ 有时候，政府直接规定商品的售价，如在1444年饥荒时期，明廷出诏敕确定低于市场价的官价，并要求商人以官价出售粮食。⑤ 然而在二十年后，饥荒席卷北京地区时，明廷则采取了另外的不同方法。都察院并未直接设定官价，而是对哄抬物价的

---

① 谢彬：《南京户部志》卷17，第4b页，其内容引自《诸司职掌》。欧洲君主也要求地方官员上报当地粮价的情况。见 De Vries, *Price of Bread*, 22。
② 刘若愚：《酌中志》，第101页。
③ 1570年，由于商人们抱怨正月和七月的价格低于实际的半年均价，于是朝廷将原本在这两个月进行的价格审查改为五月和八月（即公历6月和9月）。见李剑农：《明代的一个官定物价表与不换纸币》，第257页。
④ 关于朝廷诏令官员必须尊重市场价格的内容，可参见《大明会典》卷33，第31a—33b页。
⑤ 谢彬：《南京户部志》卷17，第5b页。

行为做出严厉警告。右都御史称:"各处集镇……有豪强及牙行人等,把持行市,将粮米物货以贱为贵,以贵为贱,高低唱价,专图厚利肥己者。"①为此,地方官应对这种操纵价格的行为采取果断行动。1523年另一道诏敕则以更缓和的语气重申这一警告,提醒经营者"令价不平者"将受到惩处。②地方上,官府可以自主审断涉嫌价格欺诈的商人。③原则上,商人应该成为市场健康的代言人,然而,正如一位地方官员所讽喻的,让"市侩"平抑物价,何如学生"自告"其在校劣迹。④

比起设定粮价,国家更多地采取向市场投放粮仓库存的方法,迫使粮商降低市场价格,以此平抑粮价。官员们也可以通过封锁禁运来实现干预,防止粮商将粮食从贫瘠危困处转移至可以牟利更多的地方。16世纪40年代,一名南直隶(南京及周围隶属州县)官员告诉其吏役:"因时设禁,则米价平而民食用裕。"⑤一个世纪后,即陈其德所描述的危机时期,南直隶(陈其德的故乡桐乡即属南直隶)巡抚就在苏州颁布了这种禁令。他宣称:"吴所产之米,原不足供本地之用。若江、广之米,不特浙属借以运济,即苏属亦望为续命之膏。"巡抚提醒粮商注意此前省里所颁禁令:"不准苏城积贮为他处奸商高价贩买,反至空虚。"他还要求长江上游的粮商保证粮食的供应。⑥因此,明朝政府在明代价格史中

---

① 丘凡真:《吏文译注》,第151页。
② 转引自李剑农:《明代的一个官定物价表与不换纸币》,第257页。
③ 张肯堂就曾断过此类案件。该案中,卖地五十亩的卖主向买主收取了远超买价的费用,因此张肯堂断令卖主只能以每亩3钱的价格卖地。见《嶨辞》卷6,第27b页。
④ 叶春及:《惠安政书》卷11,第11b页。
⑤ 张瀚:《松窗梦语》,第143页。
⑥ 转引自川胜守:《明清江南农业经济史研究》,第209页。

是不可或缺的角色。①

明朝政府对于其现行价格体系相当重要,这不仅因为它可以干预影响价格,而且因为它是经济活动中的主要买家。明初,国家在一定程度上通过征发赋役(强迫劳作)来满足其对物货、服务的需求,从而绕开了价格因素。尽管如此,政府仍需要采购,而彼时开国皇帝朱元璋坚决要求官员必须以市场价格采购物品,以防商人破产,或因此影响普通民众的购买价格。1397 年,朱元璋甚至颁降诏敕,将在京"高抬时估"的行为定为死罪。他的儿子永乐皇帝在即位的 1403 年重申这项禁令,且将施行范围从京师扩大到全国,甚至深入农村。②这一禁令后来收入了王朝法典《大明律》,该律还根据卖家定价偏离公平的市场价格的幅度制定了惩处法条。③

到了 16 世纪,国家的市场参与度大大提高了。这是因为早

---

① 虽然坚持公平价格符合儒家理念和原则,即有国者应当为了人民的利益福祉对市场进行干预,但这种对价格的关注并不罕见。建立在另外一套完全不同的哲学体系、教会法令和行政制度基础上的英国,其地方当局在明朝统治前半期的同时期,也在积极寻求对商品价格进行调节,此后才逐渐放开,由市场自主运作。见 Britnell, "Price-Setting in English Borough Markets," 15。
② 黄彰健:《明洪武永乐朝的榜文峻令》(1977 年),重刊见氏著《明清史研究丛稿》,第 275、282 页。
③ 明朝关于公平价格的法律规定很大程度上是从元朝法律继承过来。元朝规定,官员必须按照监察御史 1310 年所定"街市实值"来支给各种价格。这一规定能够付诸实现,主要因为 1283 年元朝曾规定每月颁派官员到市场调查行情,"估到时值"并回呈朝廷。见《大元圣政国朝典章》卷 26,第 3a—4a、6a 页。根据 1341 年的圣旨,官员如果强令降价,则要按"不枉法赃"论罪。换句话说,如果因此造成某交易实际价格低于时值,差距越大则处罚越重。见韩国学中央研究院编:《〈至正条格〉校注本》,第 97 页。1437 以后,明朝的文献中才开始陆续出现"和买"一说,此后朝廷放宽规定,允许地方官就官办货物的价格与商人进行直接协商,以确保有足够的价格激励,且使官府措办的商品价格不至与市场价格脱节。见苏更生:《明初的商政与商税》,第 436 页。

期征发徭役转向以税收获得的白银在市场上购买商品和服务，且原则上坚持以市场的兑率进行。① 所有这些规则皆基于儒家的基本理念，即国不与民争利。当然，在实践中，成交价五花八门，毕竟官员与其他民众一样，也会为自己的利益考虑。儒家的卫道士们对此困扰不已，他们同时代的基督徒也同样面临这种困扰。历史学家雅克·勒高夫在对那个时期的货币和价格的研究中指出，卫道士们担心金钱导致人心不古，但如果存在什么可以限制将万事万物都简化为"价格"的话，那就是基督教道德的"博爱"，即关心别人是关爱灵魂（包括自己的灵魂）的组成部分，唯有如此才能获得足够的美德，进入天堂。只要"博爱"还在发挥作用，抽象的金钱就不具足够的力量，去为资本扫清一条得以凌驾于公正义务之上的道路。② 明人同样可以理解这种限制的积极意义，尽管他们会认为这种限制源于儒家倡导的双向义务，而非灵魂救赎。明人很难理解为何金钱是人类服从上帝恩典安排的一部分，甚至会认为这种想法前后矛盾。但明人与同时期的欧洲人一样存在某种焦虑，即对让贪婪压倒义务、让金钱和价格驱逐互利、让贫富差距日渐悬殊的焦虑。1609 年，一位心怀不满的儒学知识分子在地方任官时抱怨称："金令司天，钱神卓地，贪婪罔极，骨肉相残。受享于身，不堪暴殄。"他又说："因人作报，靡有落毛。"③ 在由商人定价时，本应约束经济行为的道德限制完全消失了。

---

① 官员在定赋税时对土地进行估值，也应当尊重各地的土地价格。见顾炎武：《天下郡国利病书》卷 8，第 77b 页。
② Le Goff, *Money and the Middle Ages*, 144–145.
③ 《歙县志》（1609 年版）卷 5，第 12a 页。转引自 Brook, *Confusions of Pleasure*, 238.

可以说，欧亚大陆两端的人们在经历了经济增长的早期阶段（即现在所谓的"早期现代性"）后，开始对计价逐利侵蚀美德关爱的前景感到担忧。诚如陈其德《灾荒又记》的结尾告诫读者的那样，"自快凶荒已过，生一受用之想，岂复有人心者哉"，失控的价格也许正是一种警告。

价格作为数据

本书的任务是将陈其德对桐乡两年的价格记录进一步扩大到当时整个明代中国的层面。这并非易事。陈其德的优势在于他本人就生活在那个价格体系中，所以他对这一体系了如指掌，就像我们生活在今天的价格体系中，十分了解周围商品价格一样。陈其德可以简单地提到一个价格，并预设读者知晓这一数字与公平的价格存在何等差距，以及这种差距意味着什么。因此，我们必须重构他那个时代的价格体系，以此来弥补我们对那个时代的一无所知。确证明代物价，听起来似乎是一项技术难度低、微不足道的脑力活动。事实并非如此。对于前资本主义的经济活动，有关价格的记载往往难以找到，即使有，也是杂乱无章，常有缺漏。

尽管困难重重，但明人对价格的关注，使得今天重述明代中国的价格史成为可能。明人显然知道，在他们生活的世界里，任何东西，无论豆、米、母鸡、奴婢，抑或发展事业、寻求生存，皆有其对应的价格标签。1570年，有宦官向一位豪杰提出购买其宝刀，这位豪杰称此物"何论货哉"，然而宦官开出的价格实在太诱人。豪杰不再装腔作势,卖掉了宝刀。①②虽然卫道士们可能会坚持认为有的东西是无价之宝,但对大多数人而言,这种看法往好了说是一种古怪的多愁善感,往坏了说是自欺欺人。

人们关注物价,以便知道该在何时何地购买或出售什么,也有时仅仅是为了记录自己的花销情况。一些人甚至会把这些价格写在他们的日记、信件或报告中,历史学家因此得以在浩如烟海的史料中"大海捞针"。一个极佳的例子是,1612 年,陈其德家乡桐乡县的密印寺悬挂新钟,为此,该寺刻石撰文《青镇密印寺钟成碑记》以纪念。而碑文内容之所以能流传下来,乃因文章为致仕官员李乐(李乐是杭州人,杭州位于桐乡西南约 60 公里)所撰,收于其《见闻杂记》一书中。③李乐说,他与诸僧友发起铸新钟项目,乃因以前倭盗猖獗,于是在 1544 年,督府差官取该寺旧钟熔铸火器。李乐于记中列举许多数字:最低捐银 3 两即可列入捐款芳名录;他与友人在项目发起的前两个月募集的银两数(200 两)以及第三个月募集的银两数(又 200 两);其中一人携银(270 两)至南京工部贸易,工部官又召商人以"平价交易",最后购得铜、锡超过 1600 公斤,又凭都御史宪牌,沿途关津予以免税(李乐称,"所省不下六十金");修砌钟楼的成本(16 两);补偿密印寺僧承担的费用(30 两);酬谢铸钟者梅氏(35 两);竖立碑石费用(10 两);最后还有文昌帝君香火费(40 两),以

---

① 译者注:据《玉光剑气集》,此处邵芳乃将宝刀解赠宦官,以换取高拱复出,并未继续出售。文意恐误。
② 张怡:《玉光剑气集》,第 502 页。此事发生在高拱再度复出,以大学士任内阁首辅期间。
③ 李乐:《见闻杂记》卷 11,第 42b—44b 页。

护佑项目成功。① 李乐没有列出足够的数据以完整地勾勒整个铸钟项目的用度，显然这并非他的撰文目的。向民众公开这笔款项，是为了确保这笔投资不会在未来受到侵占或盗窃。

基于这种目的而公布实际成本和价格的记载，为我们留下大量的明代价格数据，但数据零散琐碎，不成体系，难以汇总成统计数据。这一事实与最初价格从表面上看仿佛是确凿的事实和可靠的价格数据所产生的吸引力背道而驰。1944年，经济史学者厄尔·汉密尔顿根据彼时欧洲存世的大量价格记载，断言价格"是现存最古老的连续、客观的经济数据"。② 汉密尔顿相信，他从欧洲文献中发现的价格记载不仅可以用来探寻价格变化问题，还可以用来改写现代早期世界历史变化的相关叙述。从某种程度上讲，他对价格的信心有助于洞察历史变迁，但现实是没有任何一组价格数据不存在模糊之处。有些价格可能符合汉密尔顿的标准，但读者会发现，价格鲜少能像表面看上去那样坚实可靠。

以明代的水桶价格为例。1577年，一名北京官员记载其衙署购买了一批单价3分银钱的水桶。③ 但这是明朝水桶的单价吗？有可能，但并非所有水桶价格都一样。某一水桶在某地某时的单价换了时间地点可能就有所不同。此外，还有价格本身。3分银钱可能是该衙署所支付的单价，但它是否包括附加费用或折扣？实际支付中用的是白银还是铜钱？支付时二者的兑换比例又是多

---

① 译者注：对李乐文章的解读似与原文有些许不符。如记中并无工部官员参与，而是都御史丁公全程予以支持。又如补偿密印寺僧承担的费用，实际上文中说的是付二僧铸钟时的杂用费用。
② Hamilton, "Use and Misuse of Price History," 47.
③ 沈榜：《宛署杂记》，第141页。

少？我提出这些疑问，并非要否定研究价格史的可能性，而仅仅是想指出，某人提及的在特定时间地点支付的具体价格可能并非所购商品的实际成本。假如我们看到此前十五年浙江腹地某县令的记载，我们会发现他记录的水桶价格是4分钱。① 那么，十五年间水桶降价了吗？也未必。那是农村的物价高于城市？亦未尽然。抑或北京衙署的采购量远多于县乡的衙门，因而获得了批量折扣的价格？也有可能，因为北京衙署需要为更多的机构提供水桶，而非一个县乡衙门所能相提并论。又或者，更简单地说，北京的水桶比浙江的小、廉价、做工差？我们已经无从知晓。我们至多可以得出的结论是，在16世纪的明朝，1只水桶的价格大概在3到4分银钱之间。

以白银计价的商品，既会受到商品本身多样性的影响，同时也会受到银价变动的影响。正如历史学者阮思德在其关于明清文献中的白银文化的佳作中所提醒的，直接使用金条或银条，而非法定货币进行交易，将导致交易过程更为复杂。就像水桶一样，白银并不仅仅是抽象意义上的货币。不同金属纯度各异，有的可以被市场接受，有的则不行。懂行的人可能会在其中掺假造假。买卖双方是否接受一定重量的白银作为支付价，还受各种非经济因素影响，这导致市场交易本身还带有其他社会属性，尤其是"信任"和"面子"这两点。

诚如阮思德所写："虽然白银的市场价值似乎是其重量和成色的简单算数结果，但这两项并非自由浮动的变量，即使出于会计的目的可以这样处理。白银具有不可剥夺的实物性，要作为一个

---

① 海瑞：《海瑞集》，第130页。

抽象概念发挥作用，人们必须就其成色达成一定共识。"① 白银的物理属性当然会扭曲（至少是影响）价格，但我们也不再可能得知四个世纪前任何特定交易中白银的成色。因此，每一项价格的记载甚至还可能受到交易中金属货币的成色的影响，也可能受到该商品质量或服务性质的影响。

再次引用汉密尔顿的话，"最佳的价格史"应该是"只研究那些在开放市场中不受政治或教会胁迫的商人们实际支付的价格和工资"。② 尽管我也很想成为汉密尔顿笔下的这种"谨慎的价格史学者"，做到"避免因采购量、季节变化、销售条件、运输成本、提供服务、隐性费用、以实物补充货币工资等因素的差异而造成曲解"，但史料记载不允许我达到这种标准。明朝大多数价格数据并非来自"开放市场"，而是来自地方官吏为编制预算或记账而保存的行政档案。官府理应以市场价格购进水桶，但当天实际是否如此，我们不得而知。就明代中国而言，我们可以接触到的大多数价格数据，都是在国家与经济交汇的地方记录下来的。

四十年前，历史学者贾永吉便认识到，价格史的书写需要市场价格。他告诫同仁，使用行政档案来书写价格史存在风险。实际上，他甚至质疑写出 18 世纪以前中国价格史的可能性。③ 中国大部分留存下来的记载确实是财政意义上的价格，即为了赋税稽查需要而记录的价格。财政意义上的价格与市场价格可能相差不大，但也不尽然。财政意义上的价格，通常即为贾永吉所谓的

---

① Rusk, "Value and Validity," 471.
② Hamilton, "Use and Misuse of Price History," 48.
③ Cartier, "Note sur l'histoire des prix," 876.

"僵化价格"，仅与早期的市场价值有关，随后不再进行调整。有时候，这些"僵化价格"也表现为人为制定的等价物，正如16世纪时，地方政府的财政从实物税和工资向白银货币税和工资转变，但这种转变是否贴合市场价格就很难评估。

的确，我找到的大多数价格数据都是出于非经济目的而编制的，或为操纵配额价格的财政目的，而非记录市场价格；或为防治贪腐的行政目的；或出于迫使价格趋向公平的道德目的；或出于粉饰太平、唱衰经济的修饰目的。但中国价格史学者并非唯一面临这些挑战的人。早在汉密尔顿高调赞赏价格史具有客观性的五年之前，威廉·贝弗里奇就在他对现代早期英国价格史的研究的导言中指出："价格史研究的不是孤立事件，而是事件之间的关联。"[①] 价格是一系列非经济因素影响下的"交互结果"[②]。事实上，促使过去的人们记录价格的，通常是价格的关联特性而非其作为数据的纯粹性。这种关联性对于我在本书中描述的历史具有重要价值，因为本书更侧重于理解明代社会而非明代经济。

可能性的限度

曾有两位苏格兰价格史研究学者惠赐警示："价格和工资是人们支付、收受到的真实存在，其生存质量，有时候甚至于他们的全部生活，都要仰赖于此。数据的内涵及相应诠释或许精妙且有难度。但是，它们也绝非仅是用来戏耍、迷惑历史学者的数字古

[①] Beveridge, *Prices and Wages in England*, xxvi.
[②] Klein and Engerman, "Methods and Meanings in Price History," 9.

物。"① 价格有趣迷人的特质也吸引了不少明人收集并讲述与之相关的离奇故事。他们震惊于贫富差距悬殊，困惑于生活速变，并写出人人都能理解的故事来表达这种震惊和困惑。

偶尔我也会跟随前人的脚步，沉浸在妙笔生花的故事中。我这样做，是为了提醒大家注意一个事实，即明人不仅用价格来标记物品价值，还关注这一价格对于他们所知的其他关联事物而言是否合理，以及价格如何塑造将人们联系在一起的社会关系。在我能涉猎的所有涉及价格的故事中，陈其德关于明末动乱的小记是最好的一个。也许有人反对这种看法，认为以陈其德关于大灾的故事作为本书架构的核心，会使我们偏离对日常生活的捕捉。事实上，他的故事强烈地凸显出生存的核心——价格之真正重要性。明朝与小冰期中期时间的重合只会进一步鼓励我将17世纪40年代的天灾作为核心，并围绕它进一步设想生活在明朝的价格体系中的意义。粮食是人类生存的关键，还有什么比粮价更值得关注的呢？

四十年前，历史学者费尔南·布罗代尔提出，撰写一部完整的早期现代世界历史的首要任务是评估其"可能性的限度"。② 他在《日常生活的结构：可能与不可能》的开篇两章阐述了社会的两个基本特征，即人口规模和食物供应，这两个特征决定了社会管理能力的限度。在万物生长靠太阳的农业经济中，要养活的人口与粮食之间的平衡可能是一个微妙的问题。与我们这些研究世界其他地方的人相比，研究欧洲历史给了布罗代尔及其团队一定优势。这一派学者研究人口统计、气候和价格历史，他们可以获

---

① Gibson and Smout, *Prices, Food and Wages in Scotland*, 14.
② Braudel, *Structures of Everyday Life*, 27.

得当地堂区与市场的记载,从而为许多商品构建价格序列。利用这些文献,他们或能发现长时段的变化,并对长时段的经济、社会乃至政治变化进行建模。如果没有价格史,那么布罗代尔的分析将如同空中楼阁。

欧洲历史上的价格大多是手写档案中保存的原始数字,而中国的价格则大多在印刷出版物中,是经过行政机构过滤处理后留存至今的。这种差异意味着我们书写的历史不尽相同。[①] 但这并不排除进行历史比较的可能。中国历史可以也应当成为我们理解布罗代尔所谓"可能性的限度"的一部分。每一个前现代社会的运作都受限于物质条件,要生产足够的食物来养活人民,或用更抽象的专业术语来说,要有捕获并转化太阳能的能力,使人口得以代代繁衍,并在繁荣时期进一步增长。[②] 只要人们留下了他们如何完成这项任务(有时候结果是失败的)的记载,价格史研究就成为可能。正如我将在后文第四章中所展示的,关于太阳能量输出的变化,或地球大气中悬浮颗粒的积累阻碍太阳能的变化情况,中国最好的文献记载便是能量下降时粮价的上涨。陈其德的文章虽短,但对此的贡献不可估量。

明人的价格体系认为价格应该保持稳定,但这并不意味着我们可以把这种信念简化成"经济是由法律地位平等的各方公平交易而形成"的观点。正如历史学者威廉·雷迪在研究现代早期欧洲时所提出的,商品经济中的价格既不是一种抽象概念,也并非

[①] 印刷出版物与手写文献之间的差异,对于中国与欧洲的历史书写有何不同影响,可参见 Brook, "Native Identity under Alien Rule," 237–239。
[②] 关于前工业化经济中粮食的能源在农业中如何应用,可参见 Muldrew, *Food, Energy and the Creation of Industriousness*, chs.1–2。

与社会毫无关联。[1] 至于"价格是公正平等体系中清白的小齿轮"这类观点，只是后来17世纪英国经济辩论者用以掩盖货币交换不对等的说辞，但恰恰是这种不对等促进了资本主义的发展。富人和穷人可能会为买同一件商品支付同等价格，但他们的支付能力存在差距。

现代早期欧洲新兴的经济理论认为货币是一种公正的媒介，可以通过它合法平等地交易商品与服务。而价格作为客观手段，能够公平地决定应该支付什么。这种经济理论将价格简化为数学抽象概念，故资本主义经济中的买卖双方才能实现公平交易。然而，对收入有限的人来说，价格最好的情况下是一把枷锁，而最坏的情况则是反复无常的灾厄。价格会利用穷人的需要，将他们置于朝不保夕的境地，并将财富转移到富人囊中，使富人受益。价格成了金钱塑造社会结构的手段，富人愈见权势，穷者愈受束缚，而彼此皆未认可或意识到，在所谓的经济角逐场中，资源已倾斜如是。相较于其他价格而言，一种价格也许"平价"，但以价格进行交换的领域绝非公平。明人可能也会认同，实现公平价格的最佳方式，是存在一个没有垄断商人和勾结商人的官吏的开放市场，但资本主义意识形态——资本是客观中立，且能普遍产生利益的——并不符合。同样地，在这个问题上，儒家思想所谓的"贫富兼济"的体系也不符合。在现实世界中，价格使富人与穷人对立，以价格为基础进行的交换只会不断层层嵌入不平等的社会关系。确保价格"公平"，并非要把经济从社会的枷锁中解放出来，而是为了确保在经济与社会的联系中，经济上有优势或

---

[1] Reddy, *Money and Liberty in Modern Europe*, 63–73.

具有商业头脑的人不会因此剥夺穷人的生存手段，尤其是在恶劣气候摧毁农田庄稼的危机时期。

灾荒价格作为气候指标

对前工业时期的农业经济而言，气候是制约发展的最大因素。农作物需要温暖和水分来发芽和生长，当其中任意一项供应受到影响时，粮食生产也会受到影响。产量下降，价格就会上涨。谷物是相对耐寒的作物，能够承受一定程度的环境压力，但水分和温度总须保持在一定范围内，谷物才能生根发芽、成熟抽穗。地球从太阳那里接收到多少能量，决定了温度和降雨量。在前工业时期的经济中，气候和粮价之间存在直接关联，即地球从太阳接收了能量，转化成田间作物所需的热量和水分，最后变成购买这些作物的价格。工业化以大规模燃烧碳氢化合物为特征，在此之前，有两个因素会短暂地改变太阳与地球间的能量关系。一种是因太阳黑子或太阳物质喷射而导致的太阳辐射减弱，另一种是所谓的"气候作用力"，即大气发生的变化——无论是火山喷发还是大规模森林燃烧，都会向大气层喷出微尘颗粒，阻挡太阳辐射抵达地表。这两种情况虽然作用机制不同，但都导致地球失去了常规的能量获取。能量的减少导致气温下降，并引起风向和洋流运动的变化，从而改变了降水模式。

由于地球上的水陆分布存在区域差异，因此气候对地球能量的影响也不均匀。当然，地球又处于更大的能量系统中，后者决定了地球的各项条件。气候在表现形式上是局地的，在总体能量和趋势上是全球性的，尽管二者之间并无直接决定关系。某地的气候不能从其他地方的气候自动推断得到,但如果没有对所有局地气候表现的详细了解,也不可能完整建构和理解整体的气候体系。这就是为什么,在中国这一大区域中进行局地气候重构对于完善、提高我们对气候变化的认识至关重要。

20世纪30年代,中国学者从王朝正史中搜集有关灾荒的史料,并开始着手撰写中国气候史。正史是前朝被推翻后,新王朝编撰的官修史书。自20世纪90年代以来,中国的气象学者已经从征引文献转向通过仪器测量来获取物理指标。他们的工作已经广泛地证实了中国的气候变迁史与北半球其他地方所搜集到的物理证据所推导的全球模式相近——从10世纪中叶到13世纪中叶处于中世纪温暖期,接着从14世纪开始进入小冰期,15世纪降温加剧,然后在16世纪末到19世纪期间进一步降温。最有价值的物理指标是树木的年轮数据(细胞生长留下了温度和降水变化的痕迹)和冰川冰芯的分析数据(水分子同位素的质量或火山喷发产生的硫的存在)。这两种实物档案对于高精度地探测气候随时间变化的幅度以及区域差异都具有重要价值。① 不过,近几十年来,一些气象学者开始与历史学者合作,获取文献史料中的气候信息,如编年史、日记、信件等就记载了彼时人们对正在经历的异常天气的观察。这些文献指标也许缺乏树木年轮或水同位素数据那样的一致性,但在同一文化语境中通常也能保持前后一致,且比树木年轮数据等更为敏锐地指证气候变化对当地条件、突变

---

① 葛全胜及其同事回顾了14份重建中国长期温度变迁的成果后,发现这些数据如果以十年为单位进行分解,那么各区域显示的变化结果就极为明显,但如果以三十年为单位进行分解,这种变化结果就消失了,几乎没有差异。见"Coherence of Climatic Reconstruction"。

时刻，或更重要的，对人们生活的影响。[1]

我主张将粮价纳入考察气候变化的文献指标。当我开始注意到明代中国粮价异常与气候变化之间的关系时，我惊讶地发现，其他地方的环境史几乎未曾关注价格。值得注意的例外，是经济史学者沃特·鲍恩芬德和乌尔里希·沃伊泰克在1999年发表的一篇分析小冰期德意志地区粮价与气候扰动之间关系的短文。他们指出，"近来经济史研究甚少关注气候变化对重要经济变量和人口变量的影响"，而历史学家尝试以"人口增长、货币贬值和货币供应增长"来解释16世纪的"价格革命"，并认为气候恶化"只扮演了次要角色"。[2] 即使在《全球危机》（关于17世纪40年代的全球气候灾难的巨著）一书中，杰弗里·帕克也转而关注价格以外的其他指标。我曾问他，在他的诸多脚注中是否尚有我没有注意到的价格研究成果时，他向我证实，在其大作中，价格确实没有发挥任何作用。

当我开始注意到明代地方志中关于气候变化期间粮价上涨的记载时，我对以往气候变化史研究中对价格的忽视感到震惊。气候变化与价格波动间的相关性对我而言极具说服力，因为我在15世纪50年代的地方志中找到了灾荒时期粮价的记载。我在寻找可能证实这一时期气候变化对世界其他地区价格影响的研究成果时，幸喜发现了布鲁斯·坎贝尔在《大转型》一书中提到的价格变动研究。与其说他在书中用价格来重构气候变化，毋宁说他用

---

[1] 关于气候史文献研究价值和局限的讨论，可参见 Alexandre, *Le climat en Europe au Moyen Age*, 9–42。亚历山大（Alexandre）从3500多份文本中筛选搜集了2390份较为可靠的文本，并从账簿之类其他文献中提取了440个值得注意的信息。

[2] Bauernfeind and Woitek, "Influence of Climatic Change," 304.

价格来记录环境条件造成的影响。① 坎贝尔特别关注了15世纪50年代这十年，并把这十年称为"15世纪最冷的十年以及中世纪最冷的十年"。② 这就是15世纪20年代全球开始降温以来，小冰期的第一个极冷期，即"斯玻勒极小期"。15世纪50年代，灾荒价格记录首次在明朝地方史料中出现并具有一定的一致性，这让我敢于进一步思考它们与全球气候波动之间的相关性。随后的研究一直推进到明朝末期，证实了可以以价格作为气候指标这一假设的合理性。由于没有受过计量经济学的专业训练，我无法像鲍恩芬德和沃伊泰克研究16世纪德意志地区那样，对明代中国的这种相关性进行数学模型。但明朝灾荒价格与全球气候扰动之间存在极大的巧合，不仅直觉上显而易见，而且在理论上也极具说服力，这让我相信读者会接受这种联系。③

在本书中，我将一遍又一遍地回顾陈其德对17世纪40年代初期价格灾难的记载。在结束介绍性的本章之前，我还想评论一个有趣的细节。这个细节或有助于我们接近本书研究的时代。陈其德的《灾荒又记》写于农历八月十五日，即中秋节。中秋节是亚洲最重要的节日之一，是亲朋好友团聚庆祝丰收的日子。在明末，农民中有句民谚："秋分在社前，斗米换斗钱。秋分在社后，斗米换斗豆。"④ 前者价格高得离奇，后者价格低得令人失望。中

---

① 例子可参见 Campbell, *Great Transition*, 45, 57, 341。
② Campbell, *Great Transition*, 345。
③ 郭益耀有一项研究与此概念相关，在研究中他指出，可以将粮食短缺的地区作为天气扰动的一项指标，特别是研究短期气候的时候。具体内容可参见氏著 *Agricultural Instability in China*, 286–300。
④ 谢肇淛：《五杂俎》，第31页。关于清初农业收成预测的讨论，可参见 Agøy, "Weather Prognostication in Late Imperial China as Presented in Local Gazetteers"。

秋是农历节日，秋分则是阳历节气，是日正午太阳在赤道正上方，然后开始南移，北半球逐渐进入冬天。这句民谚认为人间作物收成的价格暗含于宇宙中日月运行的奥秘中。事实上，秋分很少会在八月望日前。如果出现这种情况，那将会令人称奇。正如一个农民若能将大米换成等重的货币，而非等重的豆子的话，那也会令人称奇。

1641年陈其德写完《灾荒记事》时，秋分与中秋极为接近。当年，秋分在中秋的三天后到来。然而到了1642年，中秋较去年提早十余天到来，而秋分则与去年同，差距扩大了十一天。不过，如果1641年或1642年，桐乡农民想要出售大米的话，他确实能以等重铜钱作为价格，不过这样抬价恐怕只能将大米卖给有钱人。对大多数人来说，这是一个负担不起的名义价格。当时中国正处于蒙德极小期，这样一个秋分日，恐怕无法庆祝丰收，也没有多少作物可以出售。我们现在的任务就是去探究这一现象。

太平盛世？：万历年间的价格体系

对普通民众而言，1两是一笔巨额财富，在某种程度上甚至成了贫富的分水岭。

陈其德回忆起他在万历年间的童年，那是一个食品便宜、价格公平的时代。万历皇帝于1572年登基，登基时不满9岁，在位直到1620年，57岁驾崩。万历皇帝晚景凄凉，死因可能是过度服用宦官在广州进口并运至大内的鸦片。从青少年到老年，万历皇帝对明朝的统治经历了他一生中许多阶段，这也是为什么我们注意到，他在位近半个世纪里，对统治人口过亿的明朝所面临的挑战做出了不同的回应。因此，没有单一的"万历皇帝"，正如他的统治时代也不能被简化为单一静态的时期。在他的统治期间，明朝发生了很多事，以至于仅仅提到那个时代就会引起人们广泛的反应，即使今天仍然如此。对一些人来说，那是一个党争四起、奢靡浪费、道德沦丧的时代。而对另一些人来说，这却是一个社会活力四射、哲学复兴和经济繁荣的时期。两种表述尽管截然相反，但都有其可取的地方。

每一位皇帝登基，至少都会有一个蕴含施政意图或期许的年号。万历的年号，或可理解为"万年大计"。万历皇帝朱翊钧是隆庆皇帝的庶出第三子，其母为贵妃李氏，并非皇后，这意味着通常而言，他无法继承皇位。1572年7月，隆庆皇帝驾崩，年仅35岁。不过，朱翊钧两位同父异母的兄长，即皇后嫡出的孩子，此前都去世了。就这样，朱翊钧在他9岁生日前的六周登基。青少年时期，万历皇帝在内阁首辅张居正的辅佐下，认真学习帝王之术。1582年，张居正去世，将近20岁的万历皇帝开始亲政，独自统治明朝。① 与大多数皇帝一样，万历皇帝深居宫闱，因缺乏对臣民生活世界的了解而感到困扰。尽管如此，年轻的万历皇帝似乎也曾尽力了解国内发生的事情。当然，他是否知道水桶的单价是另外一个问题，但起码他知道灾荒年的物价。我们之所以能了解这一点，乃在于1594年4月19日，他与皇贵妃郑氏有一段相关对话。郑氏为万历皇帝所宠，比万历皇帝小4岁。第二天，他将此次谈话告知了内阁首辅。②

> 昨者，朕览《饥民图说》，时有皇贵妃侍，因问："此是何图？画着死人，又有赴水的。"朕说："此乃刑科给事中杨东明所进河南饥民之图。今彼处甚是荒乱，有吃树皮的，有人相食的，故上此图，欲上知之，速行蠲赈，以救危亡于旦夕。"③

这则简短的文字记载意义非凡，尤其是它向我们展示了彼时宫廷内私下谈话的情形。皇帝与皇贵妃的谈话是否原原本本呈如上文，并非重点，重点在于万历皇帝断言事实如此。这是他向内阁首辅和其他朝廷官员明确表达的内容，显然他已经意识到饥荒

---

① 关于万历皇帝的青少年生活，可参见黄仁宇《万历十五年》的前四章。
② 《明神宗实录》卷271，第1a页（万历二十二年三月己卯）。王锡爵的《劝请赈济疏》亦附带谈及此事，惟两处细节稍异。该文收录于陈子龙的《明经世文编》卷395，第7a—7b页。其中对话全文又可见Brook, "Telling Famine Stories"。
③ 《明神宗实录》卷271，第1a页。《明神宗实录》中所载万历皇帝与王锡爵的对话，似乎是将好几个时间点的事情拼凑在了一起。举个例子，他在4月5日（二月甲子日）（卷270，第4a页）提及阅览《饥民图说》之事，但他同意王锡爵所奏，要求百官捐俸赈济的时间点则为4月20日（三月己卯日）（卷271，第1a页）。

问题迫在眉睫,并将亲自参与赈济灾荒的工作。万历皇帝自始至终没有见过任何灾民,因为只要他出宫,士兵就会提前肃清整顿沿途街道,不会让皇帝看到任何苦楚景象。他只能从图册中了解饥荒的情形。对话发生大约两周前,万历皇帝收到了这份《饥民图说》,《明神宗实录》称,这令他"惊惶忧惧"①。两周后,这份《饥民图说》仍在寝宫案头,想必万历皇帝已经多次细阅,就像郑氏初看到它时的反应一样,为眼前的景象所震惊。当万历皇帝给她看这份《饥民图说》时,他已经用了两周时间消化其中的内容。这些内容详细地解释了天灾及其可能引起的人祸——起初是社会动荡,最后乃是民变。②

官员将《饥民图说》进呈皇帝的目的看来完全实现了,万历皇帝立即做出了回应。他告诉首辅:

> 皇贵妃闻说,自愿出累年所赐合用之积,以施救本地之民,奏朕未知可否。朕说甚好。且皇贵妃已进赈银五千两,朕意其少,欲待再有进助,一并发出。

郑皇贵妃发起赈济后,太后、两位亲王(福王、沈王)和万历皇帝本人也都捐出赈灾银两。③他们的赈银总数,堪称明朝历

---

① 《明神宗实录》卷270,第4a页(万历二十二年二月甲子)。
② 位于郑州的河南博物院里保存着一份1658年印刷《饥民图说》在1748年的摹本。感谢 Roger Des Forges 将其复印本与我分享。
③ 带头捐银赈灾的还有皇太后(《明神宗实录》卷271,第4a页),万历皇帝与郑皇贵妃之子福王(朱常洵,1586—1641年)(卷273,第2a页)和藩王沈王(朱珵尧)(卷273,第4b页)以及其他人。赈济总额很难有确切数字,其中部分金额数字可参见杨东明:《饥民图说》,第38b页;王锡爵:《劝请赈济疏》,收录于陈子龙的《明经世文编》卷395,第7a页;《明神宗实录》卷271,第1a、9a页。

代皇帝单次予以的最高数额。皇室的慷慨给予成了钳制首辅的更多道德筹码，政府得以要求五品以上官员捐出俸禄以赈灾。

然而，仅靠这些赈济并不能真正缓解灾荒带来的威胁，鼓励价格产生差异，进而发挥作用才是解决方案。当每石粮的价格涨到闻所未闻的 5 两白银时，受到刺激的粮商就会从黄河顺流而下，把粮食运抵灾区。负责赈灾的官员向皇帝奏称："米舟并集，延衺五十里。"[1] 结果，每石米的价格跌到了 8 钱。尽管这个价格仍然很高，但大致已经回到正常歉收年份的价格水平，而非严重饥荒时期的价格，这也足以让粮商们收回成本。最终，河南未有饥民因不济而饿死。[2]

从两个方面看，情况更为复杂。仔细研究是年河南的记载会发现，该省当年并未濒临饥荒。虽然粮食产量略有下降，但还不至于像皇帝看到的那样满目疮痍。事实证明，对饥荒的恐惧远比现实夸大。万历皇帝之所以急于带上官员捐银赈济，乃因在此事的六年前有席卷中国的严重饥荒，让彼时政府措手不及。陈其德在其《灾荒记事》中也有所提及。

第二个复杂的情况是郑皇贵妃。在诸多妃嫔中，万历皇帝最宠爱她。她在 1586 年生子后，万历皇帝敕谕礼部晋其为皇贵妃，并试图以其子为皇太子，尽管其子乃万历皇帝之第三子。此举造成的皇位继承纷争一直困扰万历皇帝，并使他与大臣渐行渐远，乃至辍朝怠政。万历皇帝将郑氏塑造成对话的主人公，并要求官员支持其倡议，这很可能是他在竭力提高郑氏的地位，并进一步

---

[1] 陆曾禹：《康济录》卷 3 上，第 66a 页。关于凭借市场力量缓解 1594 年灾荒之说，还可参见 Yim, "Famine Relief Statistics," 5–7。
[2] 出自《虞城县志》（1895 年版）卷 6《杨东明传》，第 12a 页。

推动立其子为皇太子。当然，这件事的政治意义与粮价无关。我们只须注意到，在万历朝的每一个政策背后总是能看见若隐若现的政治影响。

当然，本章的主题既非万历皇帝本人，亦非饥荒时期价格。这些内容将放到第四章。本章想要谈的是万历皇帝统治时期的明代社会的样貌，尤其是我提到的构成万历朝价格体系的价格，以及民众在这一体系下如何管理自己的生活。眼前需要谈的问题是，陈其德将万历时代视为"在在丰亨"的太平盛世，是否合理？

记　账

> 问菽三升易小麦二升，小麦一升五合易油麻八合，油麻一升二合易粳米一升八合，今将菽十四石四斗，欲易油麻，又将小麦二十一石六斗，欲易粳米，几何？[①]

这个问题的答案是，米价是小麦价格的 1.25 倍。我提到这一记载，只是为了说明一个事实，即明人是根据一种相当高水平的计量史学家所谓的"经济效用"来处理事务的。[②]明人知道商品价格，知道如何货比三家，以及知道需要做些什么来维系收支平衡。他们知道量入为出，敏锐地意识到自己的存用项。他们将支出与收入分列，了解固定资产的价值，并且懂得评估投资回报。若非如此，明人的价格记载就不复存在。尤其是万历时期，相关价格

---

① Libbrecht, *Chinese Mathematics in the Thirteenth Century*, 431.《数书九章》同一章中还有另外一道问题，但算出来的米价是小麦价格的 2 倍。

② Martzloff, *History of Chinese Mathematics*, 47.

记载数量明显增加。

万历时期这些价格记载的增加反映了彼时经济的变化,即商品经济的发展促使任何东西都有其价格,且生产力也很发达,国内外的东西——总是有一个价格——都能买到,数量和种类都是前所未有的。同时期的人们惊叹于周遭之富庶。博学鸿儒宋应星在《天工开物》的序言中称,他与同时代的人生活在"天覆地载,物数号万"的世界里。他又写道:"事物而既万矣,必待口授目成而后识之,其与几何?"[①] 这也是他撰著《天工开物》的目的。万历时,收藏家李日华甚至质疑"万"足以涵盖事物之丰富程度。他说:"天地间,异物皆随时幻出,原无定数可以验矣。"[②] 于他而言,想要了解已有事物,最好的方法就是阅读古人的相关记载,至于那些从威尼斯或秘鲁利马等远道而来,源源不断涌入李家的新事物,则须进行第一手研究,然后才收入其"天地"之中。当然,每一件东西一定会有其对应的价格,如此才能确定其在明朝诸多事物中的位置。

万历年间,基本商品的价格是人尽皆知的。据明代史料记载,肉类几乎维持在每斤 2 分钱。耶稣会教士庞迪我在 1602 年回寄的家书中证实了这一价格标准,并指出"肉类中上等的牛肉、羊肉、鹅肉、鸡肉、鹿肉等,每 1 利弗尔(livre,以之对译'斤')都

[①] Sun and Sun, *Chinese Technology in the Seventeenth Century*, xi(《天工开物》英文版,略有改动)。《天工开物》直到 1637 年崇祯年间方付梓,但氏著对万历年间的诸多社会情绪和变化皆有深刻把握。关于宋应星的宇宙观及其对晚明人们工作生活中"事物而既万矣"的反应,可参见 Schäfer, *Crafting of the Ten Thousand Things*, 129。

[②] 李日华:《味水轩日记》,第 103 页。转引自 Brook, "Something New," 369。

只值 2 里亚（liard，面额较小的法国钱币，以之对译'分'）"①。庞迪我之所以观察到这些，乃因以当时欧洲的标准，明朝可谓肉类供应充足，价格（尤其是野味的价格）低廉。②当然，如果肉质更好，供应有限或需求更为强烈，肉价很可能就要超过 2 分钱，但这种波动对大多数人而言是容易理解的，并不神秘。

当价格指涉的不是日常食物，而是制成品时，把握价格就更具难度。以交椅为例。猪肉归根到底都是一样的东西，但明代交椅的规格并不统一，自然也不会有统一的价格。因制造时间、地点、买卖不同，交椅价格多元。③价格只有在与其他价格的关联对照中才有意义，因此消费者得以通过价格区分高档交椅和普通交椅，并将自己与其他社会阶层的消费者区分开。④因价格的存在，等价物也应运而生。明人知道，1 把价格适中的交椅，价格约等于 1 把诸葛弩，或 1 条风领、头围。1 把价格昂贵的交椅，约等于 1 个弥足珍贵的定窑瓷盘，或 10 只大鹅。⑤只要价格的等价和差价不因各种偶发因素轻易受到影响，价格体系就能稳定地发挥作用。对买方而言，只要知道东西应该花费多少，以及本人所在

---

① Pantoja, *Advis du Reverend Père Iaques Pantoie*, 111–112.
② 利玛窦有同样的看法，可参见 Gallagher, *China in the Sixteenth Century*, 12。
③ 交椅价格差距颇大，最低仅需 2 钱（《天水冰山录》，第 162 页），也有 4 钱的（沈榜:《宛署杂记》，第 148 页），甚至高达 5 钱的（巫仁恕:《优游坊厢》，第 334 页）。
④ 正如吕立亭所指出，17 世纪的奢侈品市场有多元区分，不仅根据商品质量产生价格差异，也根据买主不同的社会地位来区分对应合适的商品。可参见其"Politics of Li Yu's *Xianqing ouji*," 495。
⑤ 诸葛弩的对价，来自范涞:《两浙海防类考续编》卷 6，第 65a 页；风领、头围的对价，来自《天水冰山录》，第 161 页；定窑瓷盘的对价，来自张安奇:《明稿本〈玉华堂日记〉中的经济史资料研究》，第 306 页；十只大鹅的对价，来自沈榜:《宛署杂记》，第 170 页。

社会阶层的购买力，他们就知道自己该如何消费。

现在回到陈其德关于万历年间"在在丰亨，人民殷阜"的回忆，我们需要通过重构万历时期的价格体系来检验其看法是否正确。万历时代，何种价格占据主导地位，价格之间的变化又如何发生？本章使用的数据有两个来源。其一是万历时期大量出现的散文、日记、书信及回忆录。这些文本中或存在作者所记日常生活中的价格（通常是不系统的）。其二是我现在要介绍的更为系统性的史料，即地方官员所编制的用来指导和限制政府开支的官方物价表及官物清单。

两位知县

对大多数科举及第者而言，充任知县是他们在仕途阶梯上爬上的第一阶。明朝境内大约有一千个县，它们是最基层的行政机构，也可以说是最重要的行政机构。无论是聚民听法、赋税征收、道德教化抑或民兵团练，基层县都是政府与民众接触的地方。但儒家的饱学之士并不懂得如何进行行政管理，这些新科举子人生地不熟，甚至不习当地方言，至县赴任无疑是一场试练。这些新上任的亲民官必须迅速学会如何编制、审计预算，增加财政收入，努力使其任内财源不至枯竭。政绩佳者可以得到晋升，严重失职者甚至要面临解官。他们当中有些人确实平步青云，有的则碌碌无为，大多数只是任由当地胥吏操持政事，平衡收支。

要想结算梳理一地账目，往往只能从粗心大意或心怀不满的前任所留下的糊涂账，甚至是不存在的账目中重建。完成这部分工作后，下一项任务就是审计账目收支是否平衡，包括账面上的和账面外的，这既是为了确保县官能够收支平衡，也是为了满足财务系统内的汇报要求。①紧接着的任务，是制定新的财政收支政策，以维持县的运转，并使新任知县的仕途走上正轨。我们在本节将介绍两名知县，他们上任后发现了县财政的混乱不堪，并勇于面对挑战，他们的事迹也被记载了下来——这些记录充满了价格信息。

海瑞，1514年出生于海南岛，在万历皇帝即位前二十年就入仕。海瑞在万历十五年（1587年）去世前，就已经成为人尽皆知的清官能臣。沈榜比海瑞晚出生二十五年，但只比海瑞晚去世了十年。他没有海瑞的社会地位，但在万历统治的前二十五年的时间里，他成为一名出色的知县。有意思的是，这里反映了铨选与科举选拔出来的人才不尽相同。这两位官员的共同点是，他们都只是举人，并未获得进士头衔。换句话说，他们满腹经纶，但未能通过礼部的会试，而吏部铨选官员通常会先从进士中选拔。海瑞和沈榜初入仕途时皆未担任要职，而一旦他们能够证明自己的行政能力，而非仅仅是学问，他们就能以官场的表现给他人留下深刻印象。

我们从海瑞在淳安知县的任上谈起。这个贫穷的小镇坐落于浙江，在远离省会杭州的新安江上游地区。就规模来说，淳安在历史上长期为郡治而不是县，这是国家用来管理难以管理地区的单位。海瑞于1558年之任时，淳安县以无法无天闻名，地方土豪恐吓或贿赂县衙胥吏，设法抹去他们在契尾和黄册的记录。海瑞注意到这些恶行后就意识到，要想管理好淳安，又不与上司发生

---

① 清点库藏并造册呈上级核查，是州县官员的基本职责。可参见李乐:《见闻杂记》卷3，第111b页。

冲突的唯一办法，要么就如其前任官员那样，向老百姓加派赋税，要么体覆账目，革除县财政每况愈下的弊端。对海瑞而言，无须选择。他从来都是以人民的利益为己任。他曾说："有能撙节减一分，民受一分赐矣。"海瑞制定施政纲领《兴革条例》，宣布在淳安移风易俗，革除旧弊，推行新政。①

海瑞在《淳安县政事序》称，他到达淳安后即"初阅册籍"，发现黄册中"民之逃亡者过半"。换句话说，在吏治腐败的环境下，有一半以上的编户齐民逃离此地，或为势家大族所诡名隐匿，没有缴纳税款。淳安人口从1371年的七万七千多人下降到1552年的四万六千多人，这种下降，显然与彼时中国人口的增长态势背道而驰。②人口从赋役黄册中消失，其结果就是税收负担将转移到其余在册人口。识者告诉海瑞："在今日不可能也，在今日又不可为也。宁可刻民，不可取怒于上；宁可薄下，不可不厚于过往。"③海瑞拒绝了这一保守实用的建议，并着手稽查。他认为，通过审计可以揭露真相，土豪不能再为自己的利益篡改事实，官吏亦不能再缘为奸弊。

海瑞改革的另一要点，在于官府一切花费应准市价，不能畸高。他提醒本地商人，物货供应时不能哄抬时价，同时也提醒下属，不能压低价格，强迫商人接受。④要对价格进行干预，首先

---

① 该《兴革条例》初保存于1562年海瑞在淳安县出版的《淳安县政事》，后再版时收入《海瑞集》，第38—145页。关于海瑞的财政改革，可参见Cartier, *Une réforme locale*, 56–84。但氏著并不涉及价格。
② 海瑞：《海瑞集》，第72页。
③ 海瑞：《海瑞集》，第38页。
④ 朱逢吉所作《牧民心鉴》是一部广为流传的基层治理作品，其中强调了官府按时值措办物货的重要性。他建议基层州县官应保留一份账簿，详载官办物货的价格，以备百姓查看（卷1，第6a页）。

就要张贴公布价格。在《兴革条例》中，海瑞在三方面提及此事："礼"部分涉及礼仪所需用度；"兵"部分涉及军饷所需用度；第三部分则为知县、县尹、县丞、主簿、教官、典史等官吏日用家具（家伙）的用度清单。① 省例虽然规定地方官员的家具官为措办，但淳安县已经惯于让离任官员带走措办家具，或将之送给胥吏，而非留交下任。② 为了降低开支，海瑞规定了家具在需要更换时的费用。这就给我们提供一个难得的可以窥见彼时普通家庭日用商品价格的机会（见附录C"参考表"中的表2.1）。

1590年，沈榜出任北京顺天府宛平县知县。他也面临类似的财政混乱、账目造假的情况，尽管具体情形与海瑞面临的大不相同，迫切需索财源的朝廷和宫中给了他不少施政压力。与海瑞一样，沈榜意识到只有稽查前账才能捋清旧债，这是摆脱地方财政危机的唯一途径。他发现县衙需要超过4000两的开销，而在他走马赴任时，库房只剩52两。沈榜有处理这种情况的经验。宛平县为北京顺天府分治的二县之一，他在赴任前曾于南京应天府的上元县担任知县，其分治逻辑与宛平县如出一辙。这一经历使得沈榜早已习惯应对上级的各种要求。诚如他的一位文友的评价，沈榜之才不在文字"修辞间"，而在于"负经济略"。③

沈榜稽查，旨在制订宛平县的年度财政预算，这就贯彻了明朝财政预算"量入为出"的根本原则。事实上，沈榜必须兼顾两方面问题，即既要保持财政收入，又要尽可能减少开支，还不能与朝廷或宫中的需求发生冲突。他反问："若曰入不为额，而出焉

---

① 海瑞：《海瑞集·礼》，第81—89页；《兵》，第105页；《工》，第129—135页。关于第三部分的译介，可参见Cartier, *Une réforme locale*, 145-146。
② 海瑞：《海瑞集》，第128页。
③ 吴楚材：《〈宛署杂记〉后记》。载沈榜：《宛署杂记》，第301页。

无经,畴能谋之耶?"① 为了保证审计结果,他决定将所涉数据公之于众。在其 1593 年出版的《宛署杂记》中,就有两章关于这些数据的记载。② 通过审计,沈榜罗列了上至漆器,下至葱姜蒜等所有物品,这些都是宛平县为满足京城需求而采买的,在大多数情况下都记录了价格。《宛署杂记》列出的价格比明朝其他史料记载的都要多得多。他的上级顺天府尹曾赞道:"惟经费书则备极靓缕,几于隶首不能得。"沈榜书中还有一些价格被称为"折价",亦即以实物价格折算的支给来代替实物的供应。偶尔也会看到数项物品合计后的总价,并无每项的单价。即使偶有此类略记,《宛署杂记》所载数据规模之大、质量之佳,皆堪称一绝。从樱桃到夜壶的价格,再到枷锁链条一类的刑具造价,一页又一页的价格提供了本书所需的大部分价格数据。

何为 1 分、1 钱、1 两

为了直观地总结万历朝的价格体系,我以海瑞、沈榜等人所载的价格数据,梳理出三个表格。第一个表格列出了 25 种可以用 1 分白银购买的东西,第二个则为 1 钱(10 分)白银能够购买的东西,第三个是 1 两(1.3 盎司)白银所能购买的东西。③

第一个表格展示了 1 分银子可以购买的东西(见本章表 2.2)。这是大多数人都能负担得起的价格。1 分白银几乎可以买到 1 斤

---

① 沈榜:《宛署杂记》,第 172 页。关于"量入为出"的问题,可参见 Grass, "Revenue as a Measure for Expenditure," 96。
② 沈榜:《宛署杂记》,第 121—174 页。
③ 严格来说,这三张表中的价格并不都是万历年间的数据。海瑞的价格比万历时期早十年,其他来源的价格有的则是万历以后的价格。我之所以将这些数据都列入表中,是为了扩大样本的范围。

多果蔬（1.33 磅，或 600 克），如黄瓜、菱芡等①。葱姜等基本食材则要便宜许多，它们的售价通常不超过 0.2 分，即约一二文。1 分白银足够海瑞买到 1 斤酒了，当然酒也有多种价位（沈榜买酒，则每瓶要 4 分到 20 分不等）。② 肉的标准价格是每斤 2 分，1 分只能买到 0.5 斤肉（300 克）。活的牲畜肉价只有宰杀后的一半。③ 鲜鱼或咸鱼的售价通常与肉类差不多。不过，在 1602 年的一封信中，耶稣会教士庞迪我曾写道，在北京，1 分白银可以买到 1 斤鳟鱼。④ 据沈榜所载，烟草与肉价一样，1 分可以买 0.5 斤。万历时期，烟草是西班牙人从菲律宾引进后再转售中国的，这就是那个时期烟草价格仍然很高的原因。⑤ 沈榜还列举了其他若干烟草价格，从每斤 3 分白银的本土烟草，到每斤 1 钱白银的吕宋进口烟草。这恰好成了最早的中国烟草消费记载。⑥

小件家庭用品，从凳子到锅盖，乃至廉价瓷碗，都是 1 分白银 1 件。1 分钱能买到质量最差的墨水和纸张。海瑞和沈榜都记载了大量质量各异的纸张价格，海瑞列了 17 种，沈榜则列了 60

---

① 译者注：《宛署杂记》卷一四《经费上》载"黄瓜八十根，价八钱"，即 1 分白银可买 1 根黄瓜，而非 1 斤。另"鲜菱七斤八两，价十钱五分；芡实七斤八两，价七钱五分"，即 10 分白银可买 1 斤鲜菱或芡实。
② 不同酒价在沈榜《宛署杂记》中的不同页。其中，4 分价格在第 170 页，5 分价格在 147 页，6.4 分价格在第 124—128 页，20 分价格在第 170 页。
③ 1615 年，陕西华阴县（今华阴市）知县为五岳之一的华山刻石立碑，使我们可以窥知这些数据。他在碑文中称，为了控制开支，他公开告称，县衙祭祀华岳所用的肉，以每斤 1 分购入，但鹿肉除外，鹿肉以每只 2.23 两收购。具体内容可参见吴钢主编：《华山碑石》，第 305—306 页。
④ Pantoja, *Advis du Reverend Père Iaques Pantoie*, 112. 需要指出的是，我还没有从其他文献中看到如此价格的鱼。
⑤ 关于烟草引进，可参见 Brook, *Vermeer's Hat*, 120–123, 134–136。
⑥ 不同烟草价在沈榜《宛署杂记》中的不同页。其中，2 分价格在第 134 页，3 分价格在 146 页，10 分价格在第 150 页。

多种。在官府需要不断发出奏报、张贴榜告的年代，用纸较多不足为奇。每100张纸，时人称为1刀。[①]最后，1分白银还能买到1斤鱼胶、1斤麻绳和1斤紫檀，但只能买到0.5斤铁钉。

表2.2 1分白银可以买到的25种物品

	地点	年份	文献出处
饮食（1斤，例外者单列）			
黄瓜（1根）	北京	1590	SB 122
胡桃	北京	1590	SB 123
酒	淳安	1562	HR 85,86
鳟鱼	北京	1602	DP 112
蛋（18枚）	北京	1602	DP 112
牲畜	华阴	1615	HB 305
猪肉（0.5斤）	北京	1590	SB 129,130
烟子（0.5斤）	北京	1588	SB 134
家庭用品			
水瓢	北京	1577	SB 141
木杠	北京	1590	SB 133,147
脚火凳	淳安	1562	HR 129,132,134
火箸（1双）	淳安	1562	HR 130,132
笤帚	北京	1590	SB 151
荆笆	北京	1577	SB 141
磁（瓷）汤碗	北京	1577	SB 141
锅盖	北京	1577	SB 141
纸墨			
粘果纸（25张）	北京	1590	SB 171
常考卷（2个）	淳安	1562	HR 42
写榜墨	淳安	1562	HR 83

[①] 海瑞和沈榜的记载中罗列了近百种各色各样的纸张及其价格。其中，沈榜的纸价分别记载于《宛署杂记》的第121—130、137、139、145—146页中。周启荣在氏著 *Publishing, Culture, and Power in Early Modern China*, 35 中引用了若干沈榜提到的价格。我在英文中找不到与"刀"对应的词，英文中常用的 quire 指的是24张纸（现在算作25张纸），而 ream 则指500张纸，没有单独的百张纸的对应词。

（续表）

	地点	年份	文献出处
材料（1斤）			
鱼胶	江西	1565	TS 164
麻绳	北京	1588	SB 134
锡箔（1贴，约100张）	北京	1590	SB 133
铁钉（0.5斤）	北京	1590	SB 145
煤（10斤）	北京	1577	SB 140
紫檀	徽州	1518	WSX 139

　　1分白银提高到1钱白银，就能买到更多高级食材，如1斤冬瓜或水蜜桃，2斤山药，1整条鲫鱼或雉鸡，还可以买到上等进口烟草或茶叶（见表2.3）。① 和酒一样，茶叶也分不同品质和价位，高端茶酒的市场价极不稳定，茶商为了竞争，也使出浑身解数，吸引懂茶的买家光顾生意。②

　　1钱能买到的家庭用品比1分白银能买到的产品更加精致，有的也许用料更好（如铁锅），有的也许费工更多（如阳伞）。1钱可以买到品质更好的纸墨，买到更贵的材料，比如蜡烛、石膏以及生产红色印染材料的进口杉木。从1钱价格起，服饰开始出现在清单上，药品也在这个价位出现。1钱还是医生出诊等服务的常见价格。《金瓶梅》间接证实了这一价格。作者在一段话中暗示，小说中的一个名声平平的医生出诊开方只收5分白银。小

---

① 沈榜：《宛署杂记》，第123、125、126、128、10页；叶梦珠：《阅世编》，第159页。
② 谢肇淛曾对其福建老家的名茶松萝茶做过深入讨论。他谈到，松萝茶的制作需要大量劳动力，但因需求量极大，在各零售商之间引发了疯狂竞争，最终反而导致茶价下跌至每斤百文（约白银1钱4分），茶商已经无利可图。"安得费工如许？"谢肇淛问。"即价稍高，亦无市者矣。故近来建茶所以不振也。"具体内容可参见谢肇淛：《五杂俎》，第213页。

说后文印证了出诊费与医术的关系,小说主角西门庆为救爱妾,花了整整 1 两白银请名医治病。这个小妾是前面 5 分银庸医的前妻。①

表 2.3　1 钱（10 分）白银可以买到的 25 种物品

	地点	年份	文献出处
饮食（1 斤,例外者单列）			
冬瓜	北京	1590	SB 122
水蜜桃	上海	1628	YMZ 170
芡实	北京	1590	SB 123
细茶	北京	1590	SB 123,126
山药（2 斤）	北京	1590	SB 122
鲫鱼（1 条）	北京	1590	SB 123
雉鸡（1 只）	北京	1590	SB 122
家庭用品			
锅	淳安	1562	HR 130,132,134
日伞	淳安	1562	HR 129,131
净桶	北京	1590	SB 147
套索	北京	1590	SB 132
木床	北京	1577	SB 141
四柱床	淳安	1562	SB 129,131
纸（1 刀）墨			
抬连纸	北京	1590	SB 146
白咨纸	北京	1590	SB 124,127
墨（10 两）	淳安	1562	HR 42
材料			
烛（1 斤）	北京	1572	SB 136,137,145
苏木（1 斤）	北京	1590	SB 133
土粉（1 斗）	北京	1590	SB 133
布料与布制品			
苎麻（1 斤）	北京	1590	SB 138
段绢锦幅包袱	江西	1565	TS 161
布被	江西	1565	TS 160
绣护膝袜口	江西	1565	TS 161

① 转引自 Bian, *Know Your Remedies*, 136–137。

（续表）

	地点	年份	文献出处
药材（1两）			
附子	上海	1620	YMZ 161
服务费			
出诊	绍兴	1600	LW 131

1钱提高到1两，意味着进入一个全然不同的消费水平（见表2.4）。这个消费水平几乎没有饮食项，因为食物太便宜了，涨不到这个价格。可供呈现到表中的饮食项，只有羰猪和上等的芥片茶。动物是主要的例外。1两白银不够买1整只动物。1头成年猪的价格甚至高达4两到5两。[1] 1两白银能买到的家庭用品比1钱白银能买到的更精致结实，布料更为奢华，纸张重量更重、质量更高。榜纸是长宽皆大致为1.5米的大型纸张，是被官府广泛应用的标准规格纸张。需求量使得这种榜纸价格相对较高。

表2.4中还出现了前表都不曾出现的几类新商品。1两白银能买1把火枪，且不是普通的鸟铳，而是叫"鲁密"的火绳枪。"鲁密"即奥斯曼帝国，"鲁密铳"[2]是仿制的土耳其火枪。这个层级的商品里还出现了"书籍"。万历时期的出版印刷文化生机勃勃，读书人越多，书籍卖得也就越多。一些人为了科举而学习，也有一些人为了汲取新知而学习，当然，还有一些人纯粹为了娱乐。书价高低取决于纸张质量，雕版种类，刻工精细度，印刷、

---

[1] Girard, *Le voyage en Chine*, 253.
[2] 译者注：核《两浙海防类考续编》，其原文为"密鲁铳"，应为"鲁密铳"之误。"鲁密铳"为万历二十六年（1598年）赵士桢在向鲁密国（奥斯曼帝国）使者朵思麻请教鲁密国火枪的构造及制作方法的基础上改进所得，是明朝自主研发、制式精良的武器装备。

装帧技术以及文字编辑的准确性。能为大众消费的书籍每卷仅售6分,但这只是一套书的一卷分册而非全集。① 最便宜的书是福建书坊出版印刷的大量廉价图书。诚如藏书家胡应麟对书价的总结:"凡刻,闽中十不当越中七,越中七不当吴中五,吴中五不当燕中三。"我所搜集的78部书的价格,均价为2两,其中四分之一书的价格低于1两。五分之二的书价在1两到3两之间,这个价位的图书应当是较为高雅上乘的读物。② 高于均值的,书价能逐渐涨到10两,乃至在此价格之上,还有作为收藏品的书籍价格会飙升到几十两、上百两。从万历年间祁承㸁的藏书那里,我们可以很好地了解到书籍的价格。祁承㸁告诉诸子,自己留给他们的书籍总价超过了2000两。他的藏书清单最终列了9378部书,如此,则每部书的均价在2钱左右。③ 祁承㸁去世后,他的儿子们如何处理他的书籍就不得而知了。不过对大多数人而言,最具吸引力的做法肯定是将书籍兑换成钱,这也是每个藏书家心头的梦魇。几十年后,陆文衡不遗余力地恢复祖父在万历年间毁于火灾的藏书,但他也颇为悲观愤世地预言,他的下一代将对这些遗产漠不关心。他感慨道:"人家子弟爱才(财)者多,爱书者少。积而遗之,非饱蠹则覆瓿耳。"④

1两白银也达到了购买专业劳动服务的水准,无论是写春联、画门神,还是装裱。1两还能直接购买劳动力,至少可以买到1

---

① Dai, "Economics of the Jiaxing Edition," 331–333. 明末时,为了扩大大套丛书的销售,书商往往将书价砍个对折。到了1647年,价格又重新达到了6分。
② Clunas, *Superfluous Things*, 132. 氏著引用矶部彰的《〈西游记〉形成史研究》。关于贫富读者的市场差异,可参见 Hegel, "Niche Marketing for Late Imperial Fiction"。
③ Paethe and Schäfer, "Books for Sustenance and Life," 19–20, 46.
④ 陆文衡:《啬庵随笔》卷2,第13a页。

个小厮,即青少年男孩仆从。1两通常是最低价,购买小厮甚或到6两以上,购买成年奴婢的价格则在4两到20两之间,媵妾等性伴侣价格则更高。据上海人潘允端在其日记中所载,他在1588年到1593年间曾四次购买家仆,每次支付2两到10两不等。①1592年,潘允端还以8两价格,将陈文夫妇二人成对买入。然而在1588年,潘允端只以2两的价格就购买了油漆匠顾秀夫妇。这很可能是因为1588年是严重的饥荒年,卖身求活总比饿死街头好。潘允端还收购过艺人。1588年至1590年间,潘允端先后用1两到20两不等的价格购买了11名串戏小厮(均价8两)。

我们从这些数据中可以了解什么?最重要的一点是,对普通民众而言,1两是一笔巨额财富,在某种程度上甚至成了贫富的分水岭。②穷人或许会花1两白银买羲猪,但他买不起表2.4中的其他任何东西。对于表中的每一种商品,穷人都在竭力寻找更便宜的替代品。一张价格1两白银的梨木床,不会是穷人所需要的,而富人可能出于完全不同的原因不买它。在拥有梨木床的某富人家庭的物品清单中,这张床算是便宜的床了,最贵的床,价格甚至是梨木床的15倍。③从富人的角度看,1两银子根本不够买一张床。

事实上,明代的小说中,1两经常成为为所欲为的边界。1两之下往往不足以构成严重的犯罪,但1两以上通常就与重罪挂钩。万历末年(1620年),冯梦龙的小说《沈小官一鸟害七命》中就有个箍桶匠试图夺走某人的画眉鸟并贩卖掉,换得二三两收入。

---
① 张安奇:《明稿本〈玉华堂日记〉中的经济史资料研究》,第290页。
② 16世纪第二个十年,王阳明曾在《南赣乡约》中订立规矩,如不能按时参加每月例会,则要罚银1两,处罚不可谓不重。王阳明:《传习录》,第300页。
③《天水冰山录》,第159—160页。

于是他杀死了画眉鸟的主人,并将鸟卖给一个商人。但商人开价只有 1 两,箍桶匠往上抬价,最终换得 1 两 2 钱。他回家将好消息告诉了自己的妻子。诚如冯梦龙所写,二人得到 1 两 2 钱后,"欢天喜地"。[①] 以上并非个案,香火钱也以 1 两为界限。17 世纪第二个 10 年末,江西某佛寺募捐时,将芳名录的最低上榜金额定为 2 两。[②] 1 两还不足以在佛祖面前流芳。

表 2.4　1 两(1.3 盎司)白银可以买到的 25 种物品

	地点	年份	文献出处
饮食			
麂猪	北京	1590	SB 122
芥片茶	上海	1657	YMZ 159
摆饰			
炉	上海	1592	PYD 307
宣炉	上海	1593	PYD 308
朱红菊花果盒	徽州	1518	WSX
素漆花梨木等凉床	江西	1565	TS 160
砚	上海	1591	PYD 307
盆景	上海	1588	PYD 298
磁器(2 套 204 个)	淳安	1562	HR 131
纸(1 刀)			
大榜纸(200 张)	北京	1577	SB 139
大磁青纸(10 张)	北京	1590	SB 145
贴红签纸	淳安	1562	HR 82
榜纸	淳安	1562	HR 84
纺织品与布制品			
嘉兴苏杭福泉等绢(匹)	江西	1565	TS 157
锦段绢纱帐幔	江西	1565	TS 160
锦段绫绢被	江西	1565	TS 160

[①] 冯梦龙:《喻世明言》,第 462—464 页。
[②]《青原志略》(1669 年版)卷 7,第 6a 页。

（续表）

	地点	年份	文献出处
材料			
梨板（3米长）	北京	1572	SB 138
武器			
鲁密铳	浙江	1601	LHL 6.66a
书籍			
李袁二先生精选唐诗训解（4册）	福建	1618	SC 112
广金石韵府（6册）		1636	SC 112
搜罗五车合并万宝全书（8册）	建阳	1614	IS 263
新编事文类聚翰墨大全（20册）	建阳	1611	IS 263
服务费			
写新岁门神	北直隶	1548	WSQ 46
裱面	上海	1591	PYD 299
人			
小厮	上海	1588	PYD 289

在粤西班牙人

现在，是时候将前面讨论的零散数据置于现实情境之中了。基于此，我将以两个简短的案例研究，来呈现彼时真实的家庭是如何在明朝的价格体系下维持生计的。第一个案例来自广东省治，主要指广州。第二个案例来自华北平原南端的一个县乡。这两例发生的时间稍晚于万历时期几年，但它们所在的价格体系总体仍在万历时期范围内。

广州的案例与阿德里亚诺·德拉斯·科尔特斯有关，他是一位住在菲律宾的西班牙籍耶稣会教士。他乘坐葡萄牙人的船只前往澳门，但在1625年2月16日，他在距离目的地还有350公里的地方触礁，被海水冲到广东潮州府海岸。科尔特斯同船的200多名船员、乘客在船只沉没后奋力赶在黎明之前上了岸，但他们立刻被当地乡兵逮捕,并逐级移送到省城广州,直到知府撤除对他们的海盗指控,他们获赦遣返澳门。科尔特斯与其他人在中国内地待了一年多。回到马尼拉后,科尔特斯详细写下了他的经历,堪称彼时最优秀的明代中国民族志,但不幸被埋没在了档案中,几个世纪以来无人问津。对我们来说,最具参考价值的是第20章"中国人的财产和贫富",科尔特斯描述了他所遇到的民众的家庭经济情况。[1] 在本章开篇,科尔特斯就提醒读者,不要被他书中前文所谈到的中国经济繁荣的夸赞所误导:"不能因中国人拥有的商品数量,就认为他们非常富有。相反,通常来说,他们可能是非常贫穷的民族。"科尔特斯接着将关注点转移到广东人民的经济生活上,从雇工、兵丁到商贩、渔民、匠人,最后还有社会精英。他提醒我们注意,很难准确描述中国所拥有的财富,一部分是因为大多数人生活困顿,另一部分则是因为中国家庭财不外露。尽管如此,科尔特斯仍使其他西班牙读者真切地了解了中国人的生活方式、他们能担负得起什么,以及他们能靠多么少得惊人的物资过日子。

科尔特斯的叙述始于他对普通民众日常生活条件的观察。大部分百姓养着"一只小狗、一只猫、一只鸡和一头小猪"[2]。他们的主要食物不过是"一点米饭和一些蔬菜",但逢年过节,即使是最穷的人也会"吃上几口肉、鱼、蛋、酒"。大多数食物皆是他们不外出务工时在自家菜园自耕所得。至于家里所需的衣服,每年新增也不超过两三件。科尔特斯就此总结了当时一个普通家庭所拥有的总资产:"如果算上他们买衣服所需要花费的一点碎

---

[1] Girard, *Le voyage en Chine*, 239–255. 关于此次海难的更多细节,可参见 Brook, *Vermeer's Hat*, 87–99, 109–113。

[2] Girard, *Le voyage en Chine*, 239.

银,以及家中其余布料、家具、日用品等,他们的总财富至多也就 8 达克特或 12 达克特(ducat,以前西班牙等若干西欧国家共同的货币单位,对译'两')。"据此他认为:"这是一笔对穷苦民众来说非常可观的财富,甚至他们很多人更为贫困。"

科尔特斯接着谈到了士兵们的生活状态。由于他一直处于看护软禁状态,因此他的身边总有士兵陪伴,使得他能更仔细地观察他们。他写道,许多士兵与打零工的一样穷困,但也有些士兵"拥有更多的财产,穿得更好,吃得也更好,甚至过得更舒适一些,拥有价值 30 两的财产"。像其他劳力者一样,士兵也要依靠自己的土地养活自己。"还有其他财富,包括俸钱、家具和其他物品。"小旗或什长这类带兵的下级军官"月俸只有 4 两,这没有包括他所带士兵从自己的俸钱中拨给他喂马的马料钱。有一次,我问其中一位军官,像他骑的那样的好马价值多少钱,他回答说值 15 两",这个价格可以从其他马匹价格那里得到佐证。[①] 相较而言,普通士兵的月俸"只有 1 两,加上'孝敬'上级的义务",实际所得甚至更少。一旦士兵承担多项其他义务,如为长官提供马料钱,或支付其他费用,特别是赌债,"实际到手的银子可能就只剩零头了"。

科尔特斯还注意到,工匠和商贩往往比普通劳力者或士兵富裕,当然这一群体内部的经济状况差距也很大。"那些拥有一家贩卖百货的普通店铺的成熟商贩,往往很难有 30 两以上的资产,而那些旺铺连排的商贩则很可能有超过 150 两的资产。至于工匠,民众会认为,他们要是拥有 30 两就已经算很多了。"[②] 为了说明普通工匠家庭的经济状况,科尔特斯还举了一个裁缝的例子。这个

[①] 这个价格可以得到其他佐证,具体可参见 S. Dyer, *Grammatical Analysis of the "Lao Ch'i-ta,"* 266;以及张肯堂:《䜛辞》卷 6,第 13b 页。

[②] Girard, *Le voyage en Chine*, 243.

裁缝是他在广州的邻居，以前当过士兵，表现尚可，后来则转行做了裁缝。这位耶稣会教士认识他的时候，他正经营着一家业务不错的店铺，也有利润丰厚的大单，但这家店铺只能靠他从不歇工才能维持经营，即使逢年过节期间也是如此。"当我问他月收入几何时，他说，1两。但他每年至少要付8雷亚尔到10雷亚尔（real，源自葡萄牙语，对译重量单位'钱'）的店租以及家庭、妻子儿女所需的费用。"裁缝的经济状况与士兵并无太大区别，但相对而言，他可以通过努力工作和严密管理，更好地管控自己的收支。"至于其他此类工作，我也发现了或多或少的类似情况。赚钱的人，我看到有人一天能赚到2分（condime，对译'分'）"，科尔特斯强调，与非技术劳力相比，"这种收入已经非常多了"。这意味着，彼时"一个工匠"一天"大概能赚到两三分"。虽然这种日收入并不算多，但起码能"给工匠的每餐多加一点咸鱼，这已经相当奢侈了"。

科尔特斯惊叹于那些从事最底层行业的人是如何谋生的，因为他们所能获得的劳动报酬极为低廉。他以"香"为例，他发现香便宜得难以想象。他所经之处，1钱大多能买到10000或12000支香。即使在科尔特斯看来中国香的质量不如西班牙香，他也承认这些香长度适当、制作精良。他无论如何也无法理解，制香匠是如何以这种价格谋生的。"人们不得不假设，制作这些香的工匠能从中赚到一些钱，并且能够依靠这个行业维持生计，因为似乎包装12000支香连1钱都赚不到"[①]，科尔特斯得出的唯一的结论是，中国人已经掌握了精打细算维系基本生活水平的本事，知道如何低成本过日子，乃至靠"残羹剩饭"度日。在此，科尔特斯

---

① Girard, *Le voyage en Chine*, 244.

没有意识到，贫困家庭需要通过全家劳动来获取微薄收入、维系生存。但他的看法与此亦相去不远，因为后面他也观察到，大多数穷人的生活方式是建立在其"微薄收入"的基础上的。

在科尔特斯提供经济信息的记载中，唯一涉及的另一种工作是捕鱼。在他看来，渔民的生活也捉襟见肘。他写道："渔民的财富也不会超过30两，除非算上一艘渔船和渔网。"[1] 这个说法很有启发性，因为它提到了科尔特斯不断重复的30两这个数字，似乎它是家庭脱贫的量化标准。但大多数渔民家庭无法达到这个财富水平。为了佐证科尔特斯关于捕鱼可得微薄收入的观点，我想引用南京文人张怡所收集的一个故事来论述。故事中，某家儿媳带着一只活蹦乱跳的猴子在街上卖艺乞讨，她一贫如洗的婆婆劝她说："弄猴所得无几，不如渔，日利数倍。"[2] 捕鱼自然无法致富，但总胜过卖艺乞讨。

华北平原的一位知县

浚县位于华北平原南端，在明朝属于北直隶的最南端，黄河以北，介于山东河南之间（清朝时，浚县划归河南省）。明中期编纂的方志称浚县人机警可靠，可谓把握住了浚县人在改变明朝的商业变革中处于边缘地位的特点。所谓可靠，乃在于他们并未受到商业变革最坏的影响；而所谓机警，乃在于他们并未受到商业变革带来的腐蚀。[3] 科尔特斯在广东用银两记录当地价格，而

---

[1] Girard, *Le voyage en Chine*, 246.
[2] 张怡:《玉光剑气集》，第324页。
[3]《大名府志》(1506年版) 卷1，第12a页。

浚县的经济往来同时用铜和银记录，这表明浚县游离于以白银计价的商业经济边缘。

张肯堂的著作让人们了解到浚县。他的故乡松江，位于长三角地区，上海西南方向。1625年，张肯堂进士及第，约三年后任浚县知县。1634年，他被擢为御史，同年刊印了他在浚县任官的经历记录，其中包括他在浚县审断或研摩的308起案子的摘要。他的书名《䜳辞》用了一个古字（与县名同音异字），意思是耕地后犁平土地。张肯堂一贯重视实现诉讼当事人之间的法律平等，因此书名直译过来的话，我认为应是《公平断案集》。① 粗糙的雕版和大量不规范的用字表明，《䜳辞》是在浚县当地付梓的，作为一部鲜为人知的明代法律史杰作，它在那里长期无人问津。然而，这个地方的相对不起眼恰恰符合我们的需要，因为这意味着张肯堂记录的案例反映了明朝社会底层普通人——陶工、船工、赌徒、骗子之间的纠纷和不满，以及他们日常生活中的价格。大多数明人居住在这样的地方，远离城市中心，而我们搜集到的关于价格的大部分描述材料大多来源于后者。

张肯堂所记载的案例反复提到价格——日期多在1627年到1631年之间——这不足为奇。如果不是因为钱，很少有人愿意去官府打官司。提到的价格使用两种货币计价单位，而且一般都是小额。张肯堂所载的案例中，涉案金额最小的是被盗的200文铜钱。尽管依照明朝法律，盗窃最高可以处以斩刑，但张肯堂认为

---

① 张肯堂：《䜳辞》卷5，第19a页。感谢姜永琳提醒我关注这则史料。姜永琳在其著作"Defending the Dynastic Order at the Local Level"中将《䜳辞》翻译为"Court Verdicts That Touch the Heart"。而Will *Handbooks and Anthologies for Officials in Imperial China*, 704则将《䜳辞》翻译为"Plowing Words"。在我看来，是二著皆未领会张肯堂的原意。

200文铜钱微不足道，于是对小偷杖断疏放。①他审断的大部分债务纠纷的涉案金额在1200文到1500文铜钱之间。唯一的特例是，有一个嗜赌成瘾的赌徒，一个晚上就输掉了2500文铜钱，但实际上他的钱袋空空如也。这种情况说明，对浚县的穷人而言，2500文铜钱是一笔巨款，远超普通人持有的现款。②

大多数人告官，涉案金额都高于前述案例。③其中有的与钱财丢失有关，如有位逆旅者丢了3700文铜钱，这些钱是他的旅途盘缠。有的则与逋欠债务有关，如我看到的最大一笔债，乃多年逾期未还的7两白银。其他的则多与购置商品有关，如张肯堂所断与骡子买卖有关的几起案件，其中一起案件中，一名男子支付了1000文铜钱作为首付定金，购买了一头价值为5000文的骡子，但没有支付尾款。另一起案件中，骡子要价为8两，在案件上庭时被压低到3两。也有的涉案金额与有争议的土地买卖有关。在一起案件中，有人花了6000文买了12亩地（1亩约等于2.5个网球场大小，约666平方米）。在另一起案件中，张肯堂把当地的标准地价定得很低，每亩值2.5两。

张肯堂的案例中也有买卖人口的价格。妾的价格在3两到14000文铜钱不等（养情妇的话，每月要花600文铜钱）。娶妻更贵。我在其案例中找到的娶妻最低价格是5000文铜钱，约要7两。其中一起较复杂的案件中，一名因饥荒而逃离邻县的男子，同意以14000文铜钱（约合20两白银）买下一名年轻女子。由

---

① 张肯堂：《誊辞》卷5，第19a页。我不确定《大明律》是否会对这种罪行处以极刑。
② 张肯堂：《誊辞》卷1，第14a页；卷5，第14b页；卷3，第26a页。
③ 按照涉案金额顺序，具体可参见张肯堂：《誊辞》卷1，第16a页；卷6，第18b页；卷6，第2b页；卷5，第25b—26a页；卷1，第16a、24a页；卷3，第2a—2b页；卷6，第22b页。

于没有现钱,该男子以 6000 文铜钱的价格卖掉 12 亩地,并把钱给了女子的父亲,随后又离开浚县,不再支付尾款。这个没头没尾的案件最终引起了知县的注意。[①] 尽管张肯堂的案例里没有提到,但值得注意的是,既然妻可以买到,那么新郎同样也能买到。这种婚姻并不常见,且不太体面,被买来的男子被称为"赘婿",字面意思是"没用的女婿",因为这种婚姻中,付钱的不是妻子,而是岳父。岳父出钱买到娶他女儿的女婿,并要求女婿入赘到妻家。这种异类婚姻与正常的父系婚姻不同,买婿的岳父家由此多了一个男性劳动力,既能传宗接代,又能拥有更多劳力。日本法史学者仁井田陞曾在其著作中抄录了一份 1593 年徽州的赘婿婚书,其中明确记载了赘婿的职责,不仅要在岳父家抚养子女、耕田种地,还要在岳父年迈之后亲侍左右,并不得抱怨。赘婿的价格是 15 两,但婚书中则委婉地称为"礼金"。[②]

在张肯堂的诸多案件中,价格最高的并非骡子、土地或妻妾,而是丧葬费。送葬者在参加葬礼时要随附帛金。张肯堂在有的案件中会利用这个风俗,通过指定一份特定数额的帛金,为受害一方安排赔偿。出钱的则是张肯堂认为与逝者亡故有过失关系的人。在一起案件中,张肯堂要求致死者冤死的人,在死者的葬礼上出帛金 3 两,这一数额远远高于正常葬礼应出的帛金,但张肯堂有权提出这一要求,而且他确实提出过更高的数额要求。在另外两起案件中,帛金数额甚至高达 24 两白银和 20000 文铜钱,它们之间基本等值。[③] 这是一笔不菲的钱,很可能是浚县当地中等富裕

---

① 张肯堂:《䈎辞》卷 1,第 16a 页。
② 仁井田陞:《中国法制史研究:奴隶农奴法·家族村落法》,第 268 页。
③ 张肯堂:《䈎辞》卷 1,第 18b、22b 页;卷 2,第 6a 页;卷 4,第 14 页;卷 2,第 8a 页。

沉浸式读书研讨会

会议议程

主题：国际著名汉学家卜正民教授新书《崩盘：小冰期与大明王朝的衰落》的读书研讨会

日期：××××年××月××日

时间：9:00~17:00，及其他任意时间

地点：线上、线下

重磅嘉宾：国内外著名学者：李伯重、仲伟民、吴滔、刘永华、赵思渊、申斌、柯律格等

会议第一项

时间：9:00～9:50

- 《崩盘》是讲什么的
- 作者是谁
- 译者是谁

《崩盘》是讲什么的

本书是国际著名汉学家卜正民教授关于明史的又一新作，原名为 The Price of Collapse: The Little Ice Age and the Fall of Ming China，繁体中文版作《价崩：气候危机与大明王朝的终结》，在简体中文版未上市前，有的学者根据原著将此书译为《崩溃的代价：小冰河时期和明朝的灭亡》，本次简体中文版将书名定为《崩盘：小冰期与大明王朝的衰落》。

卜正民教授通过大量的私人账簿、方志、笔记等资料，量化分析粮价飞涨与生存成本的飙升，完整呈现了明人对生活环境、物价（尤其是粮价）等的感慨以及气候变动下人民生活的困难。全书逻辑缜密，层层推进，论证了气候变化对明朝政权的影响，作者认为气候往往设定了人们生活的极限，如果没有足够的粮食来养活所有人，至少会引发一场经济和社会危机，很可能会引发一场政治危机，这一认识对理解前现代国家的脆弱性，以及气候波动对国家的影响，都具有深远的启示。

卜正民 (Timothy Brook)

人生经历
1951年生，1984年获得哈佛大学东亚历史学和东亚语言学博士学位。

加拿大著名汉学家，师从史学大家孔飞力。

加拿大不列颠哥伦比亚大学历史系荣休教授，加拿大皇家学会会员。曾任多伦多大学、斯坦福大学、牛津大学等著名高校历史学教授，不列颠哥伦比亚大学圣约翰学院院长，哈佛大学出版社《哈佛中国史》主编。

代表著作
《纵乐的困惑：明代的商业与文化》
《为权力祈祷：佛教与晚明中国士绅社会的形成》
《维米尔的帽子：17世纪和全球化世界的黎明》
《秩序的沦陷：抗战初期的江南五城》
《塞尔登的中国地图：重返东方大航海时代》

作者是谁

陈佳臻

1990年生，中国社会科学院研究生院历史学博士，现为中国政法大学法律古籍整理研究所副教授。

在《中国史研究》《史学月刊》《文献》等刊物发表文章数十篇，获得国家社科基金、博士后科学基金特别资助等课题项目资助。

著《元代刑部研究》，译《长城之外：北境与大明边防》。

译者是谁

会议第二项

时间：10:00～11:50

主题：明为何而亡

出席人员：古人、今人、AI

古人

朕非亡国之君，诸臣尽为亡国之臣！
——谈迁《国榷》卷一百

明不亡于流寇，而亡于厂卫。
——朱彝尊《明诗综》卷八十上

国家之抚定燕都，乃得之于闯贼，非取之于明朝也。
——佚名《清史列传》卷二

论者谓明之亡，不亡于崇祯而亡于万历云。
——赵翼《廿二史札记》卷三十五

有明之无善治，自高皇帝罢丞相始也。……古者不传子而传贤，其视天子之位，去留犹夫宰相也，其后天子传子，宰相不传子。天子之子不皆贤，尚赖宰相传贤足相补救……宰相既罢，天子之子一不贤，更无与为贤者矣。
　　　　　　——黄宗羲《明夷待访录·置相》

中叶以前，士大夫知重名节，虽以王振、汪直之横，党与未盛。……迨神宗末年，讪言朋兴，群相敌仇门户之争固结而不可解。
　　　　　　——张廷玉等《明史》卷三百六

今人

部编教材第17课"明朝的灭亡"从三个方面陈述史事：官场腐败、李自成进京、清兵入关。
　　　　　　——任世江《全面解读明朝灭亡》

昔日风气未坏，正人君子，屠戮之而不能遽尽，故无君而犹有臣；至崇祯时，则经万历之败坏，天启之椓丧，不得挽回风气之君，士大夫无由露头角矣。
　　　　　　——孟森《明史》

气候往往设定了人们生活的极限，如果没有足够的粮食来养活所有人，至少会引发一场经济和社会危机，很可能会引发一场政治危机。
　　　　　　——卜正民《崩盘：小冰期与大明王朝的衰落》

十六世纪晚期，明朝似乎进入了辉煌的顶峰。……（但是谁也没有料到，明朝统治者）不到五十年就将自己的王朝断送于暴力。

——史景迁
《追寻现代中国：1600—1912年的中国历史》

作者所能感慨的是，一个政权的崩溃，冰冻三尺，非一日之寒。"天运""人事"一齐奔来，终究说明"合法性资源"的丧失，是关系政权生死存亡的深层因素，而事变的发生则往往带有偶然性。

——王家范《明清易代的偶然性与必然性》

明朝灭亡是全球性的"十七世纪危机"的一个部分，而这个危机不仅是全球气候变化导致的，也是早期经济全球化导致的。

——李伯重
《不可能发生的事件？——全球史视野中的明朝灭亡》

小冰期气候会导致自然灾害多发、农牧业减产、人口迁移，甚至政权的更迭和政治疆域的变化。

——易山明《明朝灭亡与"小冰期"》

明朝是如何灭亡的

明朝的灭亡是多种因素长期积累的结果,主要可以归结为以下几个方面:

1. 政治腐败与宦官专权
<u>党争激烈</u>:明末东林党、阉党(如魏忠贤)等派系斗争激烈,导致朝政混乱,官员忙于内斗而非治国。
<u>宦官干政</u>:宦官(如王振、刘瑾、魏忠贤)多次专权、干预朝政,迫害忠良,加剧统治危机。
<u>皇帝昏庸</u>:万历皇帝长期怠政(数十年不上朝),天启帝沉迷木工,崇祯帝虽勤政但刚愎多疑,错杀袁崇焕等能臣。

2. 经济崩溃
<u>财政危机</u>:连年战争(如对抗后金、镇压农民军)耗空国库,加征"三饷"(辽饷、剿饷、练饷)加重百姓负担。
<u>土地兼并</u>:皇室、官僚和地主大量兼并土地,导致农民流离失所,社会矛盾激化。
<u>小冰期灾害</u>:17世纪全球气候变冷(小冰河期),北方旱灾、蝗灾、瘟疫频发,引发饥荒。

3. 农民起义爆发
<u>李自成与张献忠</u>:1627年陕西饥民暴动,逐渐演变为大规模起义。李自成提出"均田免赋"口号,1644年

攻破北京，崇祯帝自缢于煤山（景山），明朝灭亡。
大顺政权：李自成建立大顺政权，但迅速被清军击败。

4. 外患威胁——后金（清）的崛起
辽东战事：努尔哈赤建立后金（1616年），萨尔浒之战（1619年）明军惨败，丧失辽东主动权。
清军入关：吴三桂引清兵入关（1644年），联合击败李自成，清朝逐步取代明朝。

5. 其他因素
制度僵化：八股取士和僵化的官僚体系阻碍改革，社会活力丧失。
军事衰落：卫所制崩溃，军队战斗力低下，依赖雇佣兵（如戚家军、关宁铁骑）但军饷不足。

关键时间点
1644年：李自成攻入北京，崇祯帝自缢，明朝灭亡。
南明势力（如弘光、永历政权）延续至1662年，但最终被清军剿灭。

总结
明朝的灭亡是内忧（腐败、起义、经济崩溃）与外患（后金崛起）共同作用的结果，加上自然灾害的推波助澜，最终导致帝国崩溃。清军入关后，利用明朝内部混乱建立新王朝，终结了276年的明朝统治。

会议第三项

时间：13:30～17:00

主题：你是怎样认识《崩盘》的

出席人员：各大网友、媒体、国际学者、中国台湾学者、大陆学者

各大网友

★★★★★ 2024-06-13　　　　　3有用

明朝的覆亡多被归咎于党争导致的失政，这种论调更多的是征服者合理化统治编织出来的。近年的研究注意力转向了全球白银贸易，但更多仅是利用全球史的视角。卜正民一书将明代置于小冰期气候环境，<u>从长时段观察明朝人是如何适应气候变化、应对极小期自然灾害的冲击，1630—1644年连续极端的气候环境打破了以农业立国的明代脆弱适应力，摧毁了社会得以运行的物价体系</u>，即便没有北方异族的挑战，明王朝覆亡的命运已经决定了。

★★★☆☆ 2024-07-03　　　　　1有用

<u>"明朝人的韧性"</u>是个极大的亮点，包括反复出现与引用的"可能性的限度"。卜正民利用<u>冲击期限、韧性瓦解、帝王崩溃</u>三者的关系重新给予读者一个"帝国叙事之外可能"的人类断代史写法，即将帝国兴亡与气候变化放置在一个更为细微波动的动态过程，且关照到了此语境下一直被忽略的帝

国感知与书写历史的表征——物价（及背后的气候）。人类"韧"的这根筋能有多弹，能拉得有多长，气候灾异下的上下限或许远远不容乐观。

★★★★☆ 2024-12-14　　　　　　1有用

断断续续看了挺久，卜正民这本书看上去是讲货币和物价，其实是要从另一个维度再度验证<u>小冰期对明朝灭亡的决定性影响。</u>

★★★★☆ 2024-12-28　　　　　　0有用

卜正民一书可以当做<u>晚明史经济常识的工具书和教科书</u>，包括商品目录、价目表、单位换算和相应的中英对译。

★★★★☆ 2024-11-28　　　　　　0有用

道理都懂，但从浩繁而零碎的史料中爬梳证据就不太常见。<u>一分一钱一两银的购买力表</u>就很有看头，我更喜欢书中<u>对寻常百姓生活体验的关注与理解</u>，以及崇祯着实太难了。

★★★★☆ 2024-10-13　　　　　　0有用

全書寫的最多的是明代物價，<u>比較有意思的信息：</u>1.作者通過物價史料對明代貧窮、小康和富裕之家收入情況的估計；2.基於史實，對於白銀導致的通貨膨脹假說的反駁；3.不禁思考：和明朝相比，我們今天的農業和經濟對於氣候變化展現出的韌性幾何？

★★★★☆ 2025-01-10　　　　　　3有用

2025年第一本，期待简中译本。

★★★☆☆   July 21, 2024

Excellent short work of economic history with a focused thesis. Could have gone into more detail around the Little Ice Age and Chinese agriculture (e.g. what kind of crops were grown in China, how exactly did weather changes cause crop failures, etc) to reinforce the thesis that it was the weather changes themselves that caused the spikes in grain prices. However, what is there is sufficient to convince me of the author's thesis.

> 翻译：
> 一部优秀的经济史短篇研究专著，论点集中。若能更详细探讨小冰期与中国农业的关系（例如中国当时种植哪些作物，气候变化如何具体导致歉收等），将更有力地支撑"天气变化直接引发粮价飙升"的核心论点。不过现有论述已足以令人信服作者的观点。

★★★★☆   January 23, 2024

A great book that explores the use of creative proxy variables for examining historical climate phenomena. However, the author's thesis is more expansive than what the book actually covers. The rise in the internal price of grain is attributed to falling output, which the author sees as a reflection of the Maunder Minimum (Little Ice Age). However, it is unclear to what extent the inflation was exacerbated by bad granary management and market failures. An examination of whether similar changes in grain prices can be seen in areas that experienced comparable climate instability might have helped underscore the usefulness of grain price as a proxy for measuring climate change.

> 翻译：
> 一部出色的著作，探讨了如何运用创造性代理变量来研究历史气候现象。不过作者的论点广度超出了本书实际涵盖的范围。书中将粮食国内价格上涨归因于产量下降，并认为这反映了蒙德极小期（小冰期）的影响。但通胀在多大程度上因粮仓管理不善和市场失灵而加剧，这一点尚不明确。若能考察气候条件下类似地区是否也出现相同的粮价波动，或许更能凸显粮价作为气候变化测量指标的实用价值。

★★★★★   November 21, 2024

明朝滅亡竟然與天氣變化有關？卜正民從天氣的角度解釋了明朝滅亡的原因。由於當時沒有系統性的物價記錄，他利用各地的縣志，比較了萬曆、崇禎以及清初的糧價，讓我們更深入地了解當時饑荒的規模，以及它如何對農業社會造成致命打擊。

我居然在一本書中讀了世界史、明末史、經濟史、物價史和氣候史。

媒体

明朝衰亡的故事是否有意影射今日世界面临的危机？卜正民没有明讲，但从他书中使用"气候变迁"及"人类世"等当代词汇，可见他知道读者会这么想。本书提供了一个数据研究的范例，说明复杂社会如何回应剧烈的气候变迁，也使我们明白今日的挑战并非没有先例。

——《亚洲书评》

引人入胜。

——《范式探索者》杂志

《崩溃的代价》是一部典范之作，以物价史和气候史等独特视角，深入探讨了研究充分的课题——明朝的覆灭。这部作品是对作者获奖著作《纵乐的困惑》的精彩延伸，通过全新视角帮助读者全面理解这个曾为全球贸易中心的王朝之兴衰史……强烈推荐。

——《选择》书评

卜正民的著作以明朝灭亡为主题，对气候引发的粮食危机所导致的生活成本危机发出了令人不寒而栗的警示。

——《泰晤士报文学增刊》

17世纪40年代初，明朝政权奄奄一息之际，中国物价亦迎来灾难性暴涨。这一现象正是《崩溃的代价》的立论根基……

——《文学评论》

国际学者

卜正民以丰富而新颖的方式将价格史与气候史结合在一起，文笔生动，论述有力，不仅值得所有研究明代历史的学者关注，任何对社会的稳定与生存面临危机时的反应方式感兴趣的人也值得关注。以明代为核心，再加上作者的学术研究广度与想象力，使得这本书成为一部引人入胜的全球史著作，并具有紧迫的当代共鸣。

——柯律格，牛津大学艺术史荣休教授

中国的粮价被证明是一种强有力的文献替代指标。自卜正民的《纵乐的困惑》将明代中国重新定位为全球贸易中心以来，已经过去了二十五年。如今，他的《崩溃的代价》就是将饥荒时期的粮价作为解释明朝为何在其特定时期崩溃的文献，以此将明末危机置于小冰期的全球气候历史背景中去研究。明朝灭亡的叙述是需要考虑气候因素的，全球气候历史学家可以从中国的经验中汲取经验。

——韩嵩，马克斯·普朗克科学史研究所独立学者卜正民深入探讨了影响明代普通人生活的普通物品的价格历史。其研究是迄今为止最清晰、最严谨的，论证了小冰期的寒冷与干旱超出了明朝应对饥荒的能力，并最终导致其政治崩溃。

——J.R. 麦克尼尔，乔治城大学教授

《崩溃的代价》是历史研究的典范之作：细致入微、富有洞察力、多角度呈现，并以引人入胜的方式娓娓道来。卜正民展示了如何紧密依托史料，并从全球关切的视角分析中国历史。

——薛凤，马克斯·普朗克科学史研究所所长

本书宛若一块小而美的宝石，提醒了我们一项重要的事实：若不考虑长期气候变迁的影响，就无法全面理解中国乃至世界的历史。这对一本小书来说，可说是一项了不起的成就。

——拉纳·米特，哈佛大学肯尼迪政府学院教授

中国台湾学者

在这部作品中,卜正民拾缀大量珍罕史料,描摹整个明代以至清初的粮价变化,为"明代实亡于小冰期灾荒"的气候史观点提供了强力佐证。值得注意的是,他所引用的并非冰冷的官方例行报告,很多是地方志与文人笔记中对异常状态的记录与慨叹,刻画着前人鲜活的思绪与感受痕迹。此外,卜正民一贯跳脱欧洲中心思维而以全球史角度立论,提供我们重要的切入角度,尤其在今年台湾热切回顾与思索"一六二四"历史意义的当下,别具启发性。

——朱和之,作家

十七世纪的小冰期所带来的全球危机,卜正民不是第一个提到的,却是第一个将晚明的环境、物价、民众日常及政权写得最详尽及最精彩的。这本书重新改写了我们对明朝终结的认识。

——蒋竹山,"中央大学"历史研究所副教授

为什么像中国这样一个拥有充沛农业劳动力的地方,且政府粮食存量充足、市场运作良好,最终却还是出现明朝灭亡的大规模灾难呢?在极端气候的脉络底下,灾荒时期粮价变化的规模和速度,为我们提供了一个意想不到的解答。

——洪绍洋,阳明交通大学科技与社会研究所教授

外观上是经济史,实际内容却广泛涉及不同层面。如果阅读此书而不执着于计较数字,把眼光放到这些数字衍生的社会关系、社会问题、政府行政及官民关系等种种面向上,读起来就像是在窥看明朝人的日常生活,变得很有趣。

——陈国栋,"中央研究院"历史语言研究所研究员

大陆学者

如同他许多其他著作一样，卜正民教授这本关于明史的新著，既新见迭出，功力深厚，是一本很专业的史学著作，又语言亲民，把历史讲得饶有趣味，令人读来不忍释手。广大对中国历史有兴趣的读者，将在愉悦的阅读中获取最新的学术成果。

——李伯重，北京大学人文讲席教授

从价格史入手，把明代及清初连续三百年的历史纳入自然史和全球史的框架中来考察，是本书最值得称道的地方。

——仲伟民，清华大学人文学院历史系教授

在明代各类文献中，有关市场价格的直接记录相对稀少。《崩盘：小冰期与大明王朝的衰落》一书另辟蹊径，从3000余种地方志中搜集了777条灾荒价格数据，建立起一套利用灾荒价格研究价格史的全新研究模式，不仅深化了货币、度量衡、财政等价格史研究核心问题的讨论，而且敏锐地捕捉到早期全球化时代朝贡价格体系和离岸贸易体系之间的联动，对于理解晚明气候变化、十七世纪危机、物价革命等重大问题提供了极其重要的启示。

——吴滔，中山大学历史学系（珠海）教授

《崩盘：小冰期与大明王朝的衰落》是一部探讨明清鼎革和"十七世纪危机"的新著。本书基于对明代气候史、物价史资料的量化处理，重建了明代气候变动、价格演进的基本过程，阐明了小冰期是明朝覆亡的主因，书中对明代价格史数据的分类处理和对价格史与气候史之间关系的思考颇具建设性。本书还发挥了作者擅长讲故事的专长，以明末一位江南下层读书人的灾荒纪事为主要线索，讲述了气候变动给明人生活境况带来的巨大冲击，是一部学术性与可读性兼具的力作。

——刘永华，北京大学历史学系教授

明清易代一直是吸引历史学家不断追问的巨大命题。卜正民教授用一种新的方式探讨了这段历史。他以精巧的叙述框架驾驭了多个宏大主题，并以普通人的经历将它们串联起来。这为今天的读者呈现了更为生动，同时又嵌入了"长时段"解释的历史图景。这本书将偏重社会科学的历史分析与更为人文性的历史叙述结合起来，会给读者带来独特的阅读体验。

——赵思渊，上海交通大学人文学院历史系教授

通过价格史梳理来探讨气候变迁对明朝崩溃的影响，是卜正民教授把明朝崩溃这个中国史内在话题带入全球视野背景下探讨的尝试，让非中文世界的读者拥有另一个在全球史背景下了解中国史内在话题的契机。

——申斌，
广东省社会科学院历史与孙中山研究所副研究员

会议第四项

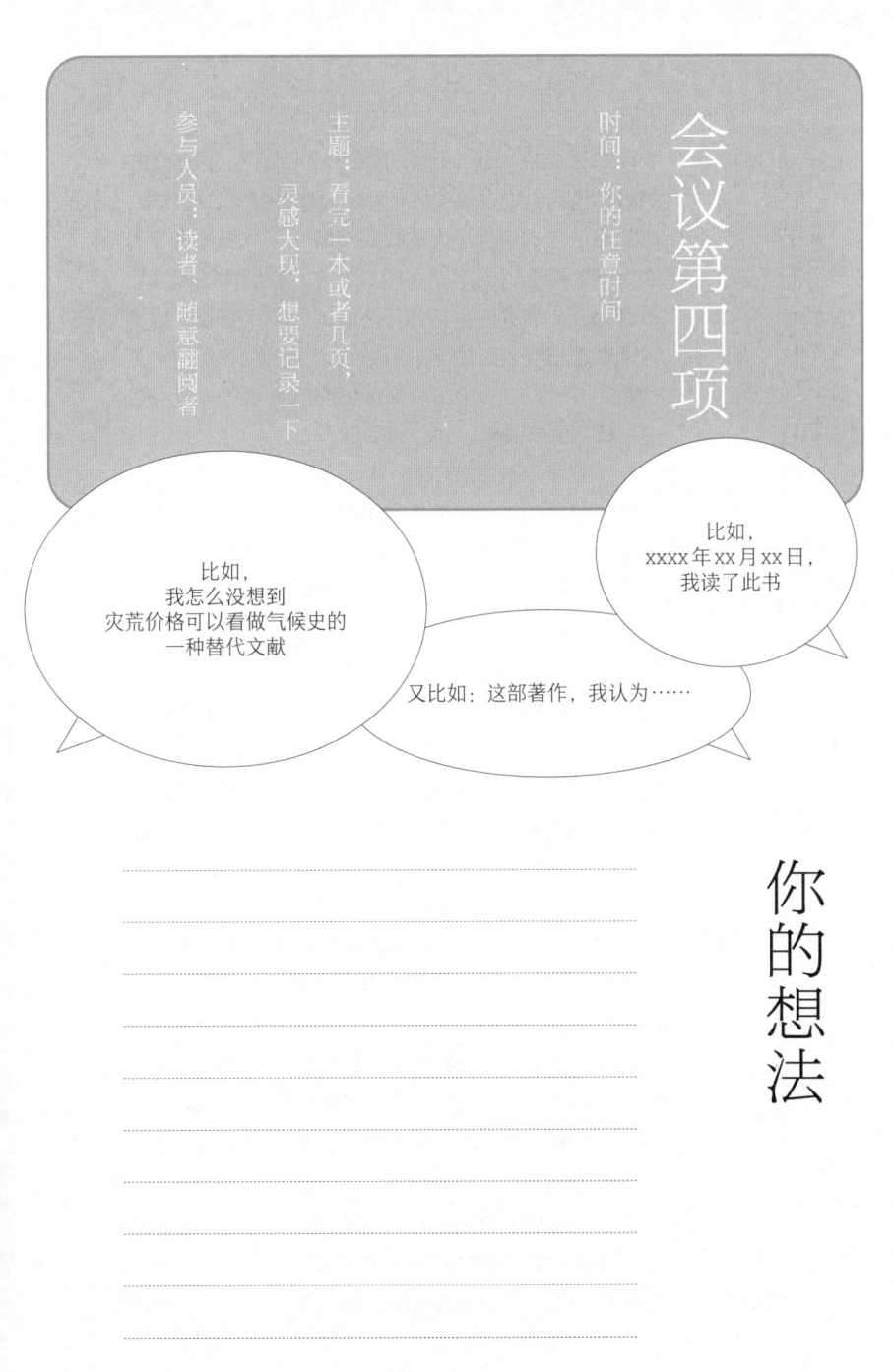

时间：你的任意时间

主题：看完一本或者几页，灵感大现，想要记录一下

参与人员：读者、随意翻阅者

> 比如，我怎么没想到灾荒价格可以看做气候史的一种替代文献

> 比如，xxxx年xx月xx日，我读了此书

> 又比如：这部著作，我认为……

你的想法

_____
_____
_____
_____
_____
_____
_____
_____
_____

赵思渊评《崩溃的代价》
——漫长繁荣后的「十七世纪危机」

明朝的灭亡在中国史研究中是一个特别迷人的话题。明清易代的历史过程中，有明朝内部错综复杂的政争，有积怨已久、声势浩大的农民战争，以及满洲军事贵族集团的崛起。同时，一些长时段、深层次的因素也日渐为人们所关注。诸如经济波动、气候变化、瘟疫等因素都已经为历史学家所讨论。卜正民教授的新著《崩溃的代价：小冰河时期和明朝的灭亡》无疑是有关这一议题的新探索。

这部新著对明王朝崩溃的讨论重心放在物价与气候这两个因素上。"明朝是一个既繁荣又困苦的朝代，我们将围绕价格来讲述此事。"卜正民教授认为粮价的急剧波动主要发生在明代末年，这主要是由于"小冰期"的水旱灾害造成的。通常所认为的日本、美洲白银流入并没有给17世纪物价带来剧烈的影响。

明清物价问题与"小冰期"在社会经济史和历史地理学当中都有颇多研究。我们所熟知的是，地理大发现时代开启后，欧洲冒险家套购日本白银，开发美洲银矿，以购买中国商品。从17世纪到19世纪的接近三百年中，白银源源不断流入中国，并引发了物价上涨。这种物价波动，过去的经济史研究者未将其视作消极因素。相较于欧洲，这一时期中国的物价上涨更为温和，全汉昇先生称之为"温和的通货膨胀"，并认为对市场发展有刺激作用。明清时期为人所瞩目的江南市镇发展，以及商品经济的长足进步，都与此有关。

不过，要准确估算明代的物价波动并非易事，这主要是因为我们缺少明代市场价格的连续记载。目前经济史学家通常只能从官方档案、地方志、文人笔记中搜集、抽取若干价格信息，将其整合为一组价格数据。

这带来的问题有两方面。其一，显而易见的是，这些价格数据难以形成连续序列。文人笔记大多只是对物价作回顾式的描述，方志所记载的价格往往只能反映一个特定时期，而明代也缺乏如清代粮价雨水奏报单那样连续的官方物价报告。

其二，这些价格与市场价格存在或多或少的差异。事实上当我们谈到物价时，有几种不同的统计口径。一种是零售价格，一种是大宗货物价格，还有一种则是官方收购价格。文人笔记中记载的往往是作为个体消费者感知到的零售价格，不过其波动与大宗货物价格大致是联动的。但官方收购价格则更加复杂，我们通过方志与档案所看到的官方定价往往只能是某个时期的静态价格。同时还需要考虑到，官方核算收购价格时不完全依据市场行情，还要考虑很多其他因素。例如"一条鞭法"改革之后，江南各地所制定的徭役折价，往往是将州县所需的经费核算成一个总额，再将这个总额均摊到人丁数据而形成，这就在相当程度上脱离了市场价格。

卜正民教授在本书中同样意识到评估明代物价存在诸多困难。他更加强调刻画社会情景中人们对于物价的感受，而不仅仅是作为数据的物价。例如他列出了16世纪末至17世纪初一分银子能够购买的物品，这就呈现出那个时代日常生活的"实感"。本书还制作了一份很长的附录以呈现各类日用品的定价，这对英文读者当然是很方便的。从这种"实感"出发，卜正民教授注意到崇祯时期江南、华北都出现了粮价升高的记载，当时人们的相关记录承载着悲切惨痛的情感。这种生活经验更直接反映了物价波动给当时人带来的剧烈冲击。

崇祯时期物价波动的直接原因可能是连续的水旱灾害，这些水旱灾害又与"小冰期"问题相关。"小冰期"是在气候研究与历史地理学中已为学者所共识的概念。通常认为14世纪到19世纪整个北半球都处于"小冰期"之中。相对于此前的时代，这六百多年时间中的年平均温度更低，这当然也影响了农业分布，以及人群迁徙流动的方向。

明代末年中国经历了小冰期中的寒冷阶段，不少历史地理学者也持有同样的观点。比如王日昇认为寒冷期从1550年持续到1644年，汪铎等人认为寒冷期从1569年持续到1644年，张德二认为寒冷期从1571年持续到1644年。韩昭庆、张丕远、赵文兰等学者认为寒冷期从1620年持续到1644年。

本书的第五章也讨论了17世纪的相关文献记录。明末清初江南士人普遍认为崇祯时期的灾荒主要由旱灾造成。卜正民教授认为当时人所观察到的干旱不是根本原因，根本原因仍然应当归结为小冰期中的寒冷阶段。17世纪30年代寒冷干燥的天气持续影响了农业产量，从而对当时的乡村社会造成了严重影响。

不过近年来一个新研究对明清小冰期的冷暖周期提出了新的证据。刘炳涛的著作《明清小冰期：气候重建与影响——基于长江中下游地区的研究》（中西书局，2020）提出了一个值得进一步检验的观点：明末清初是整个小冰期中一个相对温暖的时期。当然，因为目前的研究对这一个时期的气候变化讨论还不够多，所以可能我们仍然需要更多的检验，才能断定17世纪中叶的中国，特别是长江三角洲处于什么样的气候。

刘炳涛复原冷暖周期的关键证据是花期时间。我们知道，植物开花时间主要是由年积温决定的。所谓积温是指植物在一定时间内其环境温度的总和，实际测量中则是测量日平均温度在零摄氏度以上时的温度总和。也就是说，如果一年的累计温度达到一个临界值，植物就会开花、成熟。例如南方水稻的中熟品种通常从播种到成熟的时间是一百天到一百三十天，积温则需要零摄氏度以上的温度累计达到两千四百到三千三百摄氏度。如果春天过于寒冷，那么累积到这一温度阈值的时间就会延后，从而影响产量与收获时间。

反过来说，我们也就可以根据历史文献中记载的各种植物的开花时间，估算这些植物达到积温要求的时间，从而推断当时的天气是更加暖和（更早达到积温要求）或者更加寒冷（更晚达到积温要求）。刘炳涛在研究中主要使用了《味水轩日记》和《祁彪佳日记》所记载的花期。《味水轩日记》的作者是嘉兴人李日华（1565—1635年），他官至太仆少卿，以书画著称，是风雅人物。他的日记从万历三十七年（1609年）记载至万历四十四年（1616年），几乎每年都详细记载了当地各种观赏花卉的开花日期，这就成为很好的物候资料。刘炳涛之前的历史气候研究者以及卜正民教授的著作也都使用了这一资料。祁彪佳（1602—1645年）是浙江山阴人，曾任江南巡抚，南明时期在清军攻进杭州后自沉于湖。他在戏曲、园林方面都有很深的造诣。其日记在1631年至1645年期间详细记载了每年梅雨季时间与各种观赏花卉的花期。

总之，明清时期江南丰富的物候资料能够帮助今人重建"小冰期"时代的冷暖周期。按照刘炳涛的推断，17世纪30年代后是"小冰期"中一个相对温暖的时

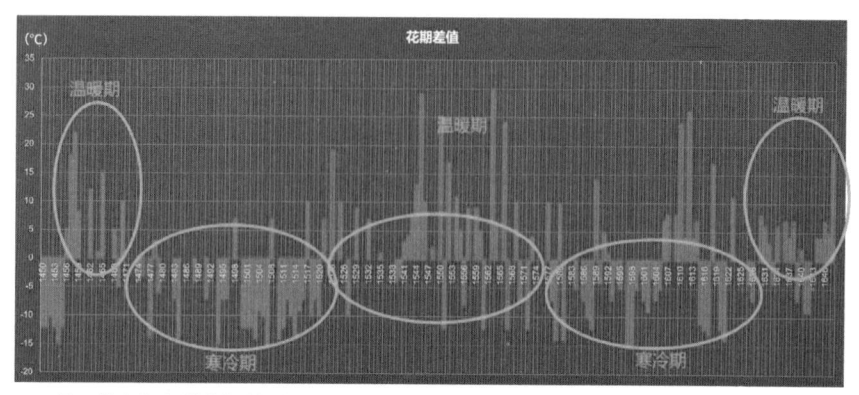

图1 基于时间序列的花期差值所复原的明代冷暖周期
（资料来源：依据刘炳涛著作提供的数据制作）

期，并一直持续到17世纪后期。

推断中国南方气候的另一种重要指标是梅雨时间。入梅时间与梅雨持续时间可以推断当年的降水情况。刘炳涛同样构拟了明代晚期长江中下游的梅雨时间，从这个复原能够发现，梅雨时间异常的年份通常会出现严重的水旱灾害。而在崇祯年间东南季风明显偏弱，使得梅雨时间异常，1636年到1644年期间的降水也因此明显减少，发生连续旱情。

在物价与气候的影响下，明朝何以崩溃？卜正民教授将论述角度放回到具体情境中的个人。这个扮演历史讲述者角色的人是陈其德。陈其德生活于明代末年的浙江桐乡，他的人生从万历初年直到崇祯末年，正好经历了明王朝由"盛世"到"末世"的过程。陈其德是典型的江南儒士，他所留下的著作《垂训朴语》主要是一部儒家道德箴言。这部著作的核心内容与多数理学士大夫的道德训教没有太大区别。所以《四库全书总目》收录此书仅是介绍了作者生平与书的篇目，总结该书"皆劝善格言",颇有一些乏善可陈的意味。但此书的可贵是最后作为附记的《灾荒记事》,卜正民教授所特别看重的也正是这一部分。

犹记万历初年,予始成童。在在丰亨,人民殷阜。斗米不过三四分。欲以粟易物便酸鼻。弃去豆麦,辄委以饲牛豕,而鱼鲜鼎肉之类,比户具足。人以为长亨如是耳。岂知人心放纵,天道恶盈。一转眼而岁在戊子(1588年),淫雨淋漓,远近一壑。越己丑(1589年),赤地千里。河中无勺水,鞠为茂草者两月。当是时,积米一担,博价一两有六。然米价腾贵,仅以月计,便觉野无青草,树无完肤,而流离载道,横尸遍路矣。

"人以为长亨如是耳"是陈其德对万历初年"盛世"的最真切记忆。陈其德记忆中的万历初年物质丰足,生活成本低廉,人们容易买到谷物与猪羊鱼。这种生活之感至少持续了将近二十年。这并不是陈其德个人的观感,不少江南士人笔下的晚明都犹如一个"镀金时代"。例如晚明常熟人徐汝让,是万历初年南京刑部尚书徐栻的从孙,曾经将数斤金子从一座塔顶扬撒而出,据说当时"满城皆作金色"(清人王应奎《柳南随笔》所记)。晚明江南士大夫纵情恣肆的生活态度给后人留下深刻印象。我们自然容易想到卜正民教授名著《纵乐的困惑》中所描述的"经济对新的消费和纵乐欲望的刺激"。李孝悌教授在论及《桃花扇》的历史场景时也描绘道:"在明末南京,激烈的政治活动和放荡的逸乐生涯,在很多士大夫的生命历程中因缘际会地绾合在一处。"(《恋恋红尘:明清江南的城市欲望和生活》第二章)

与此同时,当然也有很多士人担忧儒家道德规范所面临的危机。卜正民教授笔下的主角陈其德就将明末局面的不可挽回归结到"人心放纵，天道恶盈"，标志性事件则是水旱灾害。这个说法有些"天人感应"的味道，其所指涉的"戊子水灾"与"己丑旱灾"则的的确确是灾难性地冲击了当地社会。嘉庆《嘉兴府志》记载万历十六年（戊子，1588年）当地大水，然后又发生大规模疫情，米价上涨到一两八钱一石，结果是当地"饿殍盈野"。第二年（万历十七年，己丑，1589年）当地夏天又发生大旱，稻田全部绝收，以至于百姓要扒树皮为食，于是"疫死者无算"。

在陈其德的笔下，从16世纪末到17世纪初，明王朝进入了一个加速衰落的过程。崇祯年间则变成了人间苦难的总爆发。陈其德描绘了崇祯十四、十五年（1641、1642年）间惨烈的大灾荒景象。崇祯十四年大旱，冬天贫民只能以树皮、豆腐渣为食。中产之家急于抛售田产换取食物，却根本卖不出去——所有人都在抛售田产。到崇祯十五年春天已经出现了大规模死亡。甚至士人家庭也外出行乞，"即故家儿女，亦不遑自惜"。更痛切的是连这样的勉强维生也难以为继，"不数日，此辈尽入饿鬼道，又别换一班行乞者矣"。至于更为惨痛的景象，甚至就今天来说，也难以下笔转述了。

卜正民教授以精巧的叙述框架驾驭了多个宏大主题，以陈其德的个人体验将它们串联起来。这为今天的读者呈现了更为生动，同时又嵌入了"长时段"解释的历史图景。如何将偏重社会科学的历史分析与更为人文性的历史叙述结合起来，本书能够为历史写作者提供不少启发。读至全书尾声，不能不佩服这位汉学名宿笔力之老到。

明王朝崩溃之后，顾炎武痛陈"天下之势何以流极至此"。这也促动一代士大夫对于王朝统治原理进行了更为深刻的反思。今人自然未必需要与明人共情，也更容易明白气候变迁、环境变化等因素之人力所不可为。回想万历初年，江南士绅之家竞逐科场，纵情秦淮，甚或以文社相交结。追逐每个人的"伟大前程"似乎是理所当然、无可疑义的。但一代人之后，时代齿轮转动之剧烈、残忍就远远超出了时人之所预料。清初不少江南士人都有"天崩地解"之感，恐怕不单是因为王朝兴革与异族入主，也有曾经的"理所当然"竟如此脆弱的震撼与无措。不论如何，"人以为长亨如是"的时代无可挽回地逝去了。在后世经济史学家那里，通常将17世纪描述为通缩、市场萧条与危机的时代。繁荣是"永恒"的，繁荣也是脆弱的。携带着这种历史经验，清王朝迈入了18世纪——中国古代史上最后也最稳健的经济成长期。

申斌《崩盘：小冰期与大明王朝的衰落》读后
——明代价格数据解读利用的新探索

20世纪90年代末以来，英语学界出现了试图将中国历史置于更广阔的世界背景之下加以理解的学术趋向。最初他们关注的是东西方的经济发展水平比较（大分流）、全球贸易网络带来的跨地域联系。随着全球史和环境史的发展，他们也开始关注类似气候这种不以人的意志为转移、且人力难以抵抗的自然环境因素给全世界人类生存条件带来的普遍且深刻的影响，并且打算将中国史叙事置于这一框架下加以思考。卜正民教授《维米尔的帽子：17世纪和全球化世界的黎明》《塞尔登的中国地图：重返东方大航海时代》两书都是把中国置于全球贸易联系视野下考察的作品，而《挣扎的帝国：元与明》则是从气候变迁角度解释元明历史的尝试。《崩盘：小冰期与大明王朝的衰落》通过价格史梳理来探讨气候变迁对明朝崩溃的影响，是卜正民教授把明朝崩溃这个中国史内在话题带入全球视野背景下探讨的尝试，让非中文世界的读者拥有另一个在全球史背景下了解中国史内在话题的契机，非常值得肯定。

卜正民教授的这本书整理了万历到崇祯（实际使用了嘉靖时期的数据——海瑞《兴革条例》，也探讨了康熙时期的米价）时期的价格尤其是粮价变动，对晚明的生活消费水平和收入水平做了推测，分析了人们如何理解价格变动。作者还探讨了对外贸易在明代经济中的作用，包括中国与欧洲商人的互动，最后提出小冰期导致的灾荒是明朝灭亡的重要原因。

作者提出的问题是非常有意义的，但是要构建"小冰期—水旱灾害—农业收成变化—灾荒—粮价波动—明朝崩溃"的严密论证逻辑链条难度极大，主要挑战来自史料固有的局限性。面对这种情况，研究者一般只有两种选择：出于论证的谨慎而搁置问题，或在对局限性做充分估计和声明后，竭尽一切可能尽力作答，本书是第二种做法的代表。卜正民教授在本书中竭力对明代价格、生活消费水平和收入水平作出估算。数据好像钟表，再好也不能指望它一秒不差，再坏也比没有好，它会给我们文字叙述之外的另一种历史感。

下面结合本书的论述，围绕解读利用价格数据史料需要注意的问题、价格史研究的可能与进路谈谈阅读体会。

过去经济史的价格研究存在对市场价格的迷思，即汉密尔顿所说"不受政治胁迫的主体在公开市场实际支付的价格"。但在明代不存在像清代粮价那样高质量的调查数据，更达不到汉密尔顿定义的"理想"价格标准。本书作者充分意识到这一点，不但对价格数据性质表达了慎重态度（比如多数价格数据不是来自开放市场，而是来自地方官府用于预算的记录或行政管理的规定），而且几次在书中表示，本书与其说是价格史、经济史，不如说是通过价格去看社会。进一步而言，无论中国还是欧洲，前近代的价格大概都是嵌入到特定的政治、社会关系下生成的，只是由于明朝多数价格表现为财政记录，这一特点更加明显而已。既然所谓理想价格很可能是一种幻想，这就提醒我们，在利用价格数据来考察社会经济事实之前，要先研究价格数据生产过程本身所反映的政治经济结构，这同样是解读、利用价格数据的一种方式。

由此，我们可以发现价格史的另一种进路。过去经济史研究把价格数据作为历史事实和研究材料，通过价格历时变动看景气循环，通过价格共时联动看市场整合。更进一步，我们通过价格形成机制观察社会或市场的性质。那么能否更进一步（也可以叫退一步），把记载下来的价格数据作为研究对象，来看我们用的价格数据史料是在怎样的社会生活、官僚行政的过程中，由谁通过怎样的机制制造出来、记录下来流传至今的？这个价格数据史料的生成机制本身，就是一个国家、社会的政治经济结构的反映。例如，本书用价格来考察灾荒问题之所以可能，前提是粮食的商品化程度较高，而且这一考察也是利用价格数据来探究社会经济事实必要的史料批判前提。

具体而言，我们需要同时考察价格数据的形成系统与记载价格数据的文献系统，梳理二者间的史源关系。就形成系统而言，有财政系统的价格（往往表现为一种账面的会计计划），有政府调查价格（时估），还有民间交易价格。就记载价格数据的文献系统而言，特别需要考证文献的年代、所记载价格的年代。如卜正民教授引用李剑农先生的研究，将《大明会典》所载计赃时估年代定为洪武元年（1368年），但根据高寿仙教授考证，其年代应该是弘治时期（1488—1505年）。这就会影响到对价格趋势的判断。

对数量史料的定性解读，是本书对于价格数据使用的一个重要启发。明代价格数据很多是散碎的，很难说符合统计分析的要求。而本书针对不同时间、地点的大量琐碎且差异很大的物品价格资料，作者不进行计算，而是按照价格的数量级（两、钱、分）加以分类，有助于对不同消费水平、商品类别的认识，尤其是胡椒价格量级变化就很能说明问题。价格史主要不看绝对值，而是看波动趋势和波动范围，所以对多来源价格数据的量级解读，以及相对恒定的、预算性质的财政价格，都可以用来观察价格长期变动趋势。

中外史学家围绕18世纪中西大分流以来人们生活水平和实际工资开展了大量讨论，但是把时间上推到明代的非常少，近年才有刘紫昂等学者的讨论。本书重要贡献在于构建维持生存与体面生活的两个消费篮子来讨论当时人们的生活水平与收入水平，但也面临着一些难题。对消费篮子构成的处理应兼顾一般经验和当时史料佐证，比如养济院孤老口粮标准每日一升，运军口粮"一日三餐，一升五合而饱，人之情也"。(王宗沐《乞优恤运士以实漕政疏》，《明经世文编》卷343)，这或许可以作为温饱型家庭食物消费篮子的参照指标。细节也有些可以再讨论的地方，比如附录表2.1最右侧一栏被定义为低级价格，用来估计温饱家庭的家具、厨具，把中间一栏作为中间价格，来估计体面家庭的家具和厨具的开支。家具的单价是一致的，第一级别是知县的，第二级别包含了县丞、主簿、儒学教谕、训导四个人(也就是四个住所)的家具，所以其数量反而比第一等级的多，第三等级是典史一个官员的家具。如床笆第一等级是4个，第二等级是8个，第三等级是2个。因此我们很难把这三类看作三个等级，进而把二、三类分别对应于体面和温饱家庭的消费篮子。还有些东西如砚匣、靴架等明显不是维持最低温饱家庭所需的。因此，卜正民教授构建的消费篮子可能是比维持生存的更富足的消费篮子。再如关于收入水平的讨论中，表2.5官员俸禄只是把本色俸中折银俸、折绢俸的银额和折色俸中折布俸的银额加起来，没有包含12石本色米的价值，没有包含折钞俸(尽管微不足道)，这可以参考黄惠贤、陈锋两位学者的研究。更重要的是没有包含柴薪银。正一品柴薪银144两，占到总白银收入的40%，这可以参考伍跃、胡铁球两位学者的研究。

卜正民教授对异常价格数据的利用也是颇有启发意义的。传统的经济史分析往往倾向于排除灾荒价等所谓"异常价格"，但在清代粮价奏报制度确立、系统资料留下来之前，历史上官私资料记录的主要是"财政系统的价格"和极端情况的价格（灾荒价格），思考所谓"异常价格"的利用方式就很有必要。他将灾荒时期的粮价作为观察气候的指标，是很有启发性的新思路。他认为饥荒时期粮价（极端高价）的变动趋势，也可以代表一般性粮价（价格）变动趋势，这也为极端价格解读利用提供了一个方向。如果价格可以作为灾荒程度（气候极端程度）的指标，那么灾荒粮价的变化趋势主要反映的是灾荒严重程度的变化趋势，而不能代表一般性价格趋势。这两种解读方式之间，或许存在些许矛盾，值得继续探讨。

正如卜正民教授所言，价格史本身并非数字序列，而是要回归社会生活来理解和诠释。在具体生活场景下，价格对不同的人的意义是不同的。受到价格变化影响的主要是不种地的市民阶层，对农民来说，连续两三年饥荒才会威胁到生存，而且由于可以选择逃荒，因而大面积灾荒才会严重威胁到生存。本书很多例子来自江南，但是因为灾荒发生叛乱的恰恰不是江南而是陕西、中原，全书结语引用陕西碑刻回应了这一点，但若对北方灾荒多做点介绍，或许更便于读者理解。

家庭短时间内能筹措到的钱款上限。

也许，能够更好地衡量一个普通人所能承受的债务上限的指标，是张肯堂审断的那些未被清偿的债务。在一起案件中，一个船夫欠了一个粮商45两白银，因其为粮商运送小麦途中，他的驳船在暴风雨中倾覆了，致使粮商损失了价值高达45两的小麦。尽管他努力偿还这些债务，但多年后他仍然逋欠粮商逾27两。而在另一起案件中，一个小商贩去世后留下了四张欠条，欠款从1两2钱5分到8两7钱5分不等，总额是19两5钱。科尔特斯曾估计彼时普通人的总资产在20两到30两之间，如果我们假定其说法成立，那么这两起案件也佐证了他的估计范围，这也将成为普通人的财务能力上限，尽管很难达到。

万历朝价格体系下的生活成本

从张肯堂、科尔特斯等前人留下的只言片语中，我们有机会重构万历时期生活成本的近似值。按照欧洲历史学者的做法，会评估一个家庭为了生存繁衍而必须措办的"一篮子商品"。那么我现在也尝试将我搜集到的价格放在一起，以确定一个家庭必须花多少钱，才能如价格史学者所说的，得以"保证其一定水平的便利或福祉"。[1]

罗伯特·艾伦在研究欧洲工业革命时，用两个"篮子"计算现代早期英国成年男子的生活成本，一个是维持生计的"篮子"（家庭维系基本生活水平的成本），另一个则是维系体面的"篮

---

[1] Edvinsson and Söderberg, "Evolution of Swedish Consumer Prices," 415.

子"(维持体面尊严的社会福利的成本)。[1] 维持生计的概念因文化而存在差异,当然,科尔特斯也是从彼时欧洲人的角度感慨广东人维持生计的"篮子"何等贫乏——他哀悯地将之描述为"残羹剩饭"。但这不会干扰我们的研究。有人衣食住行无忧,有人一无所有。而对"体面"的消费水平的判断,既有赖于价格因素,也受文化因素影响。我们在此有万历时期文人记载的帮助,得以知道他们对彼时正在经历的经济、文化变革感到些许不安,且重视维系体面生活所需的成本。

让我们从确定基本食物需求开始。艾伦的基本假设是,彼时欧洲成年男子的平均身高为165厘米,体重为54公斤,这样一个标准成年男子每天至少需要摄入44克蛋白质才能生存,每天至少需要摄入70克蛋白质才能从事繁重的体力劳动。为了达到这一标准,艾伦假定他们每天最低的食物摄入量应为1900卡路里,由此为彼时普通欧洲成年男子创造了一个维系生计的"篮子",包括燕麦(每年155公斤)、豌豆及其他豆类(20公斤)、各类肉(5公斤)、黄油或油(3公斤)。这些食物加起来总共有1938卡路里。在这个食品"篮子"中,他还加入了肥皂、衣物、蜡烛、灯油和燃料等生活物资。由于我们缺乏像艾伦在英国案例中能够提取到的那类数据,因此这项工作无法轻易地移植到明代中国。对19世纪成年男子的研究表明,彼时中国成年男子的身高大约比艾伦评估的英国成年男子矮2厘米。[2] 这一差异使我们可以假定中国成年男子对热量和蛋白质的需求会稍低一些,但具体低了多少

---

[1] Allen, *British Industrial Revolution*, 35–37.
[2] 根据对19世纪中国男性身高的研究可知,彼时男性的平均身高略高于163厘米。具体可参见 Ward, "Stature, Migration and Human Welfare," 497。

则超出了我的探究能力范围。

我们可以从另一角度出发,来为明人构建食品"篮子",即研究地主雇佣佃农所花费成本的少量记载。据万历时期的一位湖州府(同样位于长三角,陈其德家乡桐乡县的西北部)的地主说,当地佃农每年的工钱是2两2钱,饭钱是2两7钱。①假定地主还能免费提供住宿,那么这4两9钱的收入就接近食品以及其他基本生活必需品的费用。湖州另一位姓沈的地主则提供了更为丰厚的待遇。沈氏地主估计,他雇佣的一个佃农每年需要支付大约12两,其中3两为工钱,6两5钱为贴补饭钱(可买5.5石米),1两2钱为柴酒钱,1两为路费,最后还有3钱用以置办工具器物。②这些是崇祯后期的价格,当时的粮价已经是万历时期的2倍了。将粮价折半,并除去置办工具器物的钱,则该佃农可用于食品的花销为3两9钱5分。约过去一代人以后,陈其德的同乡人张履祥将沈氏地主给佃农的待遇保存下来,并进一步扩充其内容。张履祥维持沈氏地主所给的贴补饭钱,并列出了其他食品花销项:73斤肉(每斤2分,总计1两4钱6分)、213块豆腐(每块1文,总计约3钱)、273勺酒(约8钱2分),加上2两6钱的油钱和柴薪钱,总额计近5两2钱。③加上折价后的米价,总生活费为8两5钱。

---

① 庄元臣:《曼衍斋文集》。转引自陈学文编:《湖州府城镇经济史料类纂》,第52—53页。
② 沈氏:《补农书》卷上,第18a页。译者注:作者可能还参考《杨园先生全集》的《补农书》。后作者又依据《补农书校释》中的校记部分,将这段文字以《学海类编》本修改。
③ 关于佃农全年食品量的统计,参见王家范:《明清江南消费风气与消费结构描述——明清江南消费经济探测之一》。

对于士兵或饥民，明朝的标准粮食配给是1天1升，1年即有3石6斗6升米。这一配额远低于沈氏地主估计的5.5石。[1] 或许劳动力市场竞争激烈，地主提供的这种米量是吸引佃农的必要条件。巧合的是，科尔特斯的记载佐证了沈氏地主5两5钱的贴补饭钱项。他写道，俘虏他和他的受灾同伴的士兵，每人每天可得到1分半的饭钱，如果按年计算，恰好就是5两5钱。[2] 以佃农为例，他受雇佣耕田不仅是为了自己的贴补饭钱，同时也要养家糊口。5.5石粮食近乎标准粮食配额的1.5倍，看起来他得到了额外的半份配额，不管这半份是给妻子还是子女，都意味着他需要超过自身标准的配额才能生存。

为了将这一食品"篮子"扩大到能够满足妻子和两个孩子的生活需要，我又试着把张履祥列支的为一个劳动力提供的大米和豆腐的数量增加1倍，并增加1两用以购买鸡蛋和蔬菜，其余数目保持不变。这样计算的话，一个食品"篮子"约需要花费12两。科尔特斯也间接佐证了这一估算，他报告说，辛勤工作的裁缝可以挣到11两以维系家庭开支。接着我们可以来估算比一个贫苦劳工的物品"篮子"的成本更高的一个家庭的物品"篮子"的成本。我们将粮食、油、柴薪等支出再增加50%，并将其他所有东西的支出增加1倍，使其到达更为舒适的消费水平。假设成立的话，那么维系体面"篮子"所需的食品成本约为18两。

估算还没结束。除了食品花销，我们还需要加上其他基本花

---

[1] 李乐：《见闻杂记》卷7，第15a页。又可参见《明宣宗实录》（1428年）卷54，第8a页；陈子龙：《明经世文编》卷481，第25b页；屠隆：《荒政考》，第181页；沈榜：《宛署杂记》，第89页。

[2] Girard, *Le voyage en Chine*, 113, 324.

销，如衣服、住所。在16世纪，一套简单的衣服价值3钱5分。[①]假设维系体面的家庭，每年为家中每位大人和孩子买一套新衣服，孩子衣服价格是大人的一半，那么每年家庭的衣服花销就是1两4钱，如此，体面"篮子"的支出就增加到了19两4钱。如果我们把衣服花销数目的一半加到维系生计的"篮子"里，设想大部分穷人都会自己纺织剪裁衣服的话，那么该"篮子"的支出就增加到了12两7钱。预算中，我们还需要为之添置一些家居用品和厨具。表2.1（见附录C）根据海瑞设定的官价制成，据此我认为我们可以其中家用产品和厨具价格的四分之一，来近似估算一个家庭一年在这方面的费用。对于维系生计的家庭，我将使用海瑞价格表中少尹一级的价格（附录右栏），即3钱2分来估算，而对于维系体面的家庭，我则用中间一栏的5钱7分来估算。若加上此项，则维系生计"篮子"的支出增加到了13两，而维系体面的则增加到了20两。

最后还有房屋租金。1607年南京的一份文献记载了每"楹"（两根梁柱之间的距离为一楹，面积大约为4.4米×5.7米）的官方租金为3两6钱。值得注意的是，如果租户最终无法支付这些钱，则最后租金可最多减去三分之二。[②] 以南京打折后每楹的1两2钱为基数，我认为可以给维系体面的家庭一套面积三楹的房屋，即须花费3.6两。当然，实际租金甚或更高。有官员在其自传中提到，当他23岁准备参加1598年的科举考试时，他每年大约需要支付10两食宿费用。[③] 如此，则他的生活水平已经远超所谓"体面之家"。

---

① 吕坤:《实政录》卷2，第52a页。
② 葛寅亮:《金陵梵刹志》卷5，第10b页。
③ 魏大中:《魏廓园先生自谱》。载黄煜:《碧血录》，第20a页。

综上所述，万历时期，一个家庭维系体面生活的年均支出约多于23两。至若维持生计的家庭，则只需14两多一些。这一估算数字还可在1595年福建沿海地区一桩轶事的蛛丝马迹中得到佐证。在供奉宋朝理学大儒朱熹祠堂的某次祭祀中，地方官发现受雇看守祠堂的两名朱熹后人生活贫困。他们以在祠堂附近的土地上种植荔枝和蔬菜维持生计，每年的收入为10000文铜钱。以每两白银兑换800文铜钱的比例计算，则每年的收入可折算为12两5钱白银。这是他们自己赖以吃穿用度的钱（没有房租）。为了改善朱子后人的生活境遇，知县发起小型募捐，以善款买地，其产生的地租足以维持祠堂修缮及保障看守人的生活。这片购买的土地可产米30石，其中5石米的收入用作修缮祠堂建筑之费用，另外25石米的收入则作为看守人的收入。[①] 以每石米值半两的价格计算，则看守人可以得到12两5钱的收入，等于他们的收入翻了1倍，达到25两。这样，他们就从勉强维持生计的家庭变为足以维持体面的家庭，这也大致证实了我们前面估算的生活成本。

收　入

要估算明人的收入极难，原因很简单。首先，尽管许多明人通过出卖劳力以求生存，但大多数人并没有工资收入。他们通常以佃农身份种植作物、生产粮食，并直接以物易物，以自己所产交换自己所需。因此，大多数家庭的经济活动在货币交换范围之外。其次，又因家庭没有预算，所以我们也不可能再重构出其家庭收入哪一部分乃源于工资。出卖劳力者主要在贴补家庭收入，

---

① 丁荷生、郑振满：《福建宗教碑铭汇编：泉州府分册》上册，第100页。

但这并非其能赚取的全部收入。所以说，尽管微薄的工资无法满足最基本的食品"篮子"的应支成本，但当与家庭其他成员的收入合计起来时，这些微薄的工资同样极具意义，足以维持一个家庭的生计。最后，诚如我们即将看到的，涉及收入的文献解读起来颇为艰难。文献所载的工资额也不见得能够反映雇主真正支付的工资或雇工真正获得的收入。[1]例如，食物应被理解为收入的重要组成部分，但史料中很少记载相关信息。

尽管存在这些难处，但我们仍可对劳动者的收入进行部分研究。明朝史料中反复提及，劳动者的最低工资标准约为每天3分白银，即24文或25文铜钱。在一份15世纪末给皇帝的奏报中，受雇建造军事基础设施项目的劳力，每月工资约为1两1钱到1两2钱，折合即每天3分。很明显，这是最低工资收入，因为该官员在该奏议中痛斥工资过低。他奏称"行粮粜卖，不得食用"，其结果是劳动者们"负累疲弊，率多逃亡"。[2]一个多世纪后，1619年，徐光启在给万历皇帝的上疏中称："都下贫民佣工一日得钱二十四五文，仅足给食"，完全没有余钱添置冬衣。[3]据沈榜记载，京城的皇家陵寝所需的脚夫及负责洒扫的宫女等的工资，

---

[1] 举个例子，《松江府志》就记载了官府应支的工资，但实际上到手的工资往往打过折扣，比公布的要少。具体可参见《松江府志》(1630年版) 卷9，第31a页。

[2] 陈子龙：《明经世文编》卷63，第24a页。

[3] 徐光启：《恭承新命谨陈急切事宜疏》。载陈子龙：《明经世文编》卷488，第25b页。又见徐光启：《徐光启集》，第131页。本处转引自 Brook, *Confusions of Pleasure*, 154. 梁家勉认为该奏疏的时间应在1619年，具体可参见梁家勉：《徐光启年谱》，第124页。1645年，负责在扬州城墙上成防、抵御清军的明军士兵一天的俸钱为24文，"根本不足果腹"。具体可参见 Struve, *Voices from the Ming-Qing Cataclysm*, 12.

由宛平县官府支付，即为3分。① 景德镇制瓷业关于工资收入的记载也在这个范围内：熟练陶匠的日工钱为3分白银加5文铜钱，釉工则要少半分，但他们都会额外获得粮食补贴。② 1635年，南京一位官员还以3分白银的价格找到了一位俊美少年，使其男扮女装，陪他度过了一天。③ 当然，工资也可能会上涨。织工每天的工资是4分，如果他们能够自备织机，则每天的工资可以涨到6分。④ 在沈榜的记载中，日工资最高可达6分，是付给鼓手和木匠的工资。但也有奇怪的例外，点炉工（点炉之技被视为近乎神技）的日工资高达10分。又据明朝忠臣祁彪佳的日记，在明朝最后几年，他给地方乡兵的俸钱涨至每日4分。⑤

但并非谁都可以得到最低的3分工资。在1466年福建某地修桥的碑刻中，工人的日工资仅有2分，"饩日升七合，给菜间日鲜，再日肉"。虽然以白银为计价单位，但从碑刻中可以看出，实际工资都是用铜钱结算的。⑥ 一个半世纪后，科尔特斯在书中提到，中国南方底层工人每天只能赚2.5分白银，折合铜钱最多也就20

---

① 沈榜：《宛署杂记》，第130、142、144、152页。其他文献中也有类似价格的记载，如《船政》，第39a、40a页；黄冕堂：《明史管见》，第369页。
② 《景德镇陶瓷史稿》，第105页。又可参见 Gerritsen, *City of Blue and White*, 180–181，但我对氏著的估算有些修改。
③ 吴应箕：《留都见闻录》下卷，第13b页。
④ 黄省曾：《蚕经》。转引自陈学文编：《湖州府城镇经济史料类纂》，第59页。
⑤ 祁彪佳以银支付工资，让雇用的兵丁民夫自行兑换成铜钱，以便使用。军官的俸钱更多，队长日给银6分，把总日给银8分，教师同把总一样，监纪甚至给银1钱。具体可参见《祁彪佳集》卷2（1960年版），第35页；《祁忠敏公日记》卷3，第29页；卷4，第8页。而关于1643年的兵役，谈迁指出，有些特殊兵役军饷可能会给得更高，如马夫日给银1钱4分，将领甚日给银1两。但这些兵役通常都较为危险。具体可参见谈迁：《枣林杂俎》，第115页。
⑥ 丁荷生、郑振满：《福建宗教碑铭汇编：兴化府分册》，第103页；又见《莆田县志》（1879年版）卷4，第4b页。

文。①假定一年有 340 个工作日，日工资为 3 分白银或 24 个铜钱的话，那么一年的收入即 10 两 2 钱。而自备织机的织工年收入可以达到这个数字的 2 倍，即 20 两 4 钱。

事实证明，年收入记载最丰富的史料还属地方志。方志之所以记载工资收入，乃因地方官府要公布各类吏役的工资。但它们是明初征发徭役的衍生数据，属于财政数据，地方官府不见得实际支付了这些工钱。这些"财政数据"是 15 世纪后期几十年里规划和计算出来的，彼时正处于输钱折役的过渡期，即民众可以通过输纳白银，顶替劳役。②官府随后则用输纳的白银来雇工代役，因此假定这些"财政数据"是根据实际用工成本计算的，也算合理。③假定与公平价格一样存在所谓"公平工资"的话，那么这些"财政数据"就有了一定的参考意义。④

从 1540 年到 1630 年间出版的县志中随机挑选 26 部，梳理其中的"财政"工资记载，可以发现，一半以上县的工资为 5 两或更少，四分之三县的工资为 12 两或更少。一些不具备一技之长的劳力，如值夜的打更人、搬运工等，其年收入在 3 两 6 钱 6 分到 5 两 6 钱 6 分之间不等。这显然不是一个能让人独立生存的工资水平，理解成兼职工资收入或许更好。⑤具有一定技能或拥有热门专门技术的人，如会书写的刀笔吏、会骑马的驿站民夫等，

---

① Girard, *Le voyage en Chine*, 243. 这里原本折算为 0.25 雷亚尔。
② 黄仁宇：《十六世纪明代中国之财政与税收》，第 120 页。
③《江宁府志》（1541 年版）卷 14，第 68a 页。
④ 1548 年山东《莱芜县志》证实了财政工资与实际工资有必要保持一致。如其中指出，在县官仓里计量存量的吏人，原本工资为 2 两，但"现"已增加到 3 两。具体可参见《莱芜县志》（1548 年版）卷 3，第 3a 页。
⑤ 打更人（更夫）的对价，可参见沈榜：《宛署杂记》，第 53 页。搬运工（抬运夫）的对价，可参见《松江府志》（1630 年版）卷 9，第 39b 页。

年收入从8两到11两不等。① 一旦我们聚焦那些更有权责的职位，如乡兵头目、驿站头目等，他们的工资范围就在14两到22两之间。② 这些工资数据，与1630年兵部尚书梁廷栋给崇祯皇帝的一份关于非法涉外贸易活动的奏疏中提到的数据非常相近。梁廷栋奏中提到福建人出海当水手下南洋，每年预计可以赚20两到30两，这已经是相当不错的收入了。③

我们如果回顾一下前文对生活成本的估算（维系生计的家庭生活成本略高于14两，维系体面的家庭生活成本略高于23两），并将这些数据与前述工资数据（低收入的工资在5两到12两之间，体面一些的工资在14两到22两之间）进行对比，就可以推导出应有多少工资才能满足明朝家庭所需生活成本。

想要进一步了解其他社会阶层的收入水平，一个简单的方法是直接使用另一种官方史源，即官僚体系中不同官阶的官员的俸禄水平（见本章表2.5）。明朝官员品秩共分九品十八阶，在万历时期，官员俸禄低至从九品司狱的19两5钱2分，高至从三品布政司参政的66两9钱1分6厘不等，这部分占了整个官僚体系三分之二以上的官阶。在此之上，正三品侍郎的俸禄飙升至88两8钱4分，正二品御史为152两1钱7分6厘，正一品大学士的俸禄则为215两5钱1分2厘，令人印象深刻。④ 这些数据看起来

---

① 刀笔吏的对价，可参见《清流县志》（1545年版）卷2，第35a页；驿站民夫（递夫）的对价，可参见《临朐县志》（1552年版）卷1，第44b页。
② 乡兵头目（民校）的对价，可参见《淄川县志》（1546年版）卷4，第58a页；驿站头目（驿人）的对价，可参见《夏津县志》（1540年版）卷2，第24a页。
③《明崇祯长编》卷41，第2b页。
④《大明会典》卷39，第1b—7b页。官员除了用白银发放俸钱外，还有"柴薪"等额外津贴或实物补充。具体可参见冯梦祯:《快雪堂日记》，第72页。

非常夺人眼球,但诚如历史学者黄仁宇指出,这样的俸禄"以晚明的生活水准来说,显然不敷使用",这也是晚明官场送礼贿赂之风盛行的原因。①

表 2.5　1567 年的官员品秩与俸禄(折合白银)

品秩		俸禄(两)
正一品	大学士	215.512
从一品	尚书	183.844
正二品	御史	152.176
从二品	布政使	120.508
正三品	侍郎	88.84
从三品	参政	66.916
正四品	知府	62.044
从四品	太学祭酒	54.736
正五品	翰林学士	42.556
从五品	知州	37.684
正六品	主事	35.46
从六品	经历	29.084
正七品	知县	27.49
从七品	给事中	25.896
正八品	县丞	24.302
从八品	助教	22.708
正九品	主簿	21.114
从九品	司狱	19.52

史料来源:《大明会典》卷 39。

富人世界的价格问题

生活成本同时也取决于一个人的社会地位,后者决定其应如何生活,以及他所能负担的限度在哪里。② 如富人家里的一张床,

---

① 黄仁宇:《十六世纪明代中国之财政与税收》,第 276 页。时人之说亦可证此事,在明朝的最后一个世纪里,抨击官员受贿的言论屡见不鲜。
② 在收入分配不均的社会中,人们的真实生活水平就很难估计。具体可参见 Coatsworth, "Economic History and the History of Prices in Colonial Latin America," 27。

就可能要比穷人的贵上百倍。① 在京城，一个穷人每月的生活费可以压缩到1700文铜钱，即约2两4分白银。而一个富人每月单食宿就可能花出去25两白银，其比例差不多也是1∶10。② 诚如有位大臣向万历皇帝上疏抱怨，京官每月花四五两银子很容易，但他主要想向皇帝说明官僚奢靡的生活，而非抱怨昂贵的生活成本。③ 这些例子只是想表明，富人有富人的生活账本，穷人有穷人的生活账本。随着商业经济越来越渗透到社会生活的方方面面，贫富之间的鸿沟和差距越来越大。中国的商品经济并不是到明朝才开始出现，但如果说明朝与前朝有什么不同的话，那就是大量民众不得不依靠商业关系来生存，并活生生被价格拉开了贫富差距。因此，明朝是一个既繁荣又困苦的朝代，我们将围绕价格来讲述此事。

行文至此，我们对价格的讨论仍集中在普通民众的生活成本上。现在我们开始简单地考虑一下富人的消费，这也有助于揭示明人生活的价格层次。我们的富人指南将再次由细心的耶稣会观察家科尔特斯提供。虽然科尔特斯生活在穷人中间，但他对那些与他接触的官员及其背后的财富感到好奇。他没有亲自接触这些官员的生活，所以他无法像对待穷人的预算那样去仔细剖析他们

---

① 穷人家的床的对价，可参见海瑞：《海瑞集》，第129页；富人家的床的对价，可参见《天水冰山录》，第160页。
② 16世纪90年代，住在盘山脚下佛寺里的穷人，每年只能靠卖寺外大频婆树的果子挣得20000文铜钱。具体可参见唐时升：《游盘山记》，载于《盘山志补遗》（1696年版）卷1，第1b页。而正文中所谓的富人指的是庄元臣，他说自己进京赶考，十六个月就花掉了400两。具体可参见滨岛敦俊：《明末清初期的研究》，第178页。
③ 冯琦：《肃官常疏》。转引自徐泓：《明末社会风气的变迁》，第108页。冯琦在奏疏中指斥官员奢靡，往往安排一场宴会就要花去二三两白银。

的预算。尽管如此，他仍然留心搜集相关信息，并做了一定记载。他指出，土地所有权对于维系一个富人家庭至关重要。穷人可能拥有一小块地来种植家庭所需粮食，而富人拥有大片土地，他们要么自己管理，雇人劳作，要么转租给佃农。土地足够多，有的就能拿来规划为养殖场，用以获取动物蛋白，如在池塘里养鱼或饲养鸭、鹅等家禽。根据科尔特斯的说法，富人家庭通常还能拥有四到六头水牛、成群的猪和十几只母鸡。

科尔特斯与这一阶层的富人应该有所接触，因为他知道他们的房子装修布置得很好。他在书中写道，他对一个房间里有"多达25到26张，乃至有40张"做工精良的桌椅感到惊讶，因为这远远超出了一个欧洲的房间所能拥有的数量。他们的床具、布料及鞋子的质量也给科尔特斯留下了深刻印象。进一步引起他注意的是，"中国的富人家庭往往还会有几个奴婢童仆，男女皆有。他们往往是本地人，被自己赤贫的父母卖到富人家庭，但有时候他们的父母也不至贫穷到卖儿鬻女"。当得知奴婢价格极为便宜时，科尔特斯感到讶异，尽管他实际上以一种平和的方式指出，卖为奴婢的人"仍可以原价赎身，他们的主人也非常善待他们，只不过需要他们在任何事情上像奴隶一样侍奉主人"。[1]他谈到了一些价格，如15岁的青少年价值在1两2钱到2两之间，相比之下，1头达到出栏体重的猪售价在4两到5两之间。有意思的是，陈其德在其记载中也做了同样的对比，尽管是在不同的时空背景下。或许，这也是万历时期繁荣的一种表现：一些人成了主人，另一些人成了奴婢。至于富人家庭的娶妻费用，科尔特斯声称，"富有

---

[1] Girard, *Le voyage en Chine*, 249–250, 253.

且体面的中国人中……彩礼至少要 500 两,甚至 1000 两。这种例子比较罕见,通常只在真正的高官家庭中才能看到"[1]。

从生活成本看,富人大多用白银生活,而穷人则多用铜钱。科尔特斯评论说,富裕的家庭常以手里的"几两碎银"来购物。他没有透露到底是几两,但另一份史料记载给出了一个数字。1616 年,一些官员为了阻止基督教的传教活动,查抄了耶稣会在南京的住所。在耶稣会士们被捕后,从没收清单中可以看到,他们拥有 17 两 6 钱的现款,这相当于彼时一个相当富裕的家庭日常花销的流动现款。[2] 至于穷人,他们能持有的现金,就如一个了无牵挂的人每次回家都将铜钱从口袋里掏出来,随手丢到门边的钱罐里,以备手头有足够的现钱,能够买酒招待不速之客。[3] 他们的家里可能根本没有白银,因为他们在购买日常所需之时根本用不到银子。

科尔特斯对中国富人的观察还使他得出一个颇引人注目的结论:中国富人的富裕程度不如意大利富人。在他看来,中国所谓的"千两家庭"的财富比不上欧洲富裕家庭所拥有的财富。他承认,一些家庭可能有二三千两的资产,但他指出,"即使放宽评估尺度,大多数富人的财富也很难企及 3000 两"。我们不贬低科尔特斯结论的意义,但很可能他太过于外行,不懂得如何解读中国的财富标志。他也承认,他的说法并不涉及明朝的顶级富豪,只是评估了"那些在中国被认为是富人,但又并非商人的人的财富"。科尔特斯意识到,通过商贸致富的人与那些占有土地的乡

---

[1] Girard, *Le voyage en Chine*, 244.
[2] Dudink, "Christianity in Late Ming China," 182.
[3] 张怡:《玉光剑气集》,第 430 页。

绅地主分属完全不同的世界,他没有办法进入前者的世界。

现有的明朝文献缺乏对于家庭财富的记载,这意味着我们几乎没有办法研究顶级富豪的价格体系。我遇到的一个例外是关于艺术品的价格。在万历年间,各种艺术品、古董的价格一路飙升,以至于彼时的一些收藏家和许多观察者将顶级富豪们购买艺术品、奢侈品的价格记载下来,这些价格有时高得离谱。在结束对万历时期价格体系的调查之前,我要简单介绍一下彼时的艺术品市场。

奢侈品经济中的价格

1612年8月11日,李日华在嘉兴自己的家中,这里离陈其德的家乡桐乡县只有25公里。这时,来自长三角的一位孙姓古董商将驳船停靠到李日华家旁边的河岸边,并派小厮前去告诉李日华,他来拜访了。此时,另一个商人碰巧也在拜访李日华,于是两人一起漫步到驳船,看看孙姓商人的待沽之货。孙姓商人对他们能亲临驳船感到高兴,于是将商品逐一陈列,希望能售得好价。他首先展示了六件据称来自内府的装饰青铜器,其中包括两件由知名工匠打造的青铜盒子,以及一件宣德年间(1426—1435年)的铜锁耳四脚方鼎。宣德年间的宫廷器物以优质闻名于世。孙姓商人还藏有另外一件宣德年间的青铜小香炉,但他没有标附出处。他还向李日华及其朋友展示了一只古代的犀角杯、一盏成化年间(1465—1487年)的磬口敦盏①和两把精美的大理石嵌背胡床。他声称这些东西是安华二氏的藏品。②

---

① 译者注:磬口敦盏是明代成化窑烧制的一种经典茶盏(或酒杯)。
② 李日华:《味水轩日记》,第246页。

孙姓商人的头筹商品是玉兰花瓣瓷杯，他声称是宣德年间官窑制品。此物应是真品，李日华对此毫不怀疑。他记载称，此杯"古朴有致，内莹白，外施薄紫，花花交错为底"。他爱此物，直到孙姓商人告诉他，此杯价值40两白银。李日华被这一天价吓到，他叹了口气，说："瓦缶贵溢金玉，至此极矣！"李日华所谓"瓦缶"，是指产品质量平平的普通作坊。这么说不是为了贬低杯子的价值，而是感慨物物之间的价值发生了天翻地覆的变化，以至于这一人工制品的价格可以推高到远超其在公平价格体系中自然应有的价格。溢价过多，使得这只杯子从鉴赏艺术品变成一种财富的象征——这正是我们对它甚感兴趣，而李日华却兴味索然的原因。

奢侈品经济并非明朝独有。与以往不同的是，参与明朝奢侈品经济的群体的广泛性。这种广泛性带来的一个影响是，如前所述，当李日华开始记录他在奢侈品经济中的所见所闻时，需求将某些商品的价格推高到了匪夷所思的水平。不仅富有的买家在争夺顶级奢侈品，还有更多的中等富裕的买家在这些顶级富豪的下面，以他们所能承受的价格竞买商品。[1] 奢侈品市场之所以能发展到如此规模，一定是受到了更大经济规模的支撑。在更大的经济规模下，越来越多的人拥有比以往任何时候都多的流动财富，他们选择将更多的财富投资于被认为是地位的象征或保值工具的奢侈品。

---

[1] 诚如吕立亭在研究文人李渔时所提到的，李渔曾指出，富人竞相以高价购买古董，有时会将自己的行为辩称为怀古之举。但……古董只有成为存储或转移大量财富的有效手段时才有意义。没有财富，则古董的概念将毫无意义。具体可参见"Politics of Li Yu's *Xianqing ouji*," 498。

李日华的妹夫沈德符是万历年间研究奢侈品消费升级的文人。在 1617 年流传的《万历野获编》的手稿或抄本中，沈德符对这个问题做了长篇论述，彼时万历时代即将过去。根据沈德符的说法，16 世纪中期开始，富人积累足够多的财富之后，就开始寻求更多超越地位的做法，如修建园林、组建私人戏班，仿佛这些不再是只有宫闱才能享受的特权。更重要的是，新兴富人还"皆世藏珍秘，不假外索"。沈德符提到李日华的恩师项元汴。作为驰名江南的著名收藏家，项元汴"不吝重赀收购"。根据另一位文人的记载，这样的市场使书画杰作得以"辗转相贸"。①

艺术市场的价格波动会导致项元汴等顶级收藏家心生焦虑。他们早已习惯在这个相对封闭的圈子里买卖自己的作品。他们认为艺术品不是投资产品，而是雅文化的极致体现，但现在艺术品走出了高雅鉴赏家们的圈子，流向出价更高的富人手中。随着价格进一步飙升，这个市场只剩那些动辄能够负担数千两白银的人，这个价格已经超出许多（不见得是大多数）作为收藏家的文人士绅的支付能力。这些文人雅士无法开出高于新兴富豪的价格，于是开始鄙视他们，认为这些新兴富豪无非是人傻钱多、毫无品味的暴发户而已。万历时期另一位文风刻薄的士人谢肇淛，从福建而非长三角地区观察这一现象，并讽刺艺术品买家中，"纨绔子弟……彼其金银堆积，无复用处。闻世间有一种书画，亦漫收买，列之架上，挂之壁间……如此者十人而九"。②沈德符甚至还担心，推向新高的价格会带来社会灾难。③李日华赞同妹夫的观

---

① 转引自马泰来：《明代文物大贾吴廷事略》，第 404 页。
② Oertling, *Painting and Calligraphy*, 129.
③ 李日华：《味水轩日记》，第 30—32 页。

点。他写道:"夫书绘,本大雅之玩,而溺者至以此倾人之生,诒者至以此媒身之祸,岂清珍之品,本非势焰利波所得借资者耶?"李日华用了"资"这个字,不禁让当今的中文读者眼前一亮,尽管这是时代措置的。但当需要把钱财换成能够增值的物品时,艺术品就和现在一样被视为稳健的投资。

万历时期艺术品市场的价格特征,甚至已经超出了卷涉其中的人们的认知。诚如画家唐志契在晚明时所称,艺术品市场的特殊之处在于价格不会趋同,或围绕某个水平波动。他说,考虑到工艺的精细程度以及作者的知名度,你或许能对一件明代作品给出一个公平的估价,但明朝以前的作品波动较大,难以给出合理的定价。在向读者列举一系列天价艺术品及其背后的故事后,唐志契总结道:"诸如此者,不得尽言,请瞽目不得执画求价也。"①如果说唐志契并未能清晰地分析当时的艺术品市场,那是因为万历时期艺术品的价格与之前的时代相去甚远。16 世纪中期,人们购买名人佳作的价格尚不至畸高,但到了万历时期,如元人艺术品等珍品,据说价格已经上涨了 10 倍。②

为了进一步廓清万历时期的艺术品市场,我将我搜集的一百一十二件艺术品的价格分成三个部分。③价格排在最后三分之一的艺术品,其中位价格只有 2 两 5 钱,这表明艺术品市场也

---

① 俞剑华:《中国美术家人名辞典》,转引自 Clunas, *Elegant Debts*, 123。
② Kuo, "Huizhou Merchants as Art Patrons," 180.
③ 我主要使用的文献如下:Clunas, *Superfluous Things*, 179–180;《大明会典》卷 179,第 2a 页;Girard, *Le voyage en Chine*, 252;李乐:《见闻杂记》卷 3,第 33b 页;卷 10,第 35a 页;李日华:《味水轩日记》,第 246、401 页;沈德符:《万历野获编》,第 663 页;《天水冰山录》,第 159 页;巫仁恕:《优游坊厢》,第 333 页;袁中道:《游居柿录》;张安奇:《明稿本〈玉华堂日记〉中的经济史资料研究》,第 298—309 页;张岱:《陶庵梦忆》,第 7 页。

允许资产有限的人参与。中间三分之一的艺术品，中位价格涨到了30两，远远高于一个生活体面的家庭的年生活成本。头部三分之一的艺术品的中位价格是300两，大多数人已无法企及。

如果聚焦于个别藏品家，而不着眼于市场总体，那么分析还会略有不同。作为万历初期最知名的收藏家之一，李日华的恩师项元汴经常将他每一件藏品的购入价格写在标签上，贴附于卷轴之外，如此就保留了六十九个价格数据。[①] 同样将项元汴的藏品分成三部分，对这些藏品的分析将会揭示出与总体艺术品市场截然不同的价格分布模式。最大的不同是项元汴藏品的底部价格。排在最后三分之一的藏品的中位价格是20两，是总体艺术品市场同等中位价格2两5钱的8倍。这一差异表明，项元汴不屑于低级藏品。事实上，项元汴的藏品没有任何一件低于3两。中部三分之一藏品的中位价格是50两，同样明显高于总体艺术品市场的30两。项元汴似乎更痴迷于这一更高价位的藏品，而不是新兴暴发户们所追求的高端杰作，藏品价格大多在30两到100两之间浮动。头部三分之一的藏品，价格从100两到1000两不等，中位价格是300两，与总体艺术品市场头部的中位价格完全相同。只有个别人搜集这个领域的藏品，因此价格对于参与的每一个人来说几乎一样，不管是项元汴还是其他人。

项元汴绝非万历时期最富有的人。他属于上流精英中的一员，醉心于精英文化理想，但同时也谨慎看待自己的经济状况。他的哥哥回忆称，项元汴因某件艺术品而花费不菲时，经常会陷入自

---

① 叶康宁：《风雅之好》，第202—219页。据说项元汴曾以2000两的价格购买了王羲之作品的唐代摹本，项氏后人于1619年将之售卖，得到了这笔钱。但我把此事当作存疑之说，未予采信。

责的痛苦之中。项元汴所搜集的珍贵艺术品，将在未来几个世纪深刻影响中国文人精英的艺术品位。他之所以能实现这一点，很大程度上也源于他来自一个有能力获得描绘这种品位的经典作品，同时也有传播这种品位的文化资本的家庭，且早在"不入流"的暴发户进入市场前，他就已经开始收藏艺术品了。项元汴于1590年去世，此时万历朝已经过去了五分之二，当时市场上对名品的争夺日趋激烈，价格甚至超过了他曾支付的最高价格。

艺术品的价格固不足以反映明朝顶级富豪家庭的生活成本，但从中也可以感受到富人处于其中的非常不同的价格体系。科尔特斯与这个顶级社交圈毫无交集，自然不知道他们流通宝物时的价格。陈其德也不知道，但陈其德已意识到当地存在一个奢侈品市场。他曾指出，1641年第一次饥荒期间，"美好玩弄之器，莫有过而问者"。也许他也曾在艺术品市场买过几件价格2两5钱左右的低级藏品，但没有比这更贵的藏品了。在他所处的时代，价格高昂的艺术品和古董远远超出了其经济能力，甚至可能根本不在他的兴趣范围之内。对他而言，艺术品收藏是一种世风日下、道德沦丧的表现，而并非深厚文化底蕴的展示。不管他怎么考虑这个问题，在1641年，陈其德一家不可能购买任何艺术收藏品。即使他们手头有白银，也会拿来购买食物，而非奢侈品。

白银、价格与海外贸易

这并不是说每年超过10万公斤的白银流入明朝后,对明朝经济毫无影响。但这种影响目前尚未得到实证证明。我能够察觉到的唯一一个由大量白银推动价格上涨的领域是奢侈品市场……

很多人将万历朝视为生机勃勃、思想创新的时代。一些历史学者将这波繁荣和思想上的再度活跃归因于新的世界交流格局——从南海向西延伸至印度洋和欧洲,向东延伸至美洲。在这个新的格局中,越来越多的外国人来到中国,购买丝绸、瓷器、家具等产品。相较于其他地方的同类产品,中国的产品制作精良、价格低廉,而外国商人则以日本、墨西哥、秘鲁开采的白银支付购买费用。有人认为,随着白银流入中国,明朝开始出现经济增长、物价上涨,并进一步推动社会转型,新的哲学思想也开始流行。这一假说的背后隐藏着另外一个假说,即在17世纪40年代,随着美洲白银产量的下降和日本闭关锁国,白银在世界流动减少,这种紧缩扼杀了持续的货币供应增长并摧毁了由其所催生的商业体系,中国也因此陷入了经济危机。①

欧洲商人出现在印度洋和南海,将中国纳入了更广、更深、

---

① 该假说由William Atwell于1977年的"Notes on Silver, Foreign Trade, and the Late Ming Economy"中首倡,后其又于1982年发表"International Bullion Flows and the Chinese Economy"续谈此说。Atwell此说在全球备受推崇,Flynn与Giráldez在其"Born with a 'Silver Spoon'"中尤倡此说。关于白银流入对中国经济的影响有了更多深刻探讨,具体可参见万志英的出版物,尤其是《财源》,第113—141页。Atwell对批评其假说的观点做了有力反击,具体可参见其"Another Look at Silver Imports into China"。

更持久的贸易网络,远超其在16世纪以前与东南亚、印度洋之间的贸易联系。这一变化是毋庸置疑的。但在陈其德所讲述的价格上涨和经济危机的故事中,这种接触的意义何在?这位教师在他的记载中对中国以外的世界只字未提,只是把他出生在中国作为一生的十大幸事之一。① 与陈其德一样,许多明人皆未意识到自己已经受到对外贸易的影响,但也有一些明人已经被卷入了明朝的海外贸易网络中。前者多主要从事农业经济,将海外贸易视为一种难以企及的奢侈品商业活动,而这种奢侈品只会触及少数人,对大多数人而言则相当陌生。在他们的认知中,没有什么必需的日用品,乃至一般奢侈品,是需要通过海外进口获得的。除了生活在沿海地区、常常偷摸从事海上贸易的人,大多数明人都不知道将中国商品运往世界各地的贸易。②

明朝官方垄断了对外交往、海外贸易权,基于政治目的,禁绝民众在未被许可的情况下进行海外贸易。这种垄断是通过朝贡制度来实现的。朝贡的规矩是,番邦首领或使节觐见大明皇帝,呈贡方物,以讨皇帝欢心,并使他们的随行使团得以在明朝进行有限的贸易。这种垄断政策几乎贯穿了明朝的整个前半期。这种情况从明朝中期开始发生变化,原来元帝国开辟的世界海上贸易通道在一度中断后又恢复了商业往来。在明朝后半期,越来越多的私商来往于东南沿岸,获利甚丰,当然代价也很高。1600年前后,在福建建造一艘远洋商船成本远超1000两。这还只是初始购

---

① 陈其德:《垂训朴语》,第15a页。陈其德以自己生在中华而庆幸,但这并非他个人的见解,而是从16世纪初期所谓"广五子卢楠"那里借鉴的。具体可参见 Bol, *Localizing Learning*, 10。
② 即使不是出生在南方沿海的人,也可以积极参与海上贸易。苏州银匠管方洲即为一例。具体可参见卜正民:《挣扎的帝国:元与明》,第213—215页。

船成本，船只开始航行贸易后，每年都要检修，并为下一次航行进行改装保养，每次起码需要花费 500 两到 600 两。[①]

17 世纪的文人谈迁曾记载 1555 年明廷要求户部采购 100 斤龙涎香进宫一事，通过此事我们可以对明朝中期的海外贸易做一初步了解。[②] 所谓龙涎香，即抹香鲸消化道中产生的一种蜡状物，被用作定香剂。龙涎香产自苏门答腊的"龙涎屿"，所以在中国被称为"龙涎香"，售价高昂。谈迁记载道，1 斤龙涎香的价格是"其国金钱百九十二枚"，把这些金钱折算成明朝货币，则为"中国铜钱九千文"，约合白银 15 两。户部奏称，北京没有龙涎香，只能命沿海各司官员将能找到的龙涎香全部采购下来。广东官员有着得天独厚的优势。起初，他们只能以每斤 1200 两的天价购得少量龙涎香，即便如此，这批货也并非真品。最终，他们在一个叫"马那别的"的外国人手里找到了真正的龙涎香。其人当时正在狱中，很可能因为在广东走私南洋商品而银铛入狱。他手里只有不到十分之一斤的龙涎香，但聊胜于无，最终都被送往北京。另一个南洋商人也从密地山岛上带来了 4 倍于前者的龙涎香，并于次年送入皇宫。明廷索要龙涎香的消息传到了苏门答腊，供应问题迎刃而解，但货物想要达到买主手中，仍需要利用一定的法律漏洞。为了避免溢价过高，朝廷将收购龙涎香的定价限制在每斤 1600 两。

谈迁所载的龙涎香一事发生在 1555 年，当时正值明朝实行海禁的时期，这一严格的禁令是三十年前由嘉靖皇帝颁布的。唯一允许的形式是通过朝贡使团将商品带至明朝。谈迁的记载说明了

[①] 张燮：《东西洋考》，第 170 页。
[②] 谈迁：《枣林杂俎》，第 483—484 页。

当时明朝确实在执行海禁（马那别的被关入狱），但也不甚严格（密地山岛商人就没有被拘留，他也并非朝贡使节）。此外，这一记载也揭示了广东地方官想要南洋商品时，知道通过什么途径可以得到。更有意思的是记载中提到的"其国金钱百九十二枚"，谈迁记载了其兑换比为"中国铜钱九千文"。当时东南亚各国对中国货币的需求量极大，如果再进一步兑换成白银，那么每两白银大概兑换600文铜钱，则谈迁所说的铜钱9000文约合白银15两。再将15两（560克）白银分铸为192枚银币，则一枚银币单重2.9克，其规格非常接近单枚1雷亚尔银币。雷亚尔是一种铸造于秘鲁的西班牙硬币，1571年（万历皇帝即位的前一年）西班牙在马尼拉建立殖民地后，开始在东南亚各国广泛流通。[①]但1555年在苏门答腊出现西班牙硬币似乎有些过早，尽管此时葡萄牙人已经在澳门和马六甲建立了贸易站。这一细节可能反映了欧洲硬币在这一地区的早期流通情况。

  龙涎香的市场交易所需要的白银比大多数人想象得要多得多，更不用说筹措到这么多钱了。到了万历时期，白银的流向发生了逆转。随着外国商人竞相将中国商品运往海外进行贸易，这种贵重的金属不再因购买外国商品而流出中国，日本和新大陆开采的白银反而开始流入中国，用于购买中国产品。从万历到崇祯时期，这种流入一直在扩大。中国并未记载这种流动，因为国家没有直接参与海外贸易，而参与贸易的私商也多对自己的账本高度保密。由于缺乏相关记载，历史学者不得不利用国外史料进行推断。万志英评估了这些推断，并估计在16世纪的最后三十年中，每年流入中国的白银平均有4.66万公斤。而在随后的四十年，每年流入中国的

[①] 8雷亚尔等于1比索，所以英国人又将比索称为"pieces of eight"（八片币）。

白银更是高达 11.6 万公斤。他进一步估计，尽管朝廷明令禁止与日本进行贸易，但在万历年间，仍有 60% 的白银因购买中国商品而自日本流入，然后日本商人再将商品出口到南洋。其余的白银则大多数来自南美洲的西班牙人占据的矿山，主要由西班牙商人带来，以维持他们从马尼拉到美洲的大规模批发贸易。每年大约有 50 吨白银跨越太平洋，这个数字相当惊人。然而，若就全球背景进行考察，这些漂洋过海的白银的重量仅占万历时期秘鲁矿山开采量的 7.5%。[1] 最大的份额被运往欧洲及其他地方，且其中大部分都留在欧洲，只有一些通过其他欧洲商人最后辗转来到中国。

流入明朝的白银是否扩大了这个拥有 1 亿多人口的经济体的货币供应，从而迫使价格上涨？许多历史学者根据相当零散且不可靠的价格数据，认为确实如此。但现在大多数经济史学者已经放弃了这一假说。本章立论与后者相同，对这一假说提出质疑，并予以不同解释。首先，我们从英国人的角度来探讨国际贸易中的白银问题。在晚明，英国人正努力追逐白银之浪加入对华贸易。然后，我们重新将视角转回中国，研究价格产生的作用。首先聚焦于明朝前半期的朝贡体系中，然后再探究明朝的最后半个世纪。当时，西班牙、英国、荷兰的商人不仅使用商品和白银交易，还相当可靠地记下所有商品的成本。本章最后还要简要地讨论一下当代史学界关于白银贸易利弊影响的看法。

海外贸易

16 世纪以来，白银不仅在中国，而且在全世界都是主要的交

---

[1] 万志英:《财源》，第 133—137 页。

换媒介。以白银定价，用白银付款，无论是铸造过的（如欧洲、美洲）还是未铸造过的（如亚洲），账目都以白银计价。白银是那个时代全球的公认货币。为了不再赘述大家熟知的内容，我将另辟蹊径从欧亚大陆另一端开始讨论英国商人如何使用白银与中国进行贸易，从而考察17世纪全球贸易体系中白银的作用。此切入点的独特之处不仅在于我所考察的不是英国，而是中国。与大多数欧洲国家一样，英国也使用白银作为贸易媒介，但其国内并无任何重要的金属矿源。英国获取白银完全依赖于其参与全球贸易网络及其在不同市场间转运货物的能力。在我们的研究中，我们主要的假定是，我们不应该天然地认为白银是全球交换媒介。白银并不是像水只是顺着山势流淌一样自发"流动"的。白银不仅流入中国，也流向整个世界贸易体系，之所以这样流动，是因为那些控制白银供应的人有策略地使用白银，以使他们可以从中实现利益最大化。[1]

1600年的最后一天，伊丽莎白一世授权成立了一家名为东印度公司的新公司，并授予其联合创始人垄断亚洲贸易之特权。这一举动背后的动机，自然是为了与西班牙、葡萄牙竞争亚洲市场。公司发展缓慢，直到1620年英国经济陷入衰退，彼时普遍的

---

[1] 荷尼夫（Niv Horesh）在对白银的国际贸易地位进行深刻的重新评估时认为，并非中国简单地凭借其应对经济需求的能力自动地获取白银，而是欧洲商人在采取有意识的策略，利用白银调整不同地区之间贵金属的再分配，以此实现其购买力的最大化。诚如氏著所写，"无论是白银在中国贵金属中的相对溢价，抑或19世纪30年代之前中国对欧洲的贸易顺差，都可被视为中国经济具有'磁性'的证据。但这一证据尚须从欧洲货币的渗透模式进一步加以验证。要理解中国现代早期的货币功能，我们就必须超越白银，探讨其与欧洲接触后的货币化发展动态"。具体可参见荷尼夫：《走向世界的人民币：全球视野下的中国货币史》，第113页。

观点是，经济衰退乃因货币供应短缺。他们认为，没有货币，买卖就无法进行，于是价格暴跌。许多人将这种供应短缺归咎于东印度公司将英国的货币运往海外购买海外商品的政策。东印度公司确实在出口英国的贵金属。詹姆斯·穆勒在撰写1817年出版的《英属印度史》一书时查阅了东印度公司的统计数据，发现在17世纪第二个十年中期，贵金属出口确实在增长，从1614年的年均13942英镑增长到1616年的52087英镑。[1] 东印度公司必须对王室和民众的舆论做出反应。为公司挺身而出做辩护的是托马斯·孟。他在1615年被任命为东印度公司董事，此前他已经在意大利利沃诺港积累了相当丰富的对外贸易经验，是17世纪20年代最自信的重商主义者（主张国家财富积累应通过获利的对外贸易实现）。面对"东印度公司榨干英国白银"的指控，他发表了《论英国与东印度的贸易》作为书面回应。这本小册子引起了极大关注，出版第一年（1621年）就两次再版。四年后，它拥有了更广泛的读者，塞缪尔·帕切斯将它收录到他的《帕切斯朝圣游记》（关于英国外交与贸易的综合文集）一书中。[2]

托马斯·孟开宗明义地宣称："商品贸易是一个王国繁荣程度的试金石。"这种说法基于这样一种理论，即财富并非以一国所拥有的货币数量来计算的，而是以流通中的商品和货币的数量来

---

[1] Mill, *History of British India*, 1:19. 马士（Hosea Morse）于1874—1908年间在中国海关总税务司署任职。据他估计，1601年到1620年，英国东印度公司每年向"东印度群岛"输出的白银及硬币多达22847英镑。具体可参见 Morse, *Chronicles of the East India Company*, 8. 两说之间的差距，就交由英国经济史学者去梳理吧。

[2] 关于托马斯·孟的文章，本章采用的版本来自 Purchas, *Purchas His Pilgrimes*。而关于托马斯·孟的重商主义思想，可参见 Kindleberger, *Historical Economics*, 87–100; Harris, *Sick Economies*, 164–168。

计算的。只要进口额不超过出口额，国家流至海外的钱"一定会以财富的形式回流"本国，且回流利率要大于进出口货物价值之间的简单差额。为了反驳"基督教世界，尤其是本国的黄金、白银和其他钱币都被用来购买不必要的商品"这一流行说法，托马斯·孟又向读者展示了东印度公司在亚洲购买的六种商品（胡椒、丁香、肉豆蔻皮、肉豆蔻、靛蓝和丝绸）的价格（见附录C中的表3.1）。

彼时英国进口量最大的商品是胡椒，托马斯·孟谈论胡椒贸易的好处。他写道，欧洲每年需要购买600万磅胡椒。按照每磅2先令（含全部费用）的价格计算，那么从阿勒颇批发等量胡椒的成本是60万英镑。如果直接从"东印度群岛"——托马斯·孟使用这个不确定的概念来指称从印度马拉巴尔海岸到爪哇这一片区域——批发，则每磅的成本降至2.5便士，总计成本仅为6.25万英镑，略高于阿勒颇前价的十分之一，从而降低了胡椒在伦敦的零售价。胡椒来自"土耳其"，即奥斯曼帝国时，伦敦胡椒的最低价格是3先令6便士，而当胡椒来自"东印度群岛"时，价格跌至1先令8便士，不及前价的一半，有时甚至跌至1先令4便士。东印度公司进口到伦敦的40万磅胡椒，实际并没有使消费者支付掉7万英镑，而是只有33333英镑。托马斯·孟继续对其他五种进口商品逐一进行计算，向读者比较了伦敦的"前价"和"现价"。[①] 其中一项进口产品是丝绸，对我们的研究来说遗憾的是，这是产自波斯而非中国的丝绸。至少要到一个世纪后，中国才取代波斯，成为进入欧洲的亚洲丝绸最主要的产地。

---

① Mun, *Discourse of Trade*, 268–269, 291–292.

托马斯·孟的观点理解起来很简单。通过将商品采购点转移到亚洲的办法，东印度公司能够降低进口商品的价格，这一价格比从黎凡特地区进口商品所需支付的价格低得多。对英国消费者而言，低价无疑令人欢欣，且托马斯·孟还指出这种贸易能带来其他经济利益，如东印度公司的雇员能够得到一笔收入、在海外工作的雇员的家属能够得到一定补助（按照雇员的工龄分配）、雇员去世其妇孺家属能够得到救济抚恤。此外，公司也将参与慈善项目的捐款，如每年"修缮教堂，为年轻学者提供基本生活保障，提供大额经费救济穷困的传教士，以及其他各种慈善行为"。托马斯·孟坚信，无论从什么方面考虑，东印度公司的贸易活动对英国及其人民只会有利无害。"所有我们的船只带出海的钱，都能使上述提到的货物数量增加，促进从印度到本国的贸易，然后再从本国到海外，使英国臣民获得大量就业岗位，王国因此而富裕，府库充盈，包括货物与现金。"[①] 托马斯·孟总结称，出口贵金属并不会耗尽英国的资源，反而意味着可以在更接近原产地的地方购买海外商品，进而降低英国消费者需要支付的价格，将利润留在英国。

有意思的是，托马斯·孟选择用价格数据来证明自己的观点，更令人惊讶的是，他如此一心一意地关注"财富"。在当时的英语中，"财富"多指贵金属，主要包括金、银及钱币（英国的钱币，不管是便士还是先令，大多以银铸造；通过托马斯·孟的数据可以推测，英国大概只有 2% 的钱币是用黄金铸造的）。因此，当托马斯·孟提到"财富"时，他特指的是白银，这是斯图亚特

[①] Mun, *Discourse of Trade*, 290–291, 293.

王朝时期英国的国际交换媒介，如同明代中国的情形一样。托马斯·孟的计算表明，无论对于英国还是中国的商人，白银都同样重要。和中国一样，英国也不是主要的白银生产国，但与中国不同的是，世界对英国生产的商品的需求量不如英国人对亚洲商品的需求量那么大。然而，产不产银并不重要，重要的是用白银打入全球贸易网络的能力。无论是东印度公司的董事，抑或明朝商人，无论是进出口白银的哪一方，都要确保自身能从白银贸易体系中获利。如果没有在包括美洲在内的多个地点广泛开采和精炼白银，那么明朝商人就不可能像现在这样将中国商品销往海外获取利润，正如东印度公司的商人如果没有白银，也不可能像现在这样在商品贸易中获利，尽管这两者的进出口方向是相反的。

在这个贸易体系中，白银和黄金的价格并不恒定。在明代中国，金银的兑换比大约为1∶5。[①] 其他经济体对黄金的定价则要高于中国。欧洲的金银兑换比大约为1∶12。日本与晚明时期的兑换比接近，这部分是因为其扩大了白银产量，部分又是因为来自其他地区的兑换比所形成的压力。因此，诚如万志英所说，明代中国流入了白银，却流失了黄金。[②] 中国制造的商品物美价廉，广受欢迎，白银交易产生的套利利润进一步增强了海外买家的购买欲望，汇率又进一步推高了这种狂热。

我们现在把焦点转回中国，从明廷通过朝贡体系垄断对外贸易的阶段开始，这种垄断本质上是皇室对海外贸易利益的垄断，与伊丽莎白一世与伦敦富豪们共享垄断的策略截然不同。

[①] 洪武时期官方规定的金银兑换比即1∶5，到了万历年间，葡萄牙人报称黄金的价值略高，兑换比为1∶5.4，如果黄金纯度高、成色足，最高兑换比甚至可达1∶7。具体可参见Boxer, Great Ship from Amacon, 179, 184。

[②] 万志英：《财源》，第125—133页。

朝贡与贸易

在以白银为基础的海上贸易网络出现之前，明廷管理对外关系的制度被称为"朝贡制度"，突出其中的政治功能。这一制度规定了番邦首领派遣使节、携带贡品进呈皇帝的一系列礼仪，以及如何安排使臣回国，并予以应有的待遇与赏赐。在这一制度下，使节往返的成本相当大，他们需要带来符合皇帝眼光的方物来进呈大明皇帝。当然，这对明朝来说也是一种负担，因为使节在明朝居住期间的所有费用都须由明朝承担，此外明朝还要回赐价值不低于贡物的礼物。这种不平等的礼仪要求使朝贡方一开始就处于不利地位，但之所以还能在一段时间内被接受和维系，是因为番邦民众期望使节能从中国带回远超他们进贡方物价值的回赐礼物。

负责运行和管理朝贡关系的机构是礼部。然而，由于朝贡与进口商品等事务有利可图，该部经常与代表皇室的内府发生争执，后者在明初几十年内逐渐掌握了关税的征收管理大权。负责海外贸易及关税管理的机构是市舶司，通常由宦官提督监理。使节和商人皆须通过市舶司这一国家垄断机构与明朝建立联系，并为获得在明贸易特权而支付相关费用。明朝最初设立的市舶司在长江入海口附近的太仓。1370年，长江入海口附近的私商变乱法度，迫使洪武皇帝罢掉太仓市舶司，后将市舶司转移至沿海的宁波、泉州、广州三处。浙江宁波的市舶司主要接待日本使节，福建泉州的市舶司主要用来接待琉球使节，而广东广州的市舶司则主要接待"西洋"船只，这里的"西洋"是指从南海往西到印度洋的海域。1523年，日本细川氏和大内氏两使团在宁波市舶司发生争执，引发冲突，宁波市舶司关闭。此后，与日本的官方贸易近乎禁止,直到明亡。随后,在嘉靖皇帝的海禁政策中,泉州市舶司也被关闭,只留下广州市舶司来接待、管理海外商人和商品。[①]1964年,韦眷墓被发掘,考古专家在其中发现了三枚外国银币,两枚来自孟加拉国,一枚来自威尼斯。韦眷于1476年到1488年间任提督广州市舶使,出土的外国银币表明,即使在15世纪,也有外国人带着外国现钱来中国购买商品。[②]

外国使节来华朝贡,既要完成本国的外交任务,也要完成商品贸易的经济任务。每个人都能理解这种需求和安排,即使比较保守的官员希望情况并非如此。总的来说,外交方面的要求胜过贸易方面的考虑。例如,1447年,朝廷严禁向外国使节出售青花瓷,违者处死,借此确保朝廷垄断价格高昂的青花瓷的赏赐特权。[③]虽然中国法律要求外国使节要向皇帝进贡方物,但这些贡品亦非免费的"礼物",朝廷通常会通过赏赐的方式支付商品对价。关于使节的官方记载,零星地保存在《大明会典》中,其中多次提及使节贡品"俱给价"。[④]

确定双方都觉得公平的价格存在难度和挑战,礼部在1526年就遭遇了这种情况。彼时印度洋港口国家鲁迷使臣来贡,希望能与明朝进行贸易往来。但根据进贡规定,鲁迷使节必须向皇帝进

[①] 沈德符对于市舶司的详细记载中唯缺泉州市舶司,可能是因为嘉靖年间泉州市舶司被罢废。具体可参见氏著《万历野获编》,第317页。
[②] 广州市文物管理处:《广州东山明太监韦眷墓清理简报》,第282页。其中便提到随葬品中有一枚威尼斯达克特,可能是15世纪晚期由帕斯夸尔·马利皮埃罗总督发行。
[③] 王光尧:《明代官廷陶瓷史》,第224页。其具体禁令,可参见丘凡真:《吏文译注》,第70—71页。
[④] 我更倾向于所谓"给价"不是使节自己提出的价格,而是礼部所定的公平价格。具体可参见《大明会典》卷111,第7b—10a页。

呈狮子、犀牛，以及该国所产的奢侈品，如玉石等物。使节自然照例带来，但使节同时还带来大量铁锅，这些铁锅却不在进贡皇帝的名单上。这些锅给礼部带来了一些小麻烦，因为礼部不知道其价如何。更麻烦的是，大约在三十年前，朝廷已经制定新的进贡条例，对贡品做了限制，从而控制朝廷需要支付的对价规模。未在规定范围内的贡品，如铁锅，不准呈献皇帝。礼部建议嘉靖皇帝采取宽容态度，将使节此举当作不熟悉新规而网开一面，接受使节的贡品。但当使团首领告诉嘉靖皇帝，他带来的贡品总价值超过 23000 两，且往来需要七年时间（这两点都是夸大的说法，目的是向明廷索取更多赏赐）时，嘉靖皇帝反问礼部应如何区处。礼科给事中及御史皆对此表示不满，认为鲁迷使节来朝并非真心归顺，而是"贾人规利之事"。一吐为快之后，他们最终也建议皇帝接受这些贡品，庶免纷争。但同时也要敕谕来使，下次进贡不得带来条例以外的物品。嘉靖皇帝最终照旧根据贡品价值回赐使节（没有铁锅的价格记载），同时要求他们再次朝贡时必须遵循新的条例。但事实证明，此后鲁迷再未遣使朝贡。[①]

因此，在朝贡体系内部，价格同样重要。15、16 世纪之间，越来越多的使节向中国商人出售商品。这并非明廷喜欢的做法，只是明廷勉强容忍。诚如《明史》所载，明朝禁止外国人向中国人出售商品的目的是"通夷情，抑奸商"[②]。要使这一目的得到实现，其中一种方法是设定价格。无论使节带来什么东西，也无论这些东西是官方贡品还是私人商品，它们都会在开放市场中被

[①]《明世宗实录》卷 68。当然，文献中的"铁铧"也不排除是铁铧刀之意，根据上下文义很难完全确定其具体意思。
[②] 张廷玉:《明史》，第 1980 页。

"给价",以确保"两平交易",这样既避免纠纷,又能维护中国的道德权威。①为了让公平价格更清晰,在15世纪末,弘治皇帝还曾要求内府制定价格表,并根据该表"酬其价值"。这一清单载入《大明会典》中,其序言明确要求使节不得贩卖私货,如被发现,将予没官。但现实中人们往往睁一只眼闭一只眼,幸门大开,大量外国商品从漏洞中流入中国。②

尽管双方都为定价问题感到头疼,但贸易带来的压力更不容情。明朝生产的商品,无论东亚或东南亚各国皆想购买,明朝商人也希望能出售到这些地方。到了15世纪末,非法走私的贸易量已经超过在朝贡名义下所允许的合法贸易量。并非所有官员都对此感到满意。1493年,两广总督闵珪奏请弘治皇帝,希望严厉打击未经奏报有司便擅自登陆的"夷船",且这些"夷船"来华时间并不符合朝贡要求的每两到三年一次的进贡时间。然广东水师并未能完全掌握大量涌入的"夷船"数量。由于军费有一部分来自市舶关税,而走私无疑会损害市舶收入,因此弘治皇帝将闵珪的奏议转送礼部征求意见。礼部的回呈意见对朝贡体系表现得非常不热忱,甚至建议将其废弃。礼部承认,从原则上讲,宽松的边境政策并非好事,因为这会鼓励更多的"夷船"进入明朝水域。但另一方面,如果对海外贸易管理过度严格乃至扼杀其交通,亦会造成严重的经济损失。基于此,礼部建议朝廷仍以"柔远"为基调,容忍外国人并保持适当距离,但同时又确保为国家提供充足的商品供应。换句话说,礼部希望皇帝不去干预、限制贸易,任其自行发展。既然既定税收之外很难再征收到新税,则明智之

---

① 《大明会典》卷111,第7b、8a、9b、10a、15b、16a页。
② 《大明会典》卷113。

举是什么都不去做。只要不采取行动,沿海地区的民众或能从这些贸易中得到一些经济利益,也不会因此严重损害国家的预算或安全。弘治皇帝然其说,没有做出任何改变。[1] 这大概会让闵珪十分生气。

有人希望通过限制贸易来控制贸易,自然也有人希望开放贸易,并对贸易收益征税、分配财富。这两派观点的斗争在 16 世纪愈演愈烈。二者的分歧通常与对国家安全的理解有关,而非对贸易本身存在深刻偏见。随着抵达广东海岸的"夷船"(其中包括葡萄牙船只)越来越多,该地压力也越来越大。基于此,1514 年朝中引发了一场争论。广东布政司参议陈伯献率先发起争论,试图控告该司长官对"夷"过于宽容。他引用了弘治皇帝允许非官方交易的物品:"岭南诸货,出于满剌加、暹罗、爪哇诸夷,计其产,不过胡椒、苏木、象牙、玳瑁之类,非若布帛菽粟,民生一日不可缺者。"陈伯献对非生活必需品的态度带有儒家色彩,这方便他掩盖其真正焦虑的地方,即这些产品代表的并非中国人的日常消费习惯,反而"遂使奸民数千,驾造巨舶,私置兵器,纵横海上,勾引诸夷,为地方害",最终对国家安全构成巨大威胁。[2]这场始于 1514 年的政策争论,肇因于地方官员认为葡萄牙人在南海行为失当,到了 1521 年皇帝驾崩时,朝廷中反通商的官员已经占据上风。而就在 1523 年,宁波市舶司罢废。两年后,1525 年,嘉靖皇帝实行海禁,要求片帆不得下海。直到 1567 年他结束统

---

[1]《明孝宗实录》卷 73,第 3a—3b 页;《明史》,第 4867—4868 页;卜正民:《挣扎的帝国:元与明》,第 222—223 页。
[2] 陈伯献于 1514 年 6 月 27 日的奏疏,载《明武宗实录》卷 113,第 2a 页。转引自 Brook, *Great State*, 156. 全文具体可参见 Brook, "Trade and Conflict in the South China Sea," 26—29。

治,海禁一直得到贯彻实施。但在福建南部沿海地区,尤其是泉州和漳州,要求重新开放海禁的压力越来越大。这种压力正在产生影响的一个迹象是,1567 年 1 月 17 日,在明末主导着进入南海的海上贸易的漳州月港置海澄县。六天后,嘉靖皇帝驾崩,海禁终于撤销了。

一代人之后,白银通过海上贸易网络大量流动,文人沈德符在万历年间回顾海禁,认为这项政策非常糟糕。海禁不仅剥夺了国家弥足珍贵的海关收入,还剥夺了沿海民众致富的机会,迫使沿海富商与走私者勾结。即便有这种认识,福建的精英士人仍在是否应该开放海禁的问题上存在分歧。泉州、漳州的士绅土豪们因从海外贸易中获益良多,极力主张继续开放贸易,而稍往北的靠海州府福州、兴化等地的士绅土豪们则对前者大量涌入的私人财富心存疑虑,希望朝廷重新禁海。沈德符支持开放海禁的一派,重开海禁使得法律规定重新与实际情况保持一致。[①] 尽管朝廷摇摆不定,时而对海上贸易加强监督,时而则对此加以限制,但总体而言,即便出现了限制,中外海商皆能找到绕开它们的方法。嘉靖皇帝驾崩后,贸易总体呈现扩大趋势,其中一项证据是在福建一带的考古发掘中经常会出土彼时西班牙殖民地的货币比索(peso,1 比索等于 8 雷亚尔)。[②]

尽管海禁放宽了,但明朝军民未经官方许可亦不得私自离境,否则以违法论 —— 很少有人得到官方许可。对明朝而言,私自离

[①] 沈德符:《万历野获编》,第 317 页。
[②] 泉州市文物管理委员会,泉州市海外交通史博物馆:《福建泉州地区出土的五批外国银币》,第 373—381 页。据张燮所说,彼时马尼拉流通的最大银币叫"黄币峙",字面意思实际为"金比索",价值约 0.75 两白银。具体可参见《东西洋考》,第 94 页。

境意味着叛国。外国商人同样不能自由地在中国境内做生意。因此，晚明时期几乎所有的国际贸易都在离岸区域进行：如日本九州的长崎和平户，吕宋岛的马尼拉，马来半岛的北大年、马六甲，爪哇岛的万丹、雅加达（荷兰人称为巴达维亚），等等。这只是枚举环中国东海、南海周围的活跃贸易点。这种离岸贸易的一个例外是澳门，广东官员允许葡萄牙人在这个位于珠江口的小半岛登岸，并允许他们在此地修缮船只、获取补给。1557年，葡萄牙人借机在此建立了一个小港口，并与当地的供给者建立联系，澳门在新兴的全球贸易中成了一个关键节点。

随着万历时期贸易往来激增，舆论逐渐转向了对海外贸易有利的方向。1567年海禁部分解除后，张瀚成为新任两广总督，他对贸易的作用亲有体会。他撰写的长文《商贾纪》（可能写于16世纪80年代）指出了万历时期中国的经济地理格局。在文章的倒数第二部分，他讨论了东南沿海的贸易，并不时在假想中与反对通商者进行辩论。[①]张瀚写道："若夫东南诸夷，利我中国之货，犹中国利彼夷之货，以所有易所无，即中国交易之意也。且缘入贡为名，则中国之体愈尊，而四夷之情愈顺。即厚往薄来，所费不足当互市之万一。"张瀚在此有些夸大其词，但他的观点是强调私人贸易规模远比朝贡规模更大，且在经济上更重要，乃发展不可阻挡之潮流。他又写道："况其心利交易，不利颁赐，虽贡厚赉薄，彼亦甘心。"最后，张瀚用一个古老的成语"藏富于民"来表达贸易的财富应在商人手中，而不是被国家垄断。他还认为，如果能够开放贸易，那么沿海的治安也可得到有效改善。他写道："岂知夷人不可无中国之利，犹中国不可无夷人之利，禁之使不得

---

① 张瀚的文字转引自 Brook, "Merchant Network in 16th Century China," 206–207。

通,安能免其不为寇哉?"以此观之,唯一合理的政策也就是接受现状。张瀚最后强调,"海市一通,则鲸鲵自息"。

从张瀚的观点看,朝贡制度是前海洋时代遗留下来的过时政策,万历时期所面临的现实是,私人贸易的规模已经超过了朝贡贸易。中国商品出口海外,外国白银流入中国。张瀚据此认为,只要开放通商,民众自然能从中获益。

南海贸易中的价格问题

当欧洲人穿越印度洋,来到南海进行贸易时,澳门是连接中国内地与欧洲的第一个枢纽。1571年,西班牙人占领了马尼拉港,并将其改造为殖民地,建立了第二个将中国与墨西哥、秘鲁的白银和市场直接联系起来的外贸枢纽。至此,以澳门、马尼拉与漳州月港为贸易点建立了贸易大三角,并通过这些贸易港口与东南西北各方向更远的港口相连,至少在理论上已经将中国与全球所有海洋国家连接起来。

早在1565年西班牙人首次进入菲律宾海域之前,中国海商就已经与马尼拉进行了几十年的贸易往来。当西班牙人到来时,中国海商很快就判断出西班牙人想要购买什么商品。在价格交涉的过程中,中国商人谨慎仔细地了解西班牙人所需的出口产品,比如提炼白银所需的汞在美洲的售价,以免自己所售价格过低。到1572年时,满载中国商品的海船从月港驶出。接下来一年里,月港与马尼拉之间的贸易全面展开。[①] 不难想象,贸易开始之后,违

---

① Lee and Ortigosa, "Studies on the Map *Ku Chin Hsing Sheng Chih Tu*," 6. 氏著引用了 Gaspar de San Augustin, *Conquistas de las Islas Filipinas*。

反约定、拖欠货款的情况就不可避免地出现。中国商人开始向马尼拉的西班牙当局投诉。今天我们有幸在西班牙塞维利亚的一个档案馆里看到一份1575年左右的文献，上面列出了中国商人运送的货物的价格，但他们没有获得付款。该文献中提及的价格并非没有模糊之处，但它们对于我们了解马尼拉的价格体系提供了有益的认识。①

表3.2（见附录C）列举了西班牙买家未向中国商人付款的二十五种商品的价格，我可以找到这些商品在中国国内的大致可比价格。糖跟牛都是马尼拉本地生产的，比中国国内便宜。② 白面、胡椒、牛犊以及鞋子的价格与中国相当。白面是当地碾磨的，牛犊是当地饲养的，鞋子在两个经济体中都很容易生产，因此价格相同。马尼拉和漳州的胡椒价格差别不大，是因为胡椒原料必须从菲律宾南部的香料群岛运抵这两个港口，两港皆无特殊优势可言。③ 除此之外，其他商品的价格在马尼拉都要高于中

---

① "Cuentas de las primeras compras que hicieron los oficiales de Manila a los mercaderes Chinos"（《马尼拉官员首次向中国商人购买商品的记录》），再版载于 Gil, *Los Chinos en Manila*, 561-567。原始文献则保存于 Caja de Filipinas: Cuentas de Real Hacienda, Archivo General de Indias, Sevilla（ES.41091.AGI/16/Contaduria 1195）。感谢严旎萍协助转写和解释。但该文献还无法证明"taes"（即"taels"）与"maes"（即"mace"）之间可以与明朝的白银计价单位"两"和"钱"精确对应。问题就在于，彼时马尼拉的 mae 和 tae 的兑换比例为 16∶1，而钱与两在福建的兑换比例则为 10∶1。当然，不久后，马尼拉方面的兑换比例也变成了 10∶1。
② 1569年，一份由西班牙语写成的马尼拉文献称当地米、猪、羊、牛的数量充足，价格低廉。具体可参见 letter of Martin de Rada to the Marquis de Falces, reprinted in Filipiniana Book Guild, *Colonization and Conquest of the Philippines by Spain*, 149。
③ 在关于印度洋贸易经济的研究中，Sebastian Prange 提出胡椒在印度洋贸易中的作用，类似于白银在太平洋贸易中的作用，或糖在大西洋贸易中的作用。具体可参见"'Measuring by the Bushel,'" 235。据此可以认为，胡椒在整合南海经济圈方面发挥的作用仅次于白银。

国国内。丝绸、陶瓷的价格大多在马尼拉贵了1倍，只有最廉价的陶瓷的价格差距较小。家具更贵，但差价在50%左右，没有翻番。这种差价或表明中国的家具商人早在16世纪70年代中期就已经在马尼拉开展业务了，为新来的西班牙人建造房屋和添置家具的热潮吸引了中国家具商人。早在1575年，马尼拉和中国国内的商品价格就开始趋于一致，双方生产的基本日用品价格几乎持平。这种价格趋同使中国商人能够知晓应把哪些有附加值的商品从中国运往马尼拉，西班牙商人也能够以高于中国国内市场，但又不至于过高的价格在马尼拉购得中国商品。这种定价体系反过来又使西班牙商人能够在美洲或西班牙转售这些商品，并期望从中获利。

第二份文献来自东印度公司，这些文献使得我们可以同时对南海四周的若干港口进行研究。17世纪之初，第一艘东印度公司的船只抵达南海。此时，对东印度公司而言，首要任务是确定商品价格及货币兑换比率，以便了解公司应在此经营何种商品，以及应往何地经营商品才能获利。公司船队的指挥官被要求汇编这些资料信息并带回伦敦。约翰·沙利思即为其中一员。沙利思并非出身名门，他从公司底层员工的位置步步攀爬至今。从1604年到1608年，他在爪哇的万丹工作，最终成为英国在万丹的业务负责人。英国人选择将这个贸易港作为他们在该地区开展业务的基地。彼时万丹的统治者是一个穆斯林，但商业活动则为中国人主导，其中大部分来自福建。万丹的四年经历使沙利思对当地经济及贸易条件有了深入了解。1609年，在返回伦敦的途中，沙利思准备了一份关于商品价格的报告，并对爪哇万丹及婆罗洲苏卡达纳的贸易提出了建议。这份报告是他争取晋升并得以返回南海的努力的一部分。他成功了。1611年，沙利思得到了不同寻常的晋升，成为东印度公司第八航次指挥官，并于1613年从伦敦出发开始航行，最远到达了日本。1614年回到英国后，他撰写了第二份关于商品和价格的报告，这一次则更侧重报告对日贸易。他的报告显示，中国的海外贸易中，纺织品出口占了主导地位，这意味着它们在推动中国出口增长中发挥了压倒性的作用，其次才是瓷器。香料以及香木也在贸易中占有重要位置。沙利思用这两份报告相当全面地勾勒了东亚市场交易中大宗商品交易的全貌。[①]

表3.3（见附录C）列出了沙利思在万丹、苏卡达纳和日本九

[①] Purchas, *Purchas His Pilgrimes*, 3：504–519; Saris, *Voyage of John Saris*, 202–207. 使用沙利思数据的挑战性在于对货币单位和其他重量单位、计值单位进行分类。不同港口之间的计算单位是不一样的。例如，纺织品的计量单位就有英尺、码、hasta（即0.5码，约手肘到中指指尖的长度）、sasocke（即0.75码）、匹（1匹为112码）、件（1件有为13码的，有为12码的，也有为9码的）以及Flemmish ell（这个单位没有明确的长度，但我估计约等于45英寸），此外还有计重单位"担"。香料以cattie或bahar计重。在特尔纳特，1 cattee等于英制的3磅5盎司，1 bahar等于200 cattee。如条目中有，在特尔纳特是19 cattee的商品，在万丹则等于50 cattee。然而，万丹的10 cattee等于1 uta，10 uta等于1 bahar，到了班达，1小bahar等于10 cattee mace，或100 cattee nut。1大bahar mace等于100 cattee，或1000 cattee nut。而1 cattee等于英制的5磅13.5盎司。各地价格变化很大。具体可参见Purchas, *Purchas His Pilgrimes* 3:511。为了建立较为一致的单位，我根据沙利思的记载重新进行估算。他说，中制1两等于英制1.2盎司（即36.9克，接近本书所用1两等于37.3克的重量），也等于西班牙银币中1.35个8雷亚尔。但这一重估也非尽善尽美，因为沙利思还指出，在万丹，爪哇制9两要等于中制10两。沙利思对这两个单位的"两"进行统计，最终认为中制10两"恰好"等于爪哇制6两。但从其他涉及兑换比率的史料数据看，这里的"6两"可能为"9两"的讹误。白银与钱币的计重变化意味着兑换存在套利空间。沙利思建议前往苏卡达纳的商人先到班贾尔马辛停靠一下，"在那里3 cattee就可以换到1马六甲两，即9个8雷亚尔。据我可靠的消息渠道，这几年马六甲两价值连城。你可以拿着这些钱到苏卡达纳换取钻石，1两（计重相当于1.875个8雷亚尔）即可换4 cattee钻石。这样每两就可以赚到0.75个8雷亚尔银币。"

州岛的平户三个港口的价格表中的二十件商品的价格。除了这些数据，我还增加了其中十七件我能找到的商品的中国国内价格。这些数据首先表明，与马尼拉的情况一样，出口商品在国内的价格要低于海外贸易中的价格。有趣的是，其中也有几项例外，如以下三种商品：檀香木（一种香木）、牛黄（一种入药的牛的干燥胆结石）以及胡椒（必须从东南亚进口，国内价格没有任何优势）。尽管檀香木和牛黄在中国以外的价格一直较低，但胡椒的价格千差万别。作为进口胡椒的主要港口之一，胡椒在漳州的售价只有每斤 6 分 5 厘白银。在万丹，每斤售价为 3 分 7 厘到 3 分 8 厘之间，而在平户，售价却高达 1 钱。沙利思谨慎地指出，只有"来货不多"时，平户的价格才会被推高至此。第四种例外的商品是汞（水银），平户的售价与广州的售价一致。汞是提炼白银的重要原料，在这个以白银为基础的贸易网络中需求量极大。广州和平户的汞价都是每斤 4 钱白银，这表明对汞的需求是国际性的，至少是区域性的，而不是地方性的。[1]另一个例外是铁，万丹和平户的价格比沈榜记载的北京价格要低。这种价差较为反常，或者与铁的成色有关。沈榜所购的铁成色较佳，毕竟是衙署为铸锅所需。而沙利思所购的铁可能成色欠佳，所以价格较低。

表 3.3（还是在附录 C）的第二点启示是，价格不仅在中国和更大的南海经济体之间存在差异，而且在整个地区也存在差异。总的来说，在沙利思的价格表中，苏卡达纳的价格最低，当地的供应商也要比另外两处少一些。平户的价格最高，此地距离南海

---

[1] 我还注意到另外一处的水银价格，即在澳门，每斤水银为 0.53 两白银。具体请参见 Boxer, *Great Ship from Amacon*, 180。欧洲买主在此竞价水银，可能是澳门水银价格上涨的原因。

其他港口也最远，因此整合程度不如其他两地。位于这两个极值中间的是万丹，许多贸易据点落脚在此，此地也成为通往印度洋的纽带。商品之中，生丝价格是个例外。生丝在平户的售价要比在苏卡达纳或万丹的售价低四分之一，可能是因为日本本土有庞大的丝绸产业。相比之下，其他两个港口的价格是相同的，或许这可以成为国际贸易网络中价格一体化的另一个证据。

将中国国内价格与沙利思的价格进行对比，可以发现哪些中国产品在海外贸易中有利可图。价值较低的商品，如沙（砂）糖、蜂蜜、铜等，可以以较高的价格出售，但国内外差价不超过100%。真正脱颖而出的是纺织品。素绫纱的价格是中国国内价格的2倍，黄绫的价格是国内价格的3倍，缎的价格则高达5到10倍。这些都是欧洲商人特别想要购买的商品。

我们如果回到一个世纪之前，从葡萄牙人第一次进入印度洋时所见的价格入手，就有可能从更长时段来审视沙利思所发现的价格差异。1499年，达·伽马第一次到达印度洋之后，他的一名船员（可能是维利乌）编纂了一部关于印度各"王国"的记录，其附录中就有对这些价格的记载。附录记载称，这些数据来自一位在印度经商三十年的亚历山大港商人。[1] 维利乌梳理了十六种在地中海东部（开罗和亚历山大港）和东南亚（暹罗的大城府和

---

[1] 维利乌（Velho），*Le premier voyage de Vasco de Gama aux Indes*, 111–116。其价格是以每担多少克鲁扎多（cruzado）计价的。15世纪开始发行克鲁扎多时，它的价值是324雷亚尔。假设1雷亚尔银币值3.3克白银，那么1克鲁扎多所值白银就大约为1.07千克。根据马欢记载，卡利卡特一个古老的葡萄牙铜壶重约94 cattee，或56公斤，尽管这个数字看起来可能略低于其标准重量。具体可参见Prange,"'Measuring by the Bushel,'" 224n41。对亚历山大港价格的关注和记录，反映了葡萄牙人有野心想要取代威尼斯商人，成为亚历山大港与亚洲商品贸易的主宰者。具体可参见Cook, *Matters of Exchange*, 11。

马来半岛的北大年）之间进行贸易且能获利的商品，而这个贸易网络的中心节点是马拉巴尔海岸的卡利卡特。维利乌有时候会直接记录价格，但更多地记载了商品的差价。例如，在亚历山大港，缅甸丹那沙林的苏木的售价与原产地之间的差价比是 17∶1，来自马六甲的丁香售价差价比则为 20∶1，来自勃固的黑安息香售价差价比是 21∶1，而来自北大年的紫胶售价差价比则为 31∶1。同样位于马拉巴尔海岸的卡东加卢向亚历山大港运输胡椒，其差价比就相对较小，仅为 4∶1。尽管利润较小，但欧洲的胡椒市场相对庞大，如果能够大量运输，利润同样不菲。

一个世纪后，当英国人来到印度洋和南海时，这些巨大的价格差消失了。也就是说，南海和印度洋的贸易增长是惊人的，航运力和生产能力也相对增加。与维利乌在马六甲关注到的胡椒价格（每英担 3.6 克鲁扎多，相当于每斤 1 两 2 钱）相比，在万丹的沙利思支付的胡椒价格只有该价格的 3%（每斤 3 分 7 厘到 3 分 8 厘）。另外，日本的胡椒价格高达 1 钱，那么只要可以大量购买胡椒并将其运到日本，就仍然可以获取差价利润。①

葡萄牙商人是第一批加入印度洋海上贸易体系的欧洲人，他们也是第一批进入南海贸易体系的人，并在中国沿海建立了一个贸易站。这个位置使他们更加靠近货源，以及他们需要知道的价格信息源，以便他们预测能在其他地方加以利用的差价。由于这些原因，葡萄牙人受到了竞争对手的密切关注，尤其是西班牙人。尽管在 1580 年至 1640 年间，西班牙和葡萄牙王室曾短暂联

---

① 同时出现在沙利思和维利乌罗列的价格清单上的其他商品，也呈现出类似的价格下跌趋势：日本苏木的价格只有丹那沙林售价的 3%；日本肉豆蔻的价格亦跌至马六甲的 1.4%；万丹的安息香价格则只有大城府旧价格的 66.7%。

盟，但澳门和马尼拉的经济仍是分开的。不少西班牙人向其国王施压，要求改变这种局面，实现经济一体化。来自马德里的商人佩德罗·德·巴埃萨就是倡议者之一。他花了二十几年的时间在马六甲、马尼拉和长崎等地周旋，为西班牙开展商业谈判。1608年，巴埃萨告诉国王，随着欧洲北部的新竞争者进入该地区，葡萄牙和西班牙（以其殖民统治的澳门和马尼拉为幌子）必须进行沟通合作。[①]澳门的葡萄牙人应该和马尼拉的西班牙人共享优势，特别是从中国获取商品和包括价格在内的商业情报。

历史学者查尔斯·博克瑟推测，塞维利亚档案馆中有一份未署名的西班牙语备忘录，其作者很可能就是巴埃萨。这份备忘录列出了葡萄牙商人从澳门出口到日本和印度果阿的商品及其价格。该备忘录的条目首先记载了从广州或澳门的商品买进价，然后是销售价格，首先是向东贩至长崎的价格，后面则是向西贩至果阿的价格。[②]从这些数据看，贸易的回报率从40%到300%不等，中间值约为100%。其中，黄金的回报率最低，贩至长崎只有40%，贩至果阿则有80%—90%。丝织品在两个市场的回报率都是70%—80%，在长崎，丝棉混纺的产品回报率可高达100%，比果阿需求更盛。至于瓷器，两个市场的回报率都是100%—200%。总之，葡萄牙人从澳门运出的大多数中国商品，无论是运往南海贸易体系或印度洋贸易体系的港口，价格都能上涨1倍。葡萄牙人通过供应商在广州采购商品，中间难免需要支付一定附

[①] Torres, "'There Is But One World,'" 2.
[②] Boxer, *Great Ship from Amacon*, 179–184. 博克瑟将该文献的日期推定为1600年，但我更倾向于将其日期推定为1608年，这就是1607—1609年间，巴埃萨向官廷提交的关于东亚贸易的报告。具体可参见Torres, "'There Is But One World,'" 13nn2 and 6.

加费用，但考虑到远洋贸易的回报，这种费用可以接受。无怪乎西班牙商人要游说西班牙国王破除澳门与马尼拉之间的贸易屏障。然而，出于政治原因，这种屏障仍旧存在。诚如巴埃萨所预测的，更紧迫的是，随着其他欧洲商人陆续出现，葡萄牙人作为首批参与者所享有的优势被削弱了。国外需求的增加将产生价格上涨的短期效果，长期效果则势必会刺激生产，推动单价下降。

值得注意的是，同样的价格涨跌过程似乎也在中国国内出现。利玛窦在北京注意到了这一变化，他住在北京的时候，沙利思正在万丹。利玛窦注意到，国外的商品正在降价。"胡椒、肉豆蔻、沉香及其他类似产品从邻近的摩鹿加岛或其他接壤邻国进入中国，随着供应的增加，它们变得不那么稀有，价格也在下跌。"需求刺激了供应，同时也压低了市场端的价格。不过，国内流向海外奢侈品市场的商品的价格似未受到影响。利玛窦指出，在中国每斤售价1两到3两的高档茶叶，在日本能卖到10两到12两一斤。大黄在欧洲被当作神药出售，1磅就可以获得"几乎令人难以置信"的利润，"在中国国内1钱可以买到，而在欧洲，几乎要花六七倍的金币"才能买到。[1] 在利玛窦看来，在对外贸易的高端市场上，中国国内价格的优势所带来的利润并没有减少。

瓷器贸易中的价格问题

在这个市场中，我们可以从荷兰的档案中密切追踪到一种商

---

[1] 转引自 Gallagher, *China in the Sixteenth Century*, 16–18。我把加拉格尔（Gallagher）用的"磅"与"金币"换算成"斤"和"银两"，因为黄金在明代中国不属于货币。

品，那就是瓷器。几个世纪以来，瓷器一直是中国主要的出口商品，以至于在许多语言中，"china"成了中国的代名词（阿拉伯语中为 sīnī）。随着中国生产能力提高与欧洲通过贸易联系进一步产生的需求上升，明朝的瓷器产量稳步提高。正如耶稣会教士毕方济向他的中国朋友所说的那样："中国之丝与磁器，万国所无也。"[①] 早期对欧洲的贸易中，香料与丝绸皆为主要运送货物。17世纪初，欧洲北部对明朝瓷器的热忱开始高涨，商人们自然也知道应该增加货舱中的瓷器数量。[②] 随着荷属东印度公司加大对中国瓷器的采购，万丹的中国商人开始与荷兰人合作，确定最适合欧洲市场的瓷器款式、质地和数量。中国商人的反应如此之快，以至于荷属东印度公司很快发现这一市场已经供过于求，到了1616年，万丹的瓷器价格已经降到不及去年的一半。该司最终经手的瓷器多达数百万件，且不仅仅售往欧洲市场。1608年到1657年间，该司仅向欧洲就运送了300多万件瓷器，但与该司从巴达维亚购买并转售其他东南亚港口的1200万件瓷器相比，这一数字相形见绌。[③]

荷兰留下了大量丰富的瓷器贸易数据，然而，诚如荷兰历史学者泰斯·沃尔克在他关于这一贸易的开创性研究中所指出的，这些数据是"现代统计学者的梦魇"，因为批发价格与零售价格、单件价格与批量价格、各种不同的货币价格单位，加上语焉不详的运输成本与装卸成本，使所有数据复杂无比。即使如此，沃尔

[①] 转引自张怡：《玉光剑气集》，第1010页。毕方济，字今梁，张怡在书中用的是他的字。

[②] Brook, "Trading Places," 74.

[③] Volker, *Porcelain and the Dutch East India Company*, 24–26, 35–45, 227.

克仍从中确定出简单的小件瓷器的数据,如茶杯、碟子等成本约为1分,碗为2分,更大件的瓷器则为3分或4分。做工精致的瓷器,如水壶等,成本则在2钱5分到3钱5分之间。波斯风格的瓶子或姜罐等特殊瓷器,成本大多在1两以上乃至更多。例如,荷属东印度公司在1639年所购买的178个姜罐,单价成本正好超过2两。荷属东印度公司支付的价格略高于国内的价格,尽管大部分(如果不是全部的话)附加费都用在了运输成本上。1586年,明朝时期第一位赴中国内地的耶稣会教士罗明坚曾到访瓷器制造之都景德镇。诚如人们所料,他发现产地价格更低于广州。[①]将瓷器运抵广州,价格就会提高,再运往国外,价格会再次提高。不过,这种涨幅尚未使荷属东印度公司的购入价与中国国内价格达到明显脱节的地步。荷兰人买到瓷碟的单价是7厘,而沈榜在北京买瓷碟的价格也恰好是7厘。虽然价格相似,但我们无法说两地所售瓷碟的质量具有可比性。沈榜所购茶杯单价为1分2厘,介于荷属东印度公司批发购买的普通泉州茶杯的不同价格——最低售价8厘,最高售价为2分7厘——之间。以沈榜所购酒杯来比较泉州的茶杯可能更好,因为酒杯的价格是5厘。这种比较尽管不太合理,但至少表明,中国商人在将出口货物卖给荷兰人时,售价与国内价格并无太大出入。事实上,沃尔克甚至对他在荷属东印度公司档案中所见到的如此低廉的价格感到惊讶。

从更宽广的视角来看,荷兰人购买中国瓷器虽然花费了大量白银,但算不上巨额。他们的买家倾向于购买市场上的低端产品,以便在交易市场的另一端价格上涨时提高利润率。然而,其他欧

[①] Laven, *Mission to China*, 77–79, citing Ruggieri's "Relaciones" in the Archivum Romanum Societatis Iesu (Jap. Sin. 101).

洲人也在市场的更上游采购。1598年,佛罗伦萨商人弗朗西斯科·卡莱蒂环游世界来到澳门时,花了20两大笔购入650件最优质的盘子和碗。我们如果将这个价格与海瑞的204件总价1两的日用瓷器估价进行比较,会发现卡莱蒂的价格几乎是海瑞的6倍。这可能是一个对不知底价的天真国外买家宰客的案例,尽管更有可能的是,卡莱蒂买到的瓷器质量上乘,远比海瑞给官邸购买的廉价瓷器好得多。卡莱蒂还以14两的价格购买了5件青花瓷瓶,这个价格也远远超过了荷属东印度公司记录的几乎所有购入价,除了该司在1612年于万丹和1636年于台湾(荷兰人曾在此建立了殖民统治以发展贸易)购买的几个大件。或许,卡莱蒂的购买活动证明了,荷兰人虽然大量购买在南海以外的地方可以销售获利的日常用品,但同时他们也活跃在高端市场。[①]

并非所有的中国瓷器都通过海运输向国外。沈德符的父亲在万历时期来到北京任职,因此他年幼时应生活在北京。据他回忆,他曾看到一个商队准备从北京出发,前往亚洲内陆。沈德符说,所有朝贡使节,不管是女真人、蒙古人还是南亚人,都会在回国时选择同一种东西带走。"他物不论,即瓷器一项",沈德符写道。一些使团甚至带着数十辆装满瓷器的大车队从北京出发。据沈德符回忆,他曾在京城北馆看到人夫用一辆推车将大批瓷器装入,数量多至离地足足三丈之高。更令他感到惊奇的是,人夫在瓷器间填满了沙土、豆麦等,然后把这些瓷器一打一打地捆好,洒上水使豆麦发芽膨胀,这样每一件瓷器的空隙就都会被填满,即使整包掉在地上,也不会摔碎。沈德符最后补充道:"其价

[①] 对此,何翠媚认为,虽然17世纪初明朝的出口瓷器中只有16%销往欧洲,但对欧贸易的价值份额占高达50%;"Ceramic Trade in Asia, 1602–1682," 48–49。

比常加十倍。"① 尽管使节花了大价钱，但其国内价格上涨幅度更大，凭此获得丰厚利润几乎没有任何困难，他们与荷兰人同样熟谙此道。

对外贸易对价格的影响

价格具有竞争力的中国商品对其销售市场产生了什么影响？西班牙帝国或者能提供一些有趣的证据。西班牙希望从吕宋和美洲的殖民地中获取经济利益，但这些殖民地之间发展出了跨越太平洋的经济关系，使西班牙本土反难如愿以偿。西班牙试图将美洲和吕宋相互隔离，以确保其中一方的利润不会横向流往另一方，而是回流到帝国首都马德里。然而，太平洋两岸的价差，特别是中国商品东流、美洲白银西流之间的价差，远比大西洋两岸之间的价差大得多。西班牙王室希望美洲白银东流至西班牙本土，并服务于西班牙的消费，而非西流至马尼拉，以换取得以在美洲消费的亚洲商品。以西班牙为中心看待此事，则美洲的消费不仅对西班牙毫无贡献，甚至还阻碍了西班牙对美洲的出口，从而减少了本应回流至帝国中心的财富。

1602年，拉普拉塔河教区主教马丁·伊纳爵·罗耀拉在访问西班牙时，向西班牙国王腓力三世写了一份备忘录，以回应国王向他提出的一个问题。在这份备忘录中，罗耀拉主张维持"印度"地区"依赖并服从西班牙"的重要性，而所谓"印度"地区，主要指的是西班牙的"印度等地事务委员会"所管辖的墨西哥、秘

---

① 沈德符：《万历野获编》，第680页。我相信，这句话指的是使节在北京支付的价格，但也可以理解为他们对出售商品价格的预期。

鲁及其他南美洲殖民地。确保这种"依赖并服从"的方法是加强政治和宗教上的依赖,当然罗耀拉也意识到,西班牙和美洲殖民地之间积极的商业关系对维系这种依赖至关重要。"商业停止,交流也就停止了。如果交流停止了,那么只需要几代人,美洲就不会有基督徒了。"但是,商业总能通过更有利可图的渠道使资源流往帝国之外。"对这种商业和交流造成最大危害的是商业转移……到其他国度去。"① 罗耀拉在谈及商业时,特别提到了西班牙布料在美洲的畅销,而从马尼拉远道而来的中国布料正严重打击西班牙布料的美洲市场。据他估计,每年大约有价值 200 万比索的白银从美洲运抵马尼拉来购买中国布料。② 跨太平洋贸易的结果就是,"所有这些财富最终都落入了中国人手中,而非被带回西班牙,这将导致王室权威的丧失,住在菲律宾的臣民也将受到损害。随着时间的推移,最大的损失终将反噬印度(美洲)本身"。罗耀拉希望国王限制西班牙商人在马尼拉的购买量。他还呼吁全面禁止向亚洲出口白银,以遏制白银在马尼拉造成的通胀。对此,马尼拉的西班牙商人深感绝望。他继续写道:"中国的丝绸和其他商品的价格上涨了。过去二十年,只有吕宋岛上的居民被允许从事贸易活动,他们通常都能获得百分之一千的收益,但现在他们所获只有不到百分百的收益了。"③ 通过减少跨太平洋贸易,减少

---

① "Letter from Fray Martin Ignacio de Loyola," in Blair and Robertson, *Philippine Islands* 12:58–59. 当中一些拼写和句读错误已经更正,内容上修正了一点小错误。虽然伊格纳西奥·德·罗耀拉是耶稣会创始人之一,老罗耀拉的侄孙,但他被按立为方济各会士,而非耶稣会士。
② 六年后,巴埃萨估计每年从马尼拉流往墨西哥的白银约为 250 万到 300 万雷亚尔,是罗耀拉所说数字的五分之一。具体可参见 Boxer, *Great Ship from Amacon*, 74。
③ "Letter from Fray Martin Ignacio de Loyola," in Blair and Robertson, *Philippine Islands* 12:60.

白银向西流动,就可以减少来自美洲的买家,保护在菲律宾的买家,这将恢复后者的生计,同时降低马尼拉本地的物价。若如此调整,还将导致中国布料在墨西哥的价格有所上涨,从而变相加强西班牙布料的竞争力。

罗耀拉的备忘录后还附有两封新西班牙总督加斯帕尔·德·苏尼加·阿塞韦多分别于 1602 年 5 月 15 日及 25 日写的信的摘要。首先,苏尼加记录了利马商人反对对他们在新西班牙和马尼拉之间的贸易的任何限制。"他们认为这种贸易非常必要,一旦停止,就意味着彻底毁掉一切。"商人们认为自己面临的问题不是"从中国带到秘鲁王国的商品",而是西班牙未能确保他们的航运免受英国海盗的侵扰。当然,他们也抱怨西班牙的进口关税太高,在通关时浪费太多时间。此外,从白银离开利马到商品返回之间的周期可能长达三年,且在商品出售之前,利马商人可能还需要一年半的时间来清关。苏尼加总结道:"因此,这笔钱只能在四年当中获得一次利润,而以往同样的时间却能够获得两次利润。"结果,"利马商人以前非常富有,信誉良好,现在却成了债务人",而反过来这些债务又减少了塞维利亚商人的利润。塞维利亚商人却"大声疾呼抵制中国商品,因为他们认为这是造成他们损失的原因"。[①] 利马商人承认,他们当中有的人为了更积极地参加到大帆船的贸易中,没有直接将投资流回西班牙,而是向北转到了墨西哥。他们的理由是西班牙未能提供保护海上贸易所需的基础措施。他们还坚持认为,跨太平洋贸易的影响被夸大了,实际上西班牙运抵美洲的布料要比中国布料多得多。他们之所以用中国布

---

① Zúñiga letters appended to "Letter from Fray Martin Ignacio de Loyola," 12:61–63.

料而非西班牙布料进行贸易，主要因为西班牙船运的投资周期太长，使得其贸易利润远不如与中国的贸易。

利马商人还用另外两种方式证明了他们与中国进行商品贸易的合理性。首先，中国布料无法与西班牙布料竞争，因为"只有极度贫困的人、黑人、黑白混血儿、秘鲁混血华裔、'印度人'（秘鲁原住民）、白人和美洲原住民的混血儿才用中国布料，且这一基数很大"。中国布料，大概是亚麻布或者棉布，其低廉的成本使穷人能够消费得起。换句话说，在美洲有两个市场，一个面向富人和欧洲人，一个面向穷人、奴隶和原住民，几乎没有交叉重叠。商人们也注意到"中国的丝绸被大量用来装饰'印度人'的教堂，教堂因此而变得很体面，而在此之前，由于无法购得西班牙丝绸，教堂光秃秃的"，借此为自己的贸易行为辩护。贸易的结果就是人人皆得发展，"只要货物越来越多，王国的焦虑就会减少，商品也会越来越便宜。由于进口税、关税会随着商品增加而成比例增加，因此国库也将日渐充盈"。基于上述理由，商人们要求"开放与中国的贸易，允许他们每年用两艘船运送100万达克特（约等于中国的'两'）出去，他们将会带着对应的商品"回到利马的卡亚俄港。带回的商品可以卖到600万达克特，为国王带来10%的关税。商人们又温和地让步说，如果国王一定要坚持限制，则他们可以接受50万达克特而非100万的限额。总督也支持这项提议，并认为商人们请求的核心是"中国商品绝不会损害西班牙的商业，对秘鲁本身的好处则毋庸置疑——尤其是对大量穷人和普通人而言。此外，'印度人'的教堂也需要用来自中国的商品来装饰"。①

---

① Zúñiga letters appended to "Letter from Fray Martin Ignacio de Loyola," 12:64–65.

总督苏尼加的第二封信讨论了货币供应问题。他注意到秘鲁"严重缺乏货币",并承认这种短缺"部分原因在于每年为中国提供了巨额资金",但他认为问题出在西班牙王室对铸币的限制上。如果西班牙希望白银能够流回母国,那么它就需要授权秘鲁铸造更多的银币。苏尼加指出,菲律宾总督写信告诉他,马尼拉"商品极为昂贵,因为大量钱币涌入该地"。① 后来的一份记载显示,马尼拉的商品价格上涨了50%。因此,尽管总督认同罗耀拉的担忧,认为"这些钱都流向了异教徒,再也回不来了,对秘鲁和西班牙皆不利,极大地削弱了两国的贸易"。但他建议,为了那些买不起西班牙布料的人的利益,不要限制进口中国布料。

如果不考虑每年货币供应量波动的影响②,则西班牙官员之间的这些讨论表明,中国商人在马尼拉出售的大多并非高端奢侈品,而是随处可见的普通商品,比如素丝织品、棉布等。这些商品在国外市场销售火爆,因为商品价格相当低廉,足以与欧洲产品竞争市场。1641 年,墨西哥北部银矿地区的两位小店主胡安·阿古多和多明戈·德·蒙萨尔韦去世后,从他们的商品清单中找到了中国商品,可以成为中国商品成功获胜的例证。这两位店主的库存显示,阿古多的库存中有 3 码平纹丝织物(中国产,今天称之为

---

① Zúñiga letter, 25 May 1602, appended to "Letter from Fray Martin Ignacio de Loyola," 12:57—75.
② 货币供应量的波动势必会影响价格体系中其他地方的价格,持有这些货币的商人或因此陷入困顿。埃德蒙·斯科特(Edmund Scott)是英国东印度公司在万丹的商馆代理人,1604 年 4 月 22 日,有一艘满载铜钱的中国船抵达万丹,斯科特就观察到了上述现象。这艘船到达万丹后,万丹的铜钱就贬值了。斯科特之所以注意到这个现象,是因为他准备了相当大的铜钱储备,用以在当地购买货物。铜钱的大量涌入自然推高了实际价格,当然也推高了雷亚尔银币的成本。具体可参见 Scott, *Exact Discourse*, E1。

塔夫绸)、2码中国产的白披肩，以及两条用蓝色塔夫绸制成的吊袜带。蒙萨尔韦手中则有5盎司的零散丝绸及1磅捻丝。[①]向西流入中国的白银，最终以合理的价格将中国商品带到了太平洋以东的美洲。直至明朝灭亡前，底层的中国纺织品始终是墨西哥的日常销售商品。

通过这些发现可以表明，与其他地方相比，中国商品的国内价格较为低廉，明朝的商品可以出口到世界各地进行贸易，只要白银供应充足，明朝就能与世界其他经济体建立联系，产生交易，则无论是中国的制造商、出口商，抑或世界其他地方的进口商、零售商，都能从这一链条中获利。

支持贸易

利马商人坚持认为，他们在马尼拉从事的中国商品贸易有利于"人人皆得发展"，并导致"国库也将日渐充盈"。托马斯·孟也同意这种观点，将白银转移到能以最优惠条件购买其他地方所需的商品的市场，再将这些商品运往有需求的市场，并从销售所得的白银超过最初投入的白银这一事实中获利——作为一个从国际贸易中获利甚丰的商人，他深知这一行为的价值，这就是重商主义者的理想：建立从商品交换中增加财富的贸易机制。对托马斯·孟而言，增长的并不仅有公司的利润。他坚信，更多的人能从贸易中谋生，国家也将从增加的税收中获益。

这种支持贸易的论点在这一时期的中国文献中找不到记载，

[①] Boyd-Bowman, "Two Country Stores in XVIIth Century Mexico," 242, 244, 247.

但不是因为这种想法完全陌生，而是公共领域中缺乏表达支持贸易并赋予其合法性的空间。中国商人没有可以对话的公众，他们把观点和账目牢记在心，一旦完成交易就销毁它们，而不是给竞争对手或疑神疑鬼的税吏留下书面证据。反观托马斯·孟，他对于私人利益和公共利益可以得到兼顾的信心，来自一种能够接受二者分离并尊重二者的公共话语氛围。明朝官员却没有这种奢望。在任何允许表达的语境中，公益的美德总要压倒私利的恶。在执行海禁期间，这种两极分化明显加剧。尽管1567年部分解除了海禁，但在万历及天启年间，海禁政策断断续续地修改并重新实施了几次。17世纪30年代，一艘从福建驶向广东的中国船只因违反海禁而被扣押。船上的货物包括价值近1万两的南洋商品，如胡椒、苏木以及轮环藤根（一种药用生物碱原材料），通通被视为违禁品，也就是说，这次贸易被视为违背公共利益转移私人财富的行为。负责记录案件的广州推官颜俊彦发现，有些货物已经变质，但他不愿将变质的商品折价计赃，因为如果不存在其他减刑情节，赃值减少将可以导致从轻处罚。[①] 然而，在晚明时期，也有一些人关注海外贸易，并认为儒家关于义利之辨的基本假设，即公私竞争中私人利益将威胁公共利益的观点，应得到重新考虑。因为有证据表明，贸易实际上可以通过增加全民财富来促进公共利益。

1639年4月，距离大明王朝灭亡还有五年。傅元初向崇祯皇帝上《请开洋禁疏》，要求解除1638年重新实施的海禁。[②] 除了

[①] 颜俊彦：《盟水斋存牍》，第702页。
[②] 顾炎武：《天下郡国利病书》卷26，第33a—34a页。对傅元初奏疏的探讨，可参见张彬村（Pin-tsun Chang），"Sea as Arable Fields," 20, 24–25。

方志"循绩"中的简传，我们对傅元初其人知之甚少。此人出身泉州缙绅之家，从宋至明初，泉州始终是福建最重要的沿海港口城市，大部分海外贸易都在此进行。傅家藏有大量奇珍异玩，可见其财富与地位。傅元初亦有儒者美誉。他于1628年中进士，随后在北京任工科给事中，因考选问题得罪了皇帝，于1638年2月遭革。方志称其最后"卒于官"，大概后来他又被复职了，否则他就不太可能在十四个月后向皇帝上疏。[1]

傅元初这一奏疏引起了朝野的广泛关注，他承认海盗确实是个问题，也能够理解海禁作为遏制海盗是一种具有吸引力的手段。但他随后指出，如果皇帝能够允许与外国人展开贸易，那么明朝将会在贸易中获得大量好处，从而削弱了前面的论点。他提到，在西边，南洋人向中国提供苏木、胡椒、象牙等奢侈品，而在东边，吕宋的欧洲人能够提供白银。两方都想用他们所拥有的商品来换取他们自己无法生产的东西——此议与五十年前张瀚的说法如出一辙，而万历时期的朝廷当时对此置若罔闻。傅元初继续指出，具体而言，外国买家看中的是湖州的丝织品与景德镇的瓷器。允许他们购买这些制造品，对明朝而言不会有任何损失，相反，双方都能从中获取巨额利润。而海禁除了将贸易本身界定为犯罪，并由走私者分走利润外，别无他用。傅元初建议重新开放海上贸易的主要理由是，放弃宝贵的市舶关税对大明没有任何好处。对于泉州商人而言，除了《大明律》严禁出境的武器弹药，他们最

---

[1]《晋江县志》(1765年版）卷10，第70b—71a页；卷8，第58b页。方志中的功名列表中有傅元初的名字。薛龙春在《王铎年谱长编》中的崇祯十年（1637年）十一月十七日和崇祯十一年（1638年）正月十四日两条给出更多傅元初的生平细节。傅元初遭革职一事还可参见张廷玉：《明史》，第6672、6863页。

好能够自由出口任何他们能卖出去的中国商品，从而给江南的织工、江西的陶工带来收益。

在奏议最后，傅元初指出开放通商的三大明显利好。其一，明朝需要更多财政收入来支付北部边境的军事防御开支（1644年，清军入关，北部防线被攻破）。对外贸易可以通过市舶关税增加财政收入。其二，沿海地少人稠，只有通过贸易才能摆脱贫困。对外贸易能够增加沿海民众的收入，助其减轻贫困。其三，海防军官可能会与走私者串通一气，以肥利海防军队。如果开放通商，他们将不再受到走私腐败的诱惑。

傅元初的这些观点并非空谈。他在奏疏中明确反对那些谴责对外贸易的人，他们认为对外贸易创造了不义之财，助长了犯罪活动，并为间谍活动打开了大门。同样地，托马斯·孟在为英国东印度公司做贸易辩护时也提到了亚洲，借此反击那些反对对外贸易的人。那些人认为对外贸易耗尽了英国的白银储备，而只有挥霍奢侈品的消费者们从中受益。但二者的观点也有不同。傅元初反对的是那些认为对外贸易会削弱中国的保守官僚，而托马斯·孟反对的则是另一种根深蒂固的流行观点，即认为对外贸易的好处只属于企业，牺牲了公众的利益。托马斯·孟需要与公众舆论做斗争，但傅元初更像自信地为公众舆论发声。正如他在奏疏末尾所言："此非臣一人之言，实闽省之公言也。"[①] 也就是说，他所说的内容其实代表了泉州、漳州的士绅和民众的心声。

托马斯·孟和傅元初的观点可以进一步联系起来，即他们都在论点中提到了白银。傅元初的奏疏中提到了四次，第一次提及意在提醒皇帝，1567 年月港开放通商，每年给市舶关税带来了超

---

① 顾炎武：《天下郡国利病书》卷 26，第 34a 页。

过 2 万两白银的收入，这是前所未有的数量。第二次提及，是谈到了湖州丝 100 斤的价格为 100 两，而同款丝到了吕宋售价则为 200 两。他还坚信，景德镇瓷器、福建的糖果蜜饯如果出口也能够同样获利。第三次提及白银，重复谈到了关税收入，但这一次是损失而非盈利。他特别提到了福建人与荷兰人在台湾进行的离岸贸易，他认为这一非法贸易所得收益每年高达 2 万多两，是明朝的一大损失。第四次提及是对前文的补述，即希望能够恢复开放通商，这样明朝至少可以多得 2 万两白银作为军费。虽然托马斯·孟和傅元初的假定前提和论证途径不尽相同，但殊途同归的是，他们都认为对外贸易只会增加而不是减少国家和人民的财富。傅元初直达天听，强调开放通商对国家的好处：对外贸易可以扼杀走私并补充军费预算。而托马斯·孟向英国公众发表讲话，强调对外贸易可以在基本不给民众增加任何成本的前提下创造财富。二人的说法是否准确则是另一回事。

他们发表观点时还有一个共同点，即都是在价格日渐承受压力的时期发表的。1621 年，英国陷入经济衰退。1639 年，明朝遭遇了比之前更大的麻烦。事实上，早在十年前，明朝各地的气温已经开始下降。1637 年，第八个寒冷的年份，旱魃降世，旱灾四起，这种致命的气候组合一直持续到 1644 年。傅元初的老家福建在 1639 年发生饥荒，1640 年又暴发了瘟疫。频繁的天灾让官员们不知道应该采取什么政策来应对随之而来的财政和生存危机。对那些认为闭关锁国是明智之举的人，傅元初抗辩道，面对日益增多的困难，最不应该做的事情恰恰是闭关锁国。他指出，福建人民普遍贫困，而该省的税源已经耗竭，无法再为北部边境的军队提供军饷。国家和民众都需要收入，而贸易为二者开辟了一条道路。

在英国，托马斯·孟的观点最终占据上风，主要是因为国王的利益与其授权的公司的利益是一致的。在中国，傅元初的观点却未能成为主流。但这不意味着托马斯·孟的观点在英国就安稳无虞，而傅元初的说法在中国就完全无人接受。只要英国的货币还在流通，东印度公司就必须不断向英国民众保证，货币流出国外并不会损害其国民经济。[1] 托马斯·孟的文章被后人记住，而傅元初的奏疏则被遗忘了。后者之所以能幸存至今，是因为生活在新兴清朝的顾炎武在其《天下郡国利病书》（意为天下各地的优势和劣势）中收入此文。英国东印度公司最终得到英国政府的支持，而顾炎武只得到了学者们的支持（事实上，他的代表作直到1811年才出版）。如此，中英两个政治体走上了不同的道路。

麦哲伦大交换？

一些经济史学者认为，明末价格的异常上涨原因在于货币供应的波动，即首先是万历年间外国白银的大量涌入，然后是崇祯年间外国白银流入受限。诚然，粮价取决于粮食供应和货币供应之间的平衡。当需求上涨时，粮价就会上涨，而当经济活动中的货币量增加时，价格也会上涨。货币供应的收缩则会在两个方面影响价格，而这正是托马斯·孟不得不为英国东印度公司运出白银以购买亚洲进口商品进行辩护的原因。在白银的接收端，有人则认为，从泛太平洋（包括日本和美洲）进口的大量白银增加了

---

[1] 17世纪60年代，类似争议再度出现，且此轮争论远比前一轮激烈。具体可参见 Chaudhuri, *Trading World of Asia and the English East India Company*, 8。

中国的货币储备，其增加速度是1600年前中国国内白银的8倍，甚至在17世纪前几十年可能高达20倍，因此导致中国国内的价格上涨。①

这种看法，无疑是对中国不受世界局势影响的旧观念的重要纠偏。但仍然存在的问题是，白银对货币供应的影响是否会引起价格变动。诚如前述，在万历中期，罗耀拉认为，来自秘鲁的白银涌入了马尼拉市场，推高了中国商人从中国带来的商品的价格。这一影响使他认为，应该停止向马尼拉运送白银，这样那里的价格才能恢复到以前的水平。罗耀拉对美洲白银从马尼拉流入中国后是否推高了中国的国内价格没有发表意见，但自从20世纪90年代中国史研究转向全球史观以来，一些历史学者开始坚信确实有如此变化。那么，晚明的价格是否为这种效应提供了证据？

在回答这个问题之前，我们有必要先反思一下这一看法背后的史学理论。事实上，这一看法的史学理论基础是所谓的"哥伦布大交换"。这一概念由环境史学者阿尔弗雷德·克罗斯比提出，用以描述热那亚航海家克里斯托弗·哥伦布航海之后，生物群及其他物质开始在大西洋两岸出现双向交换。②经济学者厄尔·汉密尔顿曾于1929年提出，流入欧洲的贵金属，尤其是白银，其规模之大足以扰乱价格，破坏西班牙经济的稳定，并推动了他和其他人所谓的16世纪的欧洲"价格革命"。③但早在16世纪60年代，政治哲学家让·博丹就提出了这一观点，并进而提出现在所谓的货币数量理论。④和克罗斯比一样，汉密尔顿认为，哥伦布大交

---

① 对此说作最清晰的辩证的是万志英的《财源》，第113—141页。
② Crosby, *Columbian Exchange*.
③ Hamilton, "American Treasure and the Rise of Capitalism," 349–357.
④ 转引自 Munro, "Money, Prices, Wages, and 'Profit Inflation,'" 15。

换对大西洋两岸都产生了堪致变革的影响。这种看法是有道理的，但他关于美洲白银流动引发欧洲价格急剧上涨的论点，则在很多方面受到了挑战。

经济学者约翰·门罗简要地描述了所谓价格革命时期，欧洲三个地区的货币、价格和工资方面受到的挑战。他承认，在白银跨大西洋流入欧洲的前一百三十年里，这种流入导致了每年1%到1.5%的通货膨胀。但是，通胀早在白银流入之前很久就开始了。哥伦布大交换确实是一个因素，但只是众多因素之一。此外，白银流入对西班牙通货膨胀的影响已被证明比先前设想得要小。门罗在总结他的论点时提醒我们，价格革命"本质上是一种货币现象，但具有国家或地区差异，产生差异主要受各地铸币贬值的影响，也可能在较小程度上受各个区域经济中特定真实势力的行为的影响"。[①]

尽管如此，"哥伦布大交换"对"麦哲伦大交换"还是产生了影响。"麦哲伦大交换"这一概念是为了纪念1520—1521年葡萄牙航海家麦哲伦奉西班牙王室之命横渡太平洋，完成全球航行而提出的。支持这一概念的人认为，白银从阿卡普尔科大量运往马尼拉，在那里交换中国商品，然后从马尼拉又流向中国漳州，最后从漳州渗透明朝的经济。但如果"哥伦布大交换"被证明没有像过去历史学家认为得那么可靠的话，"麦哲伦大交换"就更站不住脚了。首先，仅就事实而非理论的角度看，中国从亚洲（尤其是日本）进口的白银远比从美洲进口的要多。其次，马尼拉大帆船往返穿梭在太平洋的贸易路线上，的确为中国商品和美洲白银

---

① Munro, "Money, Prices, Wages, and 'Profit Inflation,'" 18.

的交换创造了一个重要的渠道，但到达明朝的贵金属很可能也来自另一个方向，即首先穿过大西洋到达欧洲之后，再由东印度公司等机构转运至亚洲。最后，明朝的经济规模巨大，大致相当于彼时整个欧洲的经济总量，故而可以将流入的白银重新用于其商业交换体系中，而不会因白银增加造成价格失衡。

这并不是说每年超过10万公斤的白银流入明朝后，对明朝经济毫无影响。但这种影响目前尚未得到实证证明。我能够察觉到的唯一一个由大量白银推动价格上涨的领域是奢侈品市场，这在前面文章末尾已有所涉及。生活在万历时期，对这一市场有关注的士人将天价书画的成因归结为进入这一有限市场的新买家数量激增。由此牵涉的问题并非这些新贵来自何方，而是这个不断壮大的群体是如何拥有大量的白银，得以进入奢侈品市场的。我尚未找到任何无可辩驳的证据，以证明艺术品价格的上涨是国外白银进口量增加的结果。想要找到这种证据，就需要对晚明的艺术品市场进行新的研究。目前，我能给出的最有力的理由是，那些被精英士人贬低的"不入流"买家实际上就是那些因不断扩大的商业经济而获得"新"财富的人，他们不仅选择将财富储存在相对稳定不变的土地资产中，还选择持有货真价实的白银，同时，他们也非常乐意将这些经济资本转化为高价值文玩所代表的文化资本——不管什么时候，当有需要时，这些文化资本都很容易变现。我想，这一理由是合乎逻辑的。在1567年合法的海上贸易兴起后的几十年里，高端奢侈品消费激增，并招致了更多的评议，这一史实至少也支持了该假设的合理性。

不过，艺术品的价格并非本书的研究主题，粮价才是。为了理解明朝后期粮价上涨的原因，我们将从奢侈品经济转向灾荒经济。前人以白银进口作为明末粮价推高的主要原因,但我认为此说比我接下来两章将要提出的观点弱得多。我的观点是,全球气候,而非全球贸易,才是明朝粮价畸高的主要原因。

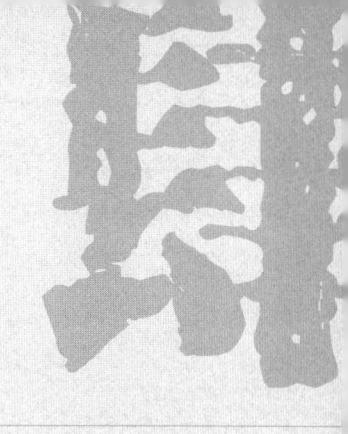

灾荒时期的粮价

气候扭曲剥夺了农民种植粮食所需的温度和降水,将明人推向了可能的生存极限之外。作物歉收意味着以前存储的粮食(如果还有的话)价格将高得令人难以置信。

铺垫这么多内容，我们终于要谈到本书围绕的核心问题，即粮价在灾荒时期的上涨问题。1450年之前，明朝的史料文献中没有出现过持续记载的灾荒价格，但此后的两个世纪里，灾荒价格不断累积，形成了18世纪之前的中国所记载的最长的价格序列。与平时的价格不同，灾荒价格是异常的。它们所反映的是记录它们的特定乃至特殊时间、地点的情况，但它们的共同点，也就是它们作为连贯的数据的价值所在，是这些灾荒价格记录了民众本来期望的粮价以及灾荒时期实际支付的粮价之间的差距，这种差距在明人看来是显而易见的。我们之所以能够使用这些非正常的价格来书写明朝的价格史，是因为一旦将它们编成一条长长的数据带，它们比明朝史料文献中其他记载都更清晰地显示出，从15世纪中叶到17世纪中叶气候严重恶化期间，困惑和痛苦的民众正遭受着何等的压力。此外，这些价格数据也使得我们几乎直接接触到了费尔南·布罗代尔所说的"可能性的限度"。当粮价疯涨至大多数人都负担不起的水平时，价格就成了"可能"与"不可能"的绝对边界，没有人愿意跨过这个界限。打破这条边界的不是货币供应，而是在我们所知的小冰期关键阶段中自然条件受到了侵蚀的农业生产。

在这一历史时期，粮价就是农业繁荣和人类生存最可靠的晴雨表，同时也成为政治稳定性的晴雨表。1420年，永乐皇帝在接见帖木儿帝国的统治者沙哈鲁·米尔扎的使节时，首先询问了波斯的粮价是贵还是便宜。当使节告诉他波斯粮价便宜的时候，永乐皇帝有风度地承认这表示沙鲁克受到上天眷命。① 粮价低，意味着农业丰收，这是上天眷命的明确标志——篡位的永乐皇帝对这种有关天意的问题颇为敏感。② 使节觐见皇帝时，明朝的粮价也很低。除了1406年有过饥荒，以及1415、1416年发生过洪水外，这段时间明朝的气温一直保持在正常范围内，充足的降水促成了丰年。③ 农业繁荣使永乐皇帝能够推进许多大型工程，包括重浚大运河，将明朝首都从他父亲统治的南京迁往北京，以及派遣郑和下西洋等。1424年，永乐皇帝驾崩，十五年后，大明王朝的气运开始消退。但在永乐皇帝在位期间，粮价一直便宜，可见他是受上天眷命的。

明朝百姓与皇帝一样，都认为只要粮价稳定公允，天下就会太平。陈其德在赞叹"丰亨""殷阜"时期的粮价时，语中暗含着民众的一种共识，即世界本应如此。每个人都认为价格会随季节波动，在收成时节跌至最低价，青黄不接时，即初夏时节涨至最高价，彼时旧粮库存告罄，新粮还未收成。④ 但大家都相信，只

---

① 使节名为火者·盖耶速丁·纳哈昔（Ghiyasu'd-Din Naqqash），该事由其记录，收于《沙哈鲁遣使中国记》，英译名：Abru, *Persian Embassy to China*（直译意思为：一位出使中国的波斯使臣，录自哈菲兹·阿布鲁的《祖布答特——塔瓦里黑》），第62页。
② 关于永乐皇帝试图摆脱篡位者标签的努力，可参见Brook, *Great State*, 85–88。
③ 我找到的"永乐深渊期"的价格记载，只有1404年和1405年的数据，分见以下文献：《饶州府志》（1872年版）卷31，第29b页；《潜书》（1618年版）；《潜山县志》（1784年版）卷1。
④ 例见吴宏：《纸上经纶》卷6，第3b页。

要下一个收获时节到来，价格就会恢复正常。这就是人们的预期。然而，从15世纪中叶开始，这种预期每隔几十年就会被农业歉收所导致的至少短期内的价格震荡所破坏。直到明末，价格彻底崩溃。

粮　价

公元1368年，大明开国元年，朱元璋下令编纂一份估价清单，作为地方官对窃案计赃定罪的指导，因为该罪的量刑基础是失盗赃物的价值。该清单包含五种粮食价格。最贵的大米每斗3.125分白银（即31.25文铜钱）。其次是小麦，每斗2.5分白银（即25文铜钱）。又次是小米，价格为每斗2.25分白银（即22.5文铜钱），与豆价持平。最便宜的是高粱与大麦，高粱每斗1.5分白银（即15文铜钱），大麦每斗1.25分白银（即12.5文铜钱），尽管当时的人认为这两种谷物都不适合人类食用。[1] 虽然没有其他史料能够证明当地的价格与此一致，但也没有反证。新生的明朝需要在民众心中确立其合法性，所以这些估价基本是正确公平的，这也是为什么我要提及这些数字，将之作为明朝初期粮价的合理近似值。

明朝的史料中很少提及粮价，这意味着我们很难拥有一份明确的年份价格数据。从明朝后期各种零星的史料记载中可以看出，这些价格多多少少仍在继续维持。例如，前一章提到的1608年的广州价格中，马德里商人巴埃萨就记录彼时米价为3分5厘到

---

[1]《大明会典》卷179，第4a页。此处已经根据官方兑换比率转换成以白银计价和以铜钱计价两种。

4分不等。[1] 值得注意的是，这一价格区间的下限仅仅比两个半世纪以前朱元璋的估价高出约3.75厘。陈其德同样也说过，在他小时候，即万历初期，"斗米不过三四分"。这个米价区间的上限是4分，可能更接近16世纪的米价，但这两位时人的记载似乎都证明了，4分更像是一个上限。又如在1566年，官员在给嘉靖皇帝的奏议中称，米价贱时每斗不高于4分，米价贵时则每斗为6分乃至更多。[2] 直到16世纪80年代，官员赵用贤给万历皇帝的奏疏中曾提到"江南米价不过三钱（每石）"，即斗米3分。其他地方或者价格更高，但赵用贤坚信，江南的"米价至贱"。[3] 几年后，即1588年，赵用贤向内阁呈文，称"若至秋成后，米价最高，亦不能过五六钱"，这是一石的价格，即斗米五六分。乍看之下米价似乎出现了重大变化，但事实并非如此，因为赵用贤向内阁呈文时，江南米价恰好从前一年的灾荒（万历时期的第一次大饥荒）价格降下来。诚如其文所称，灾荒时米价甚至一度到了每石1两6钱（斗米1钱6分）的异常价格。[4] 看来，陈其德回忆说"斗米不过三四分"是合理的米价区间。

但粮价并不总是保持在这个区间里。诗人任源祥曾回忆说："昔在万历，米四五钱（斗米四五分），百货皆贱。"[5] 同一时期也有其他文人提到斗米5分是标准米价，如早在16世纪30年代时，

---

[1] Boxer, *Great Ship from Amacon*, 184–185.
[2] 万士和：《条陈南粮缺乏事宜疏》，载《万文恭公摘集》卷11，第8b页。转引自岸本美绪：《清代中国的物价与经济波动》，第226页。
[3] 赵用贤：《议平江南粮役疏》，载《明经世文编》卷397，第9a—9b页。赵用贤在将粮役折银计算优惠税额时发现了这个问题。
[4] 赵用贤：《松石斋集》卷27，第8a、10b页。
[5] 任源祥所说，转引自岸本美绪：《清代中国的物价与经济波动》，第226页。

唐顺之就曾谈到苏州的标准米价是斗米 5 分。① 明亡后的 17 世纪 60 年代，陆文衡曾经回忆自己孩童时期，苏州石米价格"止银五六钱"，即斗米五六分。② 另一位苏州文人刘本沛也在清初回顾万历末年斗米 5 分的情形，并提到价格直到 1621 年才开始上涨。③ 此外，一份关于 1624 年上海郊区嘉定县发生饥荒的记载，也证实了这一时期"丰年"的米价是 5 分。④ 这些说法很有参考价值，尽管当中许多内容是作者的事后回忆，目的也主要在于让人遥想明末米价腾贵之前的生活。

根据这些零散的文献记载，我们可以说，米价在明初略高于斗米 3 分，并在一个多世纪内大致保持这一价格。16 世纪晚期，斗米 3 分开始成为其价格下限，最高则为 4 分。这个时期偶尔出现斗米 5 分的行情，但这个价格记录直到 17 世纪 20 年代才开始频繁出现。我们将在本章后文谈及明人在万历时期经历过两次生存危机，而这两次危机，打破了民众自认为粮价可以一直不变的幻想。⑤

方志中所见的灾荒粮价

本书中使用到的灾荒粮价主要从方志获取。所谓"方志"，

---

① 唐顺之：《与李龙冈邑令书》，载《唐荆川先生文集》卷 9。
② 陆文衡：《啬庵随笔》卷 3，第 5a 页。转引自岸本美绪：《清代中国的物价与经济波动》，第 230 页。
③ 刘本沛所说，转引自岸本美绪：《清代中国的物价与经济波动》，第 230 页。
④ 《嘉定县志》（1881 年版）卷 3，第 13b 页。
⑤ 到了明朝后期，其他谷物粮食的价格仍比大米便宜，就像 1368 年那样。但本章的叙述重点仍在大米价格。

是一种关于地方历史、地理等内容记载的准官方文献。方志通常会出版成书，部头巨大，往往有多卷内容，涉及一个地方的历史地理、风土人情、公共事件、地域沿革等内容。最常见的方志以县为单位编纂，这是明朝最基层的行政级别，一县人口通常有数万。方志会被更新，并在新纂修的方志中大量修订前版内容，最理想的再版周期是六十年一次。方志的标准体例并没有必须记载地方物价的要求，这可能会让一些研究者感到失望，但它确实渴望为人们提供一份记载地方发生的各种事件的完整的永久记录，包括灾异，以及地方上值得自豪骄傲的成就和荣耀等。[1] 基于此，一旦本地价格出现异常，偏离正常水平，方志编纂者们就会将这种异象视为值得记下的史料。如此，关于粮价的唯一参考数据作为粮价偏离其应有水平的证据被保留了下来。

　　灾荒并不是唯一可能促使方志编纂者记录粮价的动因。如果丰年收成过剩，将价格推至极低水平，也会受到他们的关注。在明朝统治的前两个世纪，丰年下跌的米价一直稳定在每斗2分，大约为正常价格的一半到三分之二。随着时间推移，丰年米价逐渐上涨，到了1570年左右，在正常价格可能为4分或更高的地方，3分和2分作为标准丰年米价出现的频率相同。[2] 丰年下跌的小米价格低于大米，除了少数例外，基本都不超过每斗2

---

[1] 清代历史学者章学诚认为地方志的一大缺点是缺乏价格记载，为此他建议后来修纂者应将粮价及其他物价纳入记载范畴。具体可参见 Wilkinson, *Studies in Chinese Price History*, 2, 5。方志中关于天气的记载比价格记载更少，《邵武府志》是少数例外。具体可参见《邵武府志》（1543年版）卷1，第5b—11a页。

[2] 1568—1589年间的相关记载，依时间先后分别见以下文献：《归化县志》（1614年版）卷10；《海澄县志》（1633年版）卷14，第2a页；《福建通志》（1871年版）卷271，第34a页；《杭州府志》（1922年版）卷84，第23a页；《庐州府志》（1885年版）卷93，第10b页。

分。① 如果丰年米价是以铜钱记录的（亦属常事），则明初为 7 文到 10 文，而 16 世纪后期则进一步上升到 20 文到 30 文。折铜计价的涨幅大于以白银计价，可能反映了零售价（铜钱）与批发价（白银）之间的差异。一开始，丰年小麦的跌价与大米处于一个水平，但在 15 世纪 90 年代后，小米的丰年价上升到 10 文铜钱，后又于 16 世纪随大米上涨，尽管略有滞后，但到了 17 世纪，小米的丰年价也达到了 30 文铜钱。②

跌价对消费者来说是一项利好，但对于依赖出售部分收成农作物来获取收入的生产者来说则是一场灾难。但反过来，灾荒时期的价格对消费者来说是一场灾难，对生产者而言则可能是一笔横财。明朝的史料文献关于极端价格的记载皆未涉及这种扭曲的价格对消费者和生产者造成何种影响。似乎灾荒价格是从买家的角度而非卖家的角度进行记录的。因为丰年使粮价变得更便宜，买家自然欢天喜地。而灾荒时期的粮价只会更贵，作为卖家的粮食生产商如何经历这种扭曲的价格变化，则于史无证。值得注意的是，不管是买家还是卖家，都不能幸免最极端的灾荒，因此他们关于价格的看法总会趋向一致。气候极端恶劣、颗粒无收的情况下，种田的农民与买粮的民众就没有什么不同了。这种情况下，也就是灾荒值得记录的时候，生产者和消费者都面临着同样难以忍受的价格。

---

① 举些例子：《乐亭县志》（1755 年版）卷 12，第 13a 页；《杭州府志》（1784 年版）卷 56，第 17a 页；《延安府志》（1802 年版）卷 6，第 1b 页；《永平府志》（1879 年版）卷 30，第 26a 页。
② 1613—1618 年间小米价至 30 文的例子，可参见如下文献：《雄县新志》（1930 年版）卷 8，第 45b 页；《齐河县志》（1673 年版）卷 6；《济南府志》（1840 年版）卷 20，第 17b 页。

灾荒的阴影笼罩着每一个前现代的农业经济体。相较于其他国度而言，明朝的优势在于有一个积极维护公共利益的政府，其预备仓、常平仓制度是一项明确的粮食储存系统，可以在饥荒时期平抑粮价。开国君主朱元璋对穷人在灾荒期间面对粮价的无力和脆弱有切身体会。诚如《明史·太祖本纪》记载："至正四年，旱蝗，大饥，疫。太祖时年十七，父母兄相继殁，贫不克葬。"① 二十四年后，即1368年，朱元璋建立了自己的政权，他决心要保持粮价低廉稳定。他认为，价格稳定是盛世的特征。他在任命翰林侍讲学士李翀时说："唐之有天下，时和岁丰。……斗米三钱，家给人足。朕闻之，心踊跃而欲肩之。"② 朱元璋希望大明能够与盛唐比肩。

事实上，朱元璋应该也不曾想过将粮价压到斗米3文。他最希望的应该是相较于其他商品的价格，粮价能维持在普通人的购买能力范围内。他把唐朝的繁荣与好的气候条件联系起来，表达了他的一层信念，即好的气候条件必然伴随着好政府，统治者只要为民谋福祉，就能受到上天保佑和眷命。当然，朱元璋也明白，建立常平仓以应对凶荒之年，是他作为统治者的职责。洪武三年（1370），他下令天下各县设立预备四仓，由官方负责籴谷收贮。③ 朱元璋大概也没有能力将粮价强压到每斗3文，这一举动会使农民陷于贫困，因为农民的生计主要依赖于以即时市场价格售出粮食。但他可以向政府提出要求，确保粮价永远不会贵到难以企及的地步。于是乎，明朝的地方官都要肩负一项任务，诚如《广州

---

① 张廷玉：《明史》，第1页。
② 朱元璋：《明太祖集》，第153页。1422年，当户部奏称长江以北有饥荒灾情时，永乐皇帝同样以唐代米价作喻。具体可参见《明太宗实录》卷247，第1b页。
③ 卜正民：《纵乐的困惑》，第70—71页。

志》所称,要"平物价"。①

地方官与百姓一样害怕价格上涨。地方官自然不会挨饿,但如果民众不能果腹,铤而走险的人就有可能动手制造骚乱,抢夺富人存粮,地方官也会因为无力维持地方秩序而遭罢黜。害怕骚乱并非言过其实。正如16世纪初有位中央官员在其救荒奏议中所提到的,灾荒期间粮价上涨越快,民众对社会秩序可能崩溃的担忧就越重。②当饥荒来袭时,地方官员稳定物价最简单的手段就是开仓赈济,当然前提是仓内还有存粮。明朝灭亡一个多世纪后,山东《平原县志》的编纂者称,如果当初官仓中还有粮食储备可赈济饥民,那么明末的粮价就不至于涨到难以承受的水平。③理论上虽然如此,但实际上明朝在灭亡之前,大多数地方的预备仓、常平仓都已经空空如也,形同虚设。另一种办法是求助于地方士绅土豪,呼吁他们输粮捐纳,或以较低价格出售。1630年饥荒期间,松江知府就要求当地士绅土豪这么做,得到了良好的回应。"诸好义如约者,各以平粜之数登簿,不下万石,是岁米价不踊。"④

除了最严重的危机,这些应对措施通常足以平抑一般饥荒中价格上涨问题。⑤当这些应对措施未能及时付诸实施,或未能及

---

① 《广州志》(1660年版)卷11,第26a页。
② 谢迁:《两淮水灾乞赈济疏》。载陈子龙:《明经世文编》卷97,第9b页。
③ 《平原县志》(1749年版)卷9,第7b页。
④ 《松江府志》(1630年版)卷13,第74a页。是年,米价涨到了斗米130文,远高于正常灾荒期100文铜钱的价格,但比起接下来十年内要涨到的数百文来说仍属低价。在这段简短的记载中,方志并未提及彼时知府是谁,但我们可以推测他还有一定的影响力和号召力。1638年的另一个例子是,地方士绅无力提供存粮赈济,结果造成了当地暴动。具体可参见《吴江县志》(1747年版)卷40,第32b页。
⑤ 关于国家干预与商品供应之间的关系,可参见卜正民:《纵乐的困惑》,第102—104、190—193页。

时见效时，后果自然是百姓流离，饿殍遍野。除此之外，匪患会日益产生威胁，导致同类易子而食等。明人能意识到的种种恶果，无非如是。当这些情况发生时，各种极端的"物价"就会开始出现。其一是父母以极低价格出售自己的孩子。以粮食换算，一个男孩可能从换2斗粮食跌至仅能换3升粮食。①另一种极端情况是，粮价高得难以企及，以至于唯一能吃的就是人。②造成同类相食的"物价"有多高，会因地点、时间和环境而有所不同。1588年，河南某县的粮价涨到每斗200文时，吃人现象就开始出现。1640年，仍在该县，小米价格涨到每斗1500文时，吃人现象才开始出现。③河南省的其他地方，因此前的连年蝗灾而引发粮价上涨，出现吃人现象时的粮价高达每斗1两5钱白银。④同样在1640年，山东《夏津县志》谈到当地因粮价飙升至每斗2两而出现了人吃人现象。⑤

  这些令人痛心的史实记录在各地的方志中。又如河南《固始县志》所载，1639年出现了"奇荒"，编纂者在该条后以小字夹注的方式列出了相关粮价："斗米（在固始县指小米）价三千五百文，小麦每斗二千五百文，大麦每斗二千文。"⑥又举一例，为《山西通志》的编纂者在提到两年后（1641年）饥荒的影响时，

---

① 吴应箕：《留都见闻录》。转引自秦佩珩：《明代米价考》，第204页。
② 1523年与1589年出现的饥荒食人的记载，可参见《盐城县志》（1895年版）卷17，第2b页；《庐州府志》（1885年版）卷93，第10b页。1615年与1616年间山东的饥荒食人记载，可参见徐泓：《介绍几则万历四十三、四年山东饥荒导致人相食的史料》。
③《原武县志》（1747年版）卷10，第5a、6a页。
④《阌乡县志》（1932年版）卷1，第5b、6a页。
⑤《夏津县志》（1741年版）卷9，第9b页。
⑥《固始县志》（1659年版）卷9，第24b页。关于小米在该县农业中的地位，可参见该志卷2，第25a页。

涉及价格部分全部都以白银计价（同样使用小字夹注）："斗米麦自八钱至一两五六钱。"该志还记载了植物油和猪肉价格上涨的情况，每担高达八九分，这一价格信息极为罕见。

发生灾荒时的价格是方志编纂者记录下来的特殊史实，主要是为了铭记创伤，非为追索经济发展状况。事实上，也只有这种异常的价格才有记录的价值。这些价格往往昭示着不祥，所以编纂者通常将之置于关于天地人兽异象记载的"祥异""灾祥"等条目中，与诸如一产三男、双头牛犊等内容放在一起。这些章节通常在方志的最后几卷中。[①] 方志的体例也有优点，即吉凶事件的年份乃至月份和日期通常都有详细记载。如果相关事件应予更完整记录，则可以以小字夹注的方式将其置于事件条目之下。陈其德的《灾荒记事》和《灾荒又记》正是以这种方式流传下来，被现代历史学者关注到的。

方志中关于价格的记载还有一个特殊价值，即这些数据量化了饥荒的严重程度。编纂者几乎从不记录另一个明显的量化指标——死亡人数，或许是因为这一数字不容易得到统计。因此，价格就成了反映灾荒规模的唯一指标。但需要指出的是，灾荒价格并非每一份灾荒记载的标配内容，编纂者可能会提到价格"腾贵"或"飞涨"，但他没有义务记录价格上涨到什么程度。假如有具体价格数据，而编纂者又愿意将之载入方志，那确实是一种量化灾荒严重程度的手段。尽管这类价格记录很少，但它们同样

---

① 诚如《浙江通志》的一位编纂者跟读者解释的，他们需要判断所记的是祥瑞，抑或灾异（记录灾异的传统可以上溯到《春秋》），但这对编纂者而言有些为难，因为记录灾异真相可能会产生政治冲击。但总的来说，他认为将一切都记录下来是最好的办法，交由读者自行判断。具体可参见《浙江通志》（1561年版）卷63，第17b—18a页。

可以与其他价格数据一起进行比较检验，并进行一定程度的统计分析。这类极端价格通常会附有一个简短的夹注，以说明价格上涨至斯的原因。通常来说，旱涝是最常见的原因，但偶尔也会有"不详"的注释。[1]

为了说明地方志可能保存的价格信息类型，我将以1633年《海澄县志》中关于灾荒的记载为例。1567年，就在嘉靖皇帝驾崩、隆庆皇帝选择"开关"之际，漳州月港新置一县，即海澄县。1633年，《海澄县志》记载，海澄县曾于1615年春经历了一次突如其来的米荒。5月末，米价甚至飙升到令人瞠目结舌的每斗2钱。知县陶镕宣布开仓赈济，以遏制米价。赈济粮足够全县人吃一周，这样就有足够的时间争取从浙南调运粮食来接济当地。官粮仓里的大米只够维系县民一周的口粮，但陶镕是幸运的，不需要长期依赖这种赈济。只要坚持到浙米接济，市场就会恢复信心，粮商就会继续把粮食带到当地贩售。只要粮食到来，"价乃平"。陶镕的幸运之处还在于官仓里尚有余粮，且在这一时期，灾荒救济手段可以通过市场调运、国家救济的组合拳实现，官府允许私人粮商在批发价的基础上略增合理的附加费，以激励其提供政府无法提供的东西。[2] 不过，到了1630年饥荒再次袭击海澄县时，本地的供应就不足以缓解激增的市场需求，也没有得到其他地方的供应。据县志记载，彼时"斗米索直二钱，民饥颠连载道，全

---

[1] 举个例子，《平湖县志》（1627年版）卷18，第23a页，就有相关记载。
[2] 对16世纪中叶灾荒政策制定有影响力的福建官员林希元，允许商人每石加价2分，1分用于支付运输脚力，1分用作雇佣金。最后，差价会摊到买主头上，政府缓解灾荒的支出成本仍然没有增加。转引自陆曾禹：《康济录》卷3上，第48a—48b页。氏著作者认为林希元与王尚䌹是明代救荒政策的两方砥柱。

食木叶，可一岁乃平"。①

我大概浏览过三千部从明清到民国时期的地方志，从中零星提取了 777 份关于灾荒价格的记载，这些数据构成本章的研究基础。不过，这些价格记载所反映的情况还不完全清楚。它们是个人实际支付的价格，还是只是用来标示大多数时人承担不起的粮价水平？在我浏览的方志中，编纂者没有介绍灾荒价格的性质，也没有告诉我们他是如何得到这些价格的。价格只是作为地方的历史事实呈现出来。尽管存在如上不甚清晰之处，这些价格在特殊之余仍存在一些共性，借此可以将它们汇集成一个关于明朝历史的数据集合，而该数据集合能够带给我们的结论与其他数据集合都不尽相同。②

灾荒价格的分布状况

按照粮食种类、货币、地点、年份，方志中有四种灾荒粮价的分类方式。粮食主要以大米或小米为代表，也有部分小麦。我们偶尔也会看到平常价格低廉的荞麦、大麦或燕麦等粮食的灾荒价格，但较为罕见，所以我将它们剔除出了数据集合。本节涉及的粮食以大米为主。大米价格与小米价格出现次数之比约为 7∶2，与小麦价格出现次数之比约为 9∶1。方志的条目中往往没有具体说明某一价格到底指代哪一种粮食，而只是以"米"泛指。

---

① 《海澄县志》（1633 年版）卷 14，第 4a、5b 页。
② 贾贵荣、骈宇骞与一批研究灾异的历史学者一起将各地方志中的灾异内容汇集成册，以《地方志灾异资料丛刊》为书名出版，希望其最终成果能完整汇集中国历史上的灾异资料。

当然，翻检方志的其他内容，有时候也可以得知此"米"最有可能指代哪种粮食。但如果无法据此得知，那我就遵循以800毫米年等降水量线（年降水量相同的点之间的连线，在华东大致沿着山东省的南部省界）划分中国农业带的惯例，往北为小米，往南为大米。[①]最后，尽管这些极端价格有的以白银计价，有的以铜钱计价，但银铜计价数量之比为7∶4，白银计价为主。

方志中提及灾荒价格的多为明朝东部或北部的方志。首先是南直隶（以南京为中心的长三角地区）的方志，约占其中的20%。其次是北直隶（以北京为中心的华北平原地区），约占15%。其次浙江占11%，河南占9%。最少的是西南诸省，其中云南只有7处记载灾荒的报告，广西6处，贵州4处，四川3处。其余西北、西部与东南部的方志记载数量，介于最多与最少两者之间。这种数据分布状况确实限制了我们关于气候对明代中国产生一致影响的说法，但我认为，这并没有削弱本书的整体立论。

如何检验这种分布状况是撰写时人为造成的，抑或与区域气候变化有关？将灾荒价格记载的省份分布比例，与现存方志的省份分布比例做一对比，不失为一种好办法。[②]对比显示，南直隶和北直隶的比例分别为14%和10%，表明这两个省的灾荒价格记载比例要比该省方志占全国总方志数比例高出将近50%。浙江和河南的情况也是如此，其灾荒价格记载比例要比该省方志占全国总

[①] Brook, "Spread of Rice Cultivation," 660. 我遵循的是卜凯（John Lossing Buck）的分析。其区分思路在于华北种的是高粱、冬麦，华中和华南则种水稻。实际上明代华北地区的主要粮食作物是小米，并非高粱，但卜凯的分界线仍具适用意义。

[②] 本项分析中，我将各省方志总数相加，并在明朝省域边界基础上略做调整。我的文献依据来源于王德毅所主编的方志目录中的内容。

方志数比例高出大约25%。以此观之，方志的地理分布确实在一定程度上扭曲了灾荒价格记载的地理分布。这种扭曲一定程度上也反映了人口的分布，人口多寡的两端与灾荒价格记载数量相适应，即明朝南直隶人口占总人数比例最大，在17%左右，广西、云南、贵州则是人口最少的三个省份。但除却两端，中间段的各省人口数量与其灾荒价格记载之间又几乎没有关联性。如北直隶人口仅为总人口的7%，却是灾荒价格记载数量第二多的省份。这可能与明朝首都在此，朝廷高度关注其稳定性有关。[1] 当然，影响价格数据分布的最主要因素仍是灾荒发生率。在人口更密集的东部省份以及环境更脆弱的北部省份，灾荒发生率可能更高，但关于这一点是否成立需要更进一步的探究。

对本书的分析来说，关注灾荒粮价记载的时间分布要比关注其空间地理分布更为关键。空间或许为这些粮价提供舞台，但时间关乎它们展开的节奏。最初的灾荒价格记载始于1373年，这也是14世纪唯一的记载，最后11份价格记载在1647年，明亡后三年，总体仍在明末价格动荡的余波中。其余765份极端价格的记载分散在1403年到1646年这二百四十四年中，其中多达一百四十二年有相关记载。这些细节可能会很乏味，但证据就在其中，细节越密集，我们就能越清楚地讲述明朝时期生活的艰辛。

第一份记载在1373年，随后是1403年、1404年及1428年的单次记载。这四份灾荒价格记载构成了明朝前七十年的全部灾

---

[1] 关于各省人口，具体可参见李德甫：《明代人口与经济发展》，第127页。他以1578年官方清点人口的调查数据为本（官方数据不一定非常可靠）。关于1578年的人口调查，还可参见梁方仲：《中国历代户口、田地、田赋统计》，第341页。

荒价格记载。明前期的记载很少，部分原因是保存记载和出版方志的惯例要花几十年时间才能建立起来，但这一时期其他史料也没有价格异常波动的记载，表明这一时期是明朝价格较为稳定的时期。直到15世纪40年代初，我们才再次看到第一个小的价格记载集群，即1440年到1442年间，有4份灾荒价格记载。接下来十年，第一个大的价格记载集群出现，即1450年到1456年间，有20份极端粮价的记载，其数量远超之前八十年的数量之和。但这一时期年均三份的灾荒价格记载，与随后的16、17世纪的数量相比，简直是小巫见大巫。若再考虑到这一时期灾荒价格刚刚开始被记录下来，那么它就标志着这个时期，也就是景泰皇帝统治时期，正处于严重的粮食短缺状态。虽然没有任何明人提出过这样的观点，但我认为，这一时期的价格危机，正是后续方志开始关注并记载地方异常粮价的原因。

景泰时期以后，灾荒价格记载是不规律的。1464年到1467年间有5份记载，1471年到1472年间也有5份记载，1478年到1479年间则有4份记载。下一个记载数量高峰出现在15世纪80年代。从1481年到1489年这九年间，我找到了39份灾荒价格记载。间隔一年后，1491年到1492年又有6份记载。1492年后的几十年间，这种价格记载再次变得极不规律。1507年到1510年出现了记载的小集群，1512年到1516年间又再度出现。接下来的数量高峰分布在二十七年中：1520年到1526年，共34份记载；1528年到1532年，共24份记载；1534年到1541年，共20份记载；1544年、1545年、1546年这三年达到了空前的43份记载。1550年只有1份记载，1552年到1554年则有17份记载。此后有三年不见记载，随后的五年——1558年到1562年——又有

20份记载。在接下来的二十二年里，价格记载零星出现，直到16世纪80年代后半期，价格记载数量突然激增，达到新高峰，六年内共有多达74份记载。这次高峰过后，从1596年到1625年这三十年间，又出现了4次较小的波峰。

1627年，崇祯皇帝登基，也是接下来连续二十一年每年都有大量极端粮价记载的第一年。直到1644年，全国共有316份极端粮价记载，是年崇祯自杀，大明亡。有了这些数据，我又收录了明亡后三年内的另外18份记载，这些记载已经超出明朝统治，但有助于确定崇祯皇帝所经历的灾荒危机结束于何时。在1627年到1647年间，1639年到1642年这四年是灾荒价格记载的高峰期，年均灾荒价格报告飙升至56份。在明朝其他时期，乃至可能在中国历史上的任何时期，都没有发生过如此大规模的天灾。陈其德为此写了两篇文章来记述也就不足为奇了。本节中的表4.1是对上述数据的总结。表中没有将全部777份价格记载数据一一呈现，只有连续年份中的712份记载被计算在内。我以这种方式将数据汇集起来，以突出农业危机和价格上涨的主要分布时期。

现在我们来看看记载中的价格。明朝统治的大部分时间里，大米的正常价格是每斗25文至30文铜钱。直到16世纪晚期，最常见的灾荒价格是每斗100文铜钱，约为正常价格的3到4倍。可以说，这个价格是饥荒期间的"标准"灾荒粮价。在15世纪，我们也偶尔可见每斗200文铜钱的记载，甚或极偶尔也能看到1000文铜钱的记载，但很可能是记载讹误，大概是将每石价格误作每斗价格。到了16世纪40年代，每斗200文成了继100文之后第二个"标准"的灾荒粮价。进入17世纪，每斗1000文铜钱已是司空见惯的灾荒价格了。再到17世纪30年代末，1000文的

表 4.1　1440—1647 年灾荒粮价记载年份分布集群

年号	统治期	寒冷年	干旱年	官方记载荒年	灾荒价格连续出现年度	灾荒价格记载份数
正统	1436—1449	1439—1440	1437—1449	1438—1445	1440—1442	4
景泰	1450—1456	1450—1455	1450—1452	1450—1457	1450—1456	20
成化	1465—1487	1481—1483			1481—1489	39
弘治	1488—1505		1482—1503		1491—1492	6
正德	1506—1521	1504—1509		1507—1514	1507—1510	7
		1523		1524	1520—1526	34
		1529		1529—1531	1528—1532	24
嘉靖	1522—1566	1543		1538	1534—1541	20
		1545	1544—1546	1545	1544—1546	43
				1553	1552—1554	17
			1558—1562		1558—1562	20
		1587	1585—1589	1587—1588	1585—1590	74
万历	1573—1620	1595—1598	1598—1601	1598—1601	1596—1602	23
		1605	1609		1606—1609	14
		1616—1620	1614—1619	1615—1617	1614—1620	23
天启	1621—1627				1622—1625	10
崇祯	1628—1644	1629—1643	1637—1643	1632—1641	1627—1647	334
本表总计					105	712
全部数据总计					144	777

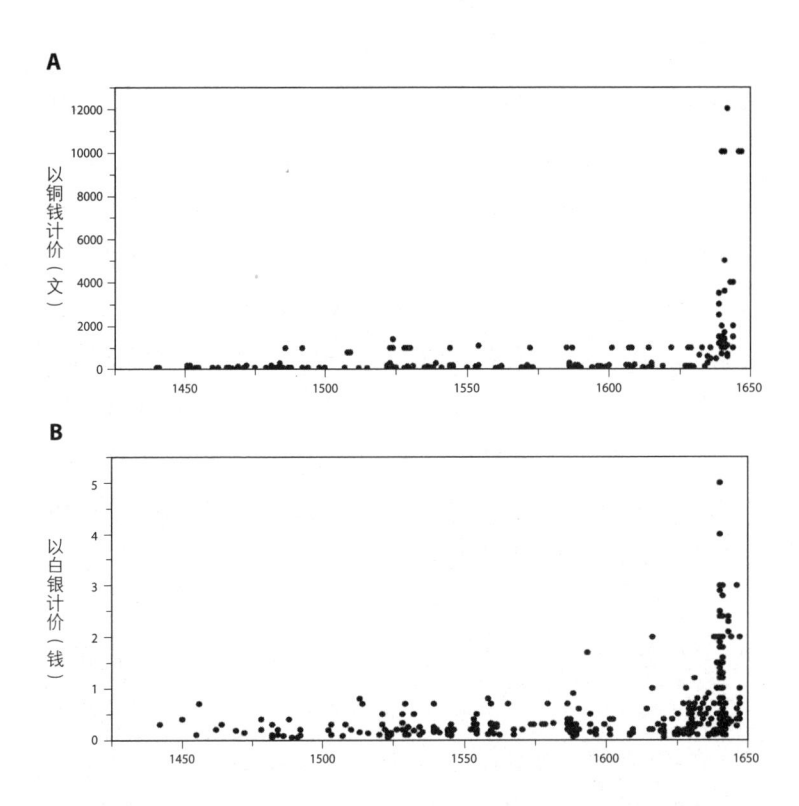

图 4.1 以铜钱、白银计价的灾荒粮价（每斗），1440—1647 年：（A）按年以铜钱计价的双变量图；（B）按年以白银计价的双变量图

倍数也开始经常出现了。1640 年的灾荒价格是我所搜集的记载中铜钱计价最高的年份。这一年有 36 份记载，以铜钱计价大多在 1000 文到 2000 文之间，最高甚至出现了 10000 文。这种灾荒价格在 1641 年的 24 份以铜钱计价的记载中得到延续，多数在 1000 文到 5000 文之间。1642 年灾荒价格记录数量减少，价格也有下降，大多在 600 文至 700 文之间。1643 年，灾荒价格再次回到数千文，是年我仅有的唯一数据是 4000 文。次年，1644 年，也就

是大明朝灭亡的那一年，粮价仍在每斗数千文铜钱之间，平均每斗2000多文。图4.1的第一张图表（A）呈现了两个世纪以来以铜钱计价的价格变化情况。

现在让我们来看看以白银计价的情况。在明朝统治的大部分时间里，斗米的正常价格在3分到4分之间，万历时期和之后涨到了4分到5分之间。然而，与以铜钱计价的情况不同的是，以白银计价似乎没有"标准"的灾荒粮价。16世纪40年代以前，灾荒价格在10分到20分之间波动，平均为15分左右，是正常价格的3倍。1545年开始出现30分的记载，之后价格在16分到30分之间不等。这种情况一直持续到16世纪80年代。16世纪80年代末，灾荒价格上升到更高的水平。之后价格略有回调，直到17世纪第二个十年，灾荒价格重新涨到30分。17世纪20年代，灾荒价格降至15分以下。但到了1630年，价格重新上升到50分（0.5两）或更高。1639年是第一次出现每斗1两或以上价格的年份。在部分地区，饥荒时期米价低于0.5两，而另外部分地区则超过2两。1640年，以白银计价的灾荒价格记载数量达到峰值，为83份，其价格则从0.5两到4两不等。1641年以来的44份记载中，价格区域略有下行，维持在3钱到3两之间。从1642年开始，15份记载均显示价格维持在3钱的较低数值，且从未有超过0.5两的记载。陈其德在17世纪40年代早期的记载与这一数据形成完美印证，即1640年超过2钱，1641年是4钱。他没有给出1642年之后的价格，因为彼时桐乡已经无米可买。1643年起的7份记载中，有5份记载的是大米价格，1份记载的是小米价格，另1份记载的则是小麦价格。其中最高价格是每斗2两4钱，均价为每斗1两6钱。1644年以银计价的2份记载皆为大米价格，均价为每斗1两2钱。图4.1的第二张图表（B）呈现了15世纪40年代到17世纪40年代以白银计价的价格变化情况。

现在，是时候尝试对这些数据进行解读了。

上天、气候与灾荒

粮食因兑换货币而产生价格。影响这种交换的三个主要因素是，可供出售的粮食供应量、寻求购买粮食的人数，以及可用于这一交换的货币供应量。需求增加会推高价格，货币供应的激增也会导致价格走高，尽管不会在短期内明显显现出来。短期影响粮价上涨的因素主要是供应减少。如前一章所述，没有压倒性的证据表明白银的流入对明末的粮价产生了很大的影响。本章的分析重点在于气候波动对粮食供应的影响。在采用这一方法研究时，我认为历史学者克里斯托弗·戴尔的观点是有道理的。他从中世纪英国经济史的研究中得出结论，即"粮价反映了一系列影响，包括货币供应，但粮食歉收是粮价飙升的主要原因"[①]。显而易见的是，决定收成丰歉的因素，温度和降水，是气候带来的。这也是我接下来要采用的方法：将明朝粮价的主要波动与气候变化联系起来。因此，我们现在需要简单地回顾一下明朝的气候史。

中国历代统治者都非常关注环境破坏问题，尽管他们不会以这种说法表达他们的担忧。他们担心的是，饥荒是上天不悦的表现，而非我们对气候变化的抽象理解。只有天子才有与天沟通、

---

① C. Dyer, *Standards of Living in the Later Middle Ages*, 264. 关于华南地区气候与粮价的关系，可参见 Marks, "'It Never Used to Snow'"。

解释天象的权力,因此官方史书会通过持续记录天象及异变情况,将之与人间福祸相联系,作为上天对皇帝及其子民们降下惩戒的证据。每个朝代的这种司天记录都会被继任王朝书写于前朝正史中。自20世纪30年代以来,中国历史学者就开始对气候史展开研究,断代史研究是迈出的第一步。[1] 断代史倾向于兴衰叙事,将一定时期的历史描述成一位充满活力的开国之君在一群追随者的支持下开始崛起,建立王朝,最终在国君优柔寡断、大臣腐败无能、王朝不知何去何从中崩溃。明史沿袭这种叙事结构,并没有在此基础上做太多调整。同样,它叙述了一个充满活力的开国之君领导群雄建立王朝,后来王朝又在一系列朝廷误判、党争内讧、农民起义的风暴中崩溃。

每个王朝的历史都会伴随一系列涉及天、地、人的动荡的记载,这些动荡记载往往预示着一个王朝的兴衰。明初编纂《元史》的大臣在《五行志·序论》中写道:"人与天地,参为三极,灾祥之兴,各以类至。"[2] 这句话实际上也就意味着气候(借用我们今天的术语)在王朝兴衰中扮演了一个重要角色。如果天下太平,上天就会保佑风调雨顺,而如果天下动荡,上天就会以风雷及其他骇人的异象垂示,使人知醒。这就是气候异象值得记录的原因,足以在断代史中占有单独的篇章。如果一个王朝气运将尽,上天就会降下温度异常、狂风暴雨、雷鸣电闪,甚至龙吟海啸。在儒家的宇宙观中,并不是只有上天会带来灾变。在天意下,大地也

---

[1] 第一部使用官修史书与清代类书《古今图书集成》来全面研究气候灾害的著作,是陈高佣的《中国历代天灾人祸表》。佐藤武敏在《中国灾害史年表》当中又进一步补充了本纪的史料。宋正海在《中国古代自然灾异相关性年表总汇》中除了使用官修史书,也加上各朝实录与方志的材料。
[2] 宋濂:《元史》,第1049页。

同样会带来一系列灾变，如地震、洪水、蝗灾、瘟疫等。至若人事，则谋弑君父主母、杀伐太甚等，皆为祸福启示。一旦这些昭示着天下动荡无序的事情出现，就意味着上天正在谋求新的政权以重建人间秩序。

国史编纂者将这些灾难异象视为是否会国泰民安和王朝气运的指标，而非自然气候。① 通过正史为后人保存下来的各种灾异——洪水、寒冷、霜雪、冰雹、雷电、蝗灾、龙现、瘟疫、天鸣、内涝、河流改道、黑瘴、无雪、城市火灾、天火、暴雨、鼠患、冻雨、旱灾、白瘴、龙卷风、大风暴、地震、山体滑坡、饥荒——几乎涵盖了所有气候史学者能够找到的现象，而它们对农业发展的两大关键问题（气温和降水）也起到了极为重要的作用。这些条目在史书中往往只包括日期、地点和事件简述，很少超过一行文字，有如电报信息，好在编纂者们会对这些记载进行分类，并按时间顺序排列，形成一个方便检索的数据集，我们可以用其重建彼时更为广泛的环境发展趋势。相较于其他条目，有些条目看似列入随意，也缺乏证据，但它们其实都通过一个没有明说却众所周知的严格标准筛选出来，然后才能列入一朝正史。以此观之，编纂过程其实已经对现在呈现的数据做了某种规范，这就提高了它们在本书中的分析价值。

在前面的研究中，我广泛使用了断代史的灾害记载，以及14个省、州府方志上的灾害年表，重建起元明以来近四个世纪的气

---

① 官修史书编纂者极为重视记录有历史价值的材料，因此他们对气候扰动的记载也具有一致性。部分读者（如19世纪的龙文彬）觉得"灾异诸目，明史天文五行二志不能备录"（《明会要》，第4页），但他也承认自己无力续补这一不足。

候变化与环境压力模型。① 图 4.2 展示了我在文献资料中发现的从 1260 年元朝建立到 1644 年明朝崩溃期间的温度和降水量偏差（其中部分信息已经编入表 4.1 的第 3 列到第 5 列，以帮助读者在极端粮价集群与气候影响之间建立联系）。研究表明，中国在这一时期所经历的异常气候现象与欧洲历史学者所提到的小冰期非常类似。② 在元明大部分时期里，中国的气候比较寒冷。根据文献记载，从 1250 年到 1450 年，中国只有 1312 年一年异常温暖。相比之下，这二百年里却有六十年异常寒冷。

1450 年是景泰皇帝（改元景泰）统治的第一年。是年气温急剧下降，直到他被废黜的前一年 1456 年，气温一直保持在异常低的水平。这一时期与其他地方搜集到的自然气候指标惊人地吻合。根据树木年轮数据，1976 年天文学家约翰·埃迪指出，太阳活动的减弱导致地球在 1450 年到 1550 年进入了一个寒冷时期。为了纪念 19 世纪研究太阳黑子的天文学者古斯塔夫·斯玻勒，他将这一时期命名为斯玻勒极小期。中国在 15 世纪下半叶所经历的低温期，表明斯玻勒极小期不仅适用于北半球其他地区，也同样适用于中国。那么，在 15 世纪 50 年代，从新西兰到俾斯麦群岛，再到爪哇，再到吕宋、日本，西南太平洋地区大规模的火山爆发也

---

① 省志如下：《安徽通志》（1877 年版）卷 347；《福建通志》（1871 年版）卷 271；《甘肃新通志》（1909 年版）卷 2；《湖北通志》（1921 年版）卷 75；《湖南通志》（1885 年版）卷 243；《山西通志》（1734 年版）卷 30；《四川通志》（1816 年版）卷 203；《浙江通志》（1735 年版）卷 109。州府志如下：《济南府志》（1840 年版）卷 20；《临清州志》（1674 年版）卷 3；《松江府志》（1630 年版）卷 47；《苏州府志》（1642 年版）；《云中郡志》（1652 年版）卷 12；《正定府志》（1762 年版）卷 7。华南与西南地区的方志样本代表性不足。
② Grove, "Onset of the Little Ice Age," 160–162.

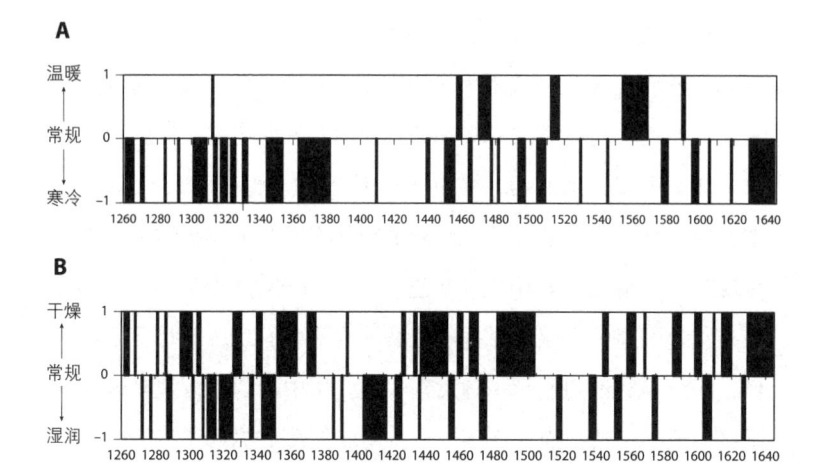

图 4.2　中国的气温与降水偏差，1260—1644 年：
（A）温暖与寒冷年份；（B）干燥与湿润年份

可能加剧了气温下降。①1454 年夏，微尘颗粒对太阳辐射的阻挡产生强烈的局部影响，以至于长三角地区的运河被冰块堵塞航路。是年凛冬，港口结冰，漕运船只皆不能通行，动物也被 1 米深的积雪冻死了。②寒冷的天气断断续续困扰着中国，直到 16 世纪 50 年代中期，明朝才出现了十五年不间断的温暖天气（1554—1568 年），这也是三个世纪以来最长的异常温暖天气了。此后，气候再次转回寒冷。从 1569 年到 1644 年，只有三年的气温高于正常水平。举个例子，1577 年的寒冷尤为严重，以至于长三角的湖泊都结了冰，风甚至将满地冰雪刮起 10 米高的小丘。

---

① 参见 Siebert et al., *Volcanoes of the World*, 239, 324。也可参见 Atwell, "Volcanism and Short-Term Climatic Change," 50–55。
② 《江都县志》（1881 年版）卷 2，第 13b 页。阿特维尔（Atwell）用了中国之外北半球各地夏季的异常数据，制作出了 15 世纪气候偏暖的图景。可参见 Atwell, "Time, Money, and the Weather," 84–85。

到了二十年后，万历中期，耶稣会教士利玛窦在 1597 年到 1598 年这个冬天从北京沿大运河南下，对彼时冬季气温何等严寒发表了评论。他提到，"冬天一来，中国北方的所有河流就都被冻成坚冰，不仅无法航船，甚至马车都可以从冰面上驶过"。利玛窦备感困惑，"中国北方的江河湖泊为什么在冬天都会结出厚厚的冰层"？他猜测这与中国"靠近鞑靼人白雪皑皑的山脉"有关，似乎在他的理解中，寒冷是本区域一成不变的状态，需要予以解释，而没有意识到这是一种反常气候。用中国的宇宙观来说，这是"大地"所致，而非上天。① 利玛窦是在 1577 年离开欧洲的，正好处于北半球全球气温开始下降前夕。他假如再晚一些离开欧洲，大概就能意识到中国的寒冷天气不需要一个区域性的解释，因为两边都冷得让人出乎意料。尽管年份不尽相同，但彼时英国的泰晤士河和中国的大运河都有结冰的记录。② 在明朝统治的最后半个世纪里，只有一年异常温暖（1602 年），其余时间有二十三年为异常寒冷年份。1629 年，气温进一步下降，此后一直持续到 1644 年及其后。③

明朝统治期间降水的波动则比气温略小一些。但就总体来说，明朝的降雨量往往偏低，旱灾是史料记录的最主要的灾害，尽管

---

① Gallagher, *China in the Sixteenth Century*, 14, 316.
② 关于 16 世纪 90 年代这十年是北半球整体偏冷的年份，可参见 Parker, "History and Climate"。
③ 不少著作皆提及气温进一步下降的事，如 Zhang Jiacheng and Crowley, "Historical Climate Records in China and Reconstruction of Past Climates," 841。张家诚在另一部著作 *The Reconstruction of Climate in China for Historical Times*, 98, 107 中提到，存在一个更大的冷热交替"时代"模式，但这与我的发现并不相符，我所拥有的数据也不支持他所谓"存在一个有规律的、周期性的干旱模式"的假设。根据葛全胜的研究，这一时期每年平均气温下降约 1℃，夏季气温则下降约 2℃。具体可参见 Ge Quansheng et al., "Coherence of Climatic Reconstruction," 1014。

并非完全没有湿润的年份。① 从 14 世纪中期开始，气候一直是干燥的，直到 15 世纪初永乐皇帝在位时期，气候才转为潮湿。② 在明朝统治的前半期里，干旱年份有四十六年，潮湿年份有二十八年。直到 1504 年，降水量才恢复到正常水平。之后，1517 年到 1519 年以及 1536 年到 1539 年这两个时间段是多雨期。但到了 1544 年，中国遭遇了三年的严重干旱。据浙江《绍兴府志》记载，当地"湖尽涸为赤地"。粮价猛涨，以至于该地方志说，哪怕幸运购得升米，也有可能在带回家的路上遭人劫杀。③ 从 1544 年到明朝灭亡的这一个世纪里，中国有三十一年严重干旱，只有十四年处于湿润气候。最严重的干旱发生在 1585 年到 1589 年以及 1614 年到 1619 年。据《明史》记载，1619 年，广西梧州的土地极为干旱，千里如焚。④ 但这还不是旱灾的谷底。明朝最后的七年，应该是几个世纪以来，乃至千年以来中国经历的最长的极端干旱时期。⑤

综上，通过各种文献资料可以发现，在 15 世纪 50 年代到 17 世纪 40 年代之间，中国的气候比以往都要冷，且偶尔存在干旱期。寒冷和干燥一起降临，对粮食农业来说无疑是致命的。至若人为因素，包括商业流通的中断，都可能会造成饥荒。但在明朝

---

① 这项发现还可以从中央气象局根据 1470 年以来方志记载所整理出的年降雨分布图来证实。具体可参见中央气象局气象科学研究院（现名中国气象科学研究院）:《中国近五百年旱涝分布图集》。
② 这个情况与欧洲的情况密切相关，具体可参见 Alexandre, *Le climat en Europe au Moyen Age*, 776–782。
③《绍兴府志》（1587 年版）卷 13，第 32b 页。
④ 张廷玉:《明史》，第 485 页。
⑤ 关于降水波动与厄尔尼诺现象引起的南方涛动的相关性研究，可参见卜正民:《九渊》，第 43—45 页。

这两个世纪里，中国基本上是一个劳动力充足、粮食储备充足、市场运转良好的社会，大规模的暴力冲突也仅限于推翻王朝的叛乱和进攻。灾害要达到灾荒粮价所反映的规模和发展速度，必然发生在出现极端气候的背景下。

六次深渊

为了减少气候影响记载中的庞杂信息，并突出这些气候变化对人类的影响，我选取了六个时段作为研究对象。只要出现气温或降水异常，或二者兼而有之的时期，明代的文献通常都会有关于环境危机、饥荒或其他社会困境的记载。我使用"slough"（深渊）这个单词来描述这些气候条件恶劣的时期。对于每一次绝境，我都根据其年号进行命名，万历时期有两次绝境，所以分别命名为"万历深渊一期"和"万历深渊二期"。

因"永乐深渊期"（1403—1406年）几乎没有灾害粮价的记录，我们直接跳到下一次绝境，即"景泰深渊期"（1450—1456年）。诚如前述，直到1450年，即景泰元年，明代方志才开始陆续有规律地记载地方出现的灾荒价格。景泰皇帝通过取代他的同父异母哥哥正统皇帝而继位，后者在1449年土木堡之变中为蒙古瓦剌军队所俘，后来被送回北京，实际上过着软禁生活，直到1456年，也就是1455年大饥荒出现后的第二年，他的亲信有意让其复位，并在1457年2月通过政变从景泰皇帝手中夺回皇位，扶持其重新登基。就气候而言，大概没有比景泰皇帝统治的这五六年更糟糕的了，或许这也正是景泰皇帝的亲信迅速失势并被边缘化的原因。气候本身不会废黜皇帝，但如果忽视这场政变与皇帝在位期间所面临的环境压力的关系，认为二者没有关联，就是一种不负责任的态度了。

此后直至15世纪末，天气持续寒冷干燥，而这一时期正处于斯玻勒极小期。这种气候条件在15世纪80年代初到16世纪第二个十年末进一步恶化，但没有再次引发景泰皇帝时那样的政变危机。下一次重大危机直到1544年才到来，是年大旱。是年冬的寒潮加剧了干旱，造成了一系列环境危机，我将这一时期称为"嘉靖深渊期"（1544—1545年）。尽管16世纪50年代末再次出现严重的旱灾，但由于气温保持在正常水平乃至略高于正常值，所以危机得以缓解。

16世纪80年代，即万历皇帝在位十五年后，寒冷天气再次袭来。这一时期恰逢全球小冰期进一步加剧，导致万历皇帝在位的第二个十年里，出现了16世纪最严重的灾荒。我把这一时期称为"万历深渊一期"（1586—1589年）。[1] 这场危机影响甚巨，从1586年中国北方开始，并于次年转入寒冷年份，逐步蔓延到南直隶和浙江，并造成了饥荒、洪水、蝗灾、疫病等。到了1588年，中国大部分地区已经受到波及，乃至于远在广西的官员奏称："人民相食，枕籍（藉）死亡，满城满野，有郑侠不能绘者。"[2] 在那几年，欧洲同样也经历了严重的饥荒危机，可见这场危机是全球性的。[3] 1589年气温有所回升，但直到次年旱情才有所缓解。从万历皇帝与郑皇贵妃的对话中我们知道，1594年的春天，河南出现了饥荒，民众担心再度受灾。不过直到次年，持续的寒冷才出

---

[1] 关于这场饥荒的研究，可参见 Dunstan, "Late Ming Epidemics," 8–18.
[2] 《明神宗实录》卷197，第3a、11a页。
[3] 埃马纽埃尔·勒华拉杜里：《人类气候比较史》，第225—237页。

现，干旱则是三年后才出现，而且没有严重到像"万历深渊一期"那样产生极端危机的程度。

17世纪第二个十年的天气再次变得干冷，中国也逐渐陷入了"万历深渊二期"（1615—1620年）。1614年的气候特点是局地干旱、局地洪涝。[①]到了1615年秋，请求朝廷赈济的告急疏从四面八方雪片般飞入京城。11月25日，两位阁臣向万历皇帝奏称："事虽不同，总以地方灾沴，百姓流离，劫掠横行，饿殍载道，据实上闻，无非仰体钦恤之德，以徼旷荡之恩。"1616年，另一份来自山东的图文并茂的灾荒疏呈交御览，谈到当地估计有超过90万人处于饥死边缘。上奏的官员称，当地的赈济手段已经用尽，社会秩序正濒临崩溃。与1594年预见性的饥民图不同，这次奏疏并未能引起万历皇帝重视。[②]是年晚些时候，饥荒蔓延到长江流域，次年又及广东，后年又逐渐向西北、西南各地扩散。

文人吴应箕是"万历深渊二期"敏锐的亲历者。吴应箕住在距南京约200公里的上游小镇贵池。从1615年（我能确定的开始时间）到1644年（北京被清军占领），他先后八次乘船到南京参加省试。尽管每次都名落孙山，但对历史学者而言幸运的是，他将他在南京的所见所闻记载了下来，其中便提到了他在城中看到的饥荒时期的米价。吴应箕将他经历的灾荒与此前他所了解的扭曲价格联系起来。他记载道："国朝以来，南京米贵。仅嘉靖、万历时一再见而贵至二两。"这可能是嘉靖时期与"万历深渊一期"时的米价。吴应箕进一步指出，在1588年"万历深渊一期"时，

---

① Marks, *China: Its Environment and History*, 188. 氏著认为1614年是华南气候的转折点。
②《明神宗实录》卷538，第2b页；卷539，第9b页；卷540，第7b页；卷542，第2b页。

米价涨到了1两6钱,但"不过一两月耳"。吴应箕说,他是从南京著名文豪顾起元处听说这一情况,而他们是在"万历深渊二期"时于南京相识的。顾起元告诉他,官仓米价是1两6钱,尽管官府出手干预了,但最终市场价还是涨到了2两。"父老言,二百年来,南都谷贵,自未有至此者。"顾起元告诉吴应箕的应当属实,南京的米价的确没有如此昂贵过。所幸这种状态没有持续太久,万历深渊二期就结束了。

万历皇帝于1620年驾崩,正值寒冷干旱消退的年份。天启皇帝在位的七年被认为是明代统治最糟糕的时期之一,但在这段时间里,天气反而又恢复到接近正常的水平。1627年天启皇帝去世,其年仅16岁的弟弟继位,是为崇祯皇帝,彼时气候又开始恶化。从这一年开始,人们能记起的每一个价格高峰,都要在接下来新出现的价格高峰面前相形见绌。如果回到"万历深渊二期",那么顾起元和吴应箕大概还可放心,认为粮价还会恢复到正常水平。然而,当吴应箕记载崇祯时期的灾荒时,他竟称与这一时期的粮价相比,"万历深渊二期"的粮价似乎不算高。他写道:"崇祯庚辰(1640年)、辛巳(1641年)、壬午(1642年)至三两六钱,且有加不已,然各都县尤甚。"回顾"崇祯深渊期"(1638—1644年),吴应箕称"万历深渊二期"虽然出现了价格高涨,但民众还能期待价格在适当的时候回落至正常水平。他说,那个时候"南京二十余年居民,往时不知荞麦、大麦为何物,至是亦五千一石,较之山东、河南斗粟十千者"——"斗"而非"石"——后者是南京价格的20倍。但不管南京的价格有多高,吴应箕仍然认为此时生活是"犹乐国"。[①] 降低预期何其速!

[①] 顾起元:《客座赘语》卷1,第30b页;吴应箕:《留都见闻录》卷2,第13b页。

如果吴应箕最终在崇祯末年参加科举考试时有幸中举，那么他很快就会发现自己将要出仕的是一个业已不复存在的政权了。他大概也不会意识到，他所目睹的明朝价格体系的崩溃，其实就是大明王朝的崩溃。1644年4月，北京陷于农民起义军之手，之后又被清军占领。南京多坚持了一年，但最终它也不得不向南下的清军投降，这进一步巩固了清朝在中国的统治。

价格高涨

任何年份的粮价都取决于粮食生长的环境条件，而在前工业化时代的经济中，气候条件又在很人程度上决定了环境条件。经济史学者沃特·鲍恩芬德和乌尔里希·沃伊泰克在研究小冰期对德意志地区价格的影响时发现，受气候压力影响，粮价的波动幅度是其他商品价格波动幅度的2倍。考虑到粮食在人们日常饮食及总体经济中的中心地位，这种现象并不奇怪。他们还得出结论，认为在气候恶化时期，气候对价格的影响比轻微出现偏差的情况下更大，这也不足为奇。[①] 与其用气候来推导中国的价格变化，我更倾向于从另一个方向来研究问题，即以灾荒价格来探讨气候变化，并分析其对经济和社会生活的影响。因为价格不仅是影响粮食生产和消费因素的经济指标，同时也是一种社会事实，记录了人们与环境之间的关系，以及人们在买卖交易中彼此之间的关系。通过交易过程，人们能够知道自己和家人是否有能力获取相应的东西。在气候严重波动时，社会关系容易受到极端粮价的影响，而气候可能引发的其他天灾（如洪水、蝗灾、疫病等）的复合效

---

① Bauernfeind and Woitek, "Influence of Climatic Change," 307, 320.

应往往会进一步加剧这种脆弱性。最后我还要指出，作为结果的价格与作为原因的气候之间的相关性绝不是恒定的，尤其是因为气候往往是区域性的，而价格往往是地方性的。此外，虽然粮食贸易可以缓解价格波动，但严重的气候异常可能会严重破坏收成，以至于一片区域内的资源都无法弥补一地粮食的短缺。[①]

气候对价格的影响在明朝统治后半个世纪里最为明显，表现为从两次"万历深渊期"到"崇祯深渊期"。"万历深渊一期"突如其来地将价格推高到了明人从未经历过的水平，但为时较短，嘉靖皇帝统治下半段的几十年多有温暖气候，其积攒的粮食和财富足以支撑社会经济快速复苏。此外，它附带地产生了一个有益的效果，即让政府处于应对危机的状态，这也就解释了万历皇帝和郑皇贵妃为何会在1594年带头参与灾荒赈济。与"万历深渊一期"留下的70余处记载相比，"万历深渊二期"留下的记载更少，仅有20余处。大米和小米在以白银计价时涨幅最大，其中以1616年为其最。结合其他指标可知，此次"深渊期"至少持续到1619年，更有可能持续到1620年，因为我找到了9处当年的以白银计价的粮价。

"万历深渊二期"对明朝造成的最大影响可能不是在饥荒、粮价方面，而是长城以北女真人的崛起。直到1615年，统一女真诸部的伟大人物努尔哈赤还在向明朝进贡，但干旱和寒冷迫使他改变了策略，转而加强与明朝的斗争，尤其是在辽东的粮食种植问题上。在寒冷干燥的1618年，努尔哈赤对辽东东部发动进攻，最终完全控制了该地区。1619年4月14日，明军反攻，但在萨尔

[①] 试图将局部宏观趋势视为全球一致的趋势是有一定困难的，具体可参见 Brook, "Differential Effects of Global and Local Climate Data"。

浒战役中失败。不过，还要到二十五年后，满人才抓住机会，入主中原。

下一个深渊期很快也到了。从天启后期，短暂的寒冷天气就出现了。1627 年 1 月，天启皇帝在位的最后一年，长三角下了将近两米厚的雪。《松江府志》载："竹木折，鸟兽多死。"次年，也就是崇祯元年，旱灾出现了。① 又一年，全国各地气温骤降。1632 年，松江地区第一次出现严重的粮食歉收，导致"米腾贵"，民众挨饿。1634 年至 1635 年，气候稍有缓和，但 1637 年随即再次下降。是年 1 月，天气"极寒，黄浦、泖湖皆冰"。最终，"崇祯深渊期"（1638—1644 年）降临，不仅是明朝气候最恶劣的七年，也是千年来气候最恶劣的七年。② 华北地区首当其冲。到了 1640 年，气候造成的大萧条进一步波及长三角，首先是大面积蝗灾，接着是大旱。由于缺水，早先种下的作物都在地里枯萎了。6 月，农民们种下各种豆类作物，但被 7 月的倾盆大雨冲走了。农民们接着种下第三拨作物，却因直到年底滴雨未下，作物再次全部死亡。是冬，陈其德所描述的饥荒开始了。在 1641 年的条目下，《松江府志》记载了沙尘暴、蝗灾、旱灾及价格飞涨。"米粟踊贵，饿殍载道"。1642 年春，蝗灾卷土重来。1643 年夏，滴雨未下。③ 前述的灾荒粮价记载证实了这种灾荒强度。在这 777 份价格记载中，32% 的价格都是 1638 年到 1644 年这七年间的记载（见图 4.3）。尽管天气在 1644 年逐渐恢复到接近正常的水平，但

---

① 《松江府志》（1818 年版）卷 80，第 18b 页。
② 关于崇祯时期干旱的探讨，可参见 Zheng et al., "How Climate Change Impacted the Collapse of the Ming Dynasty"。而认可气候异常加速明朝灭亡的观点，还可参见 H. Cheng et al., "Comment on 'On Linking Climate to Chinese Dynastic Change'"。
③ 《松江府志》（1818 年版）卷 80，第 18b—20a 页。

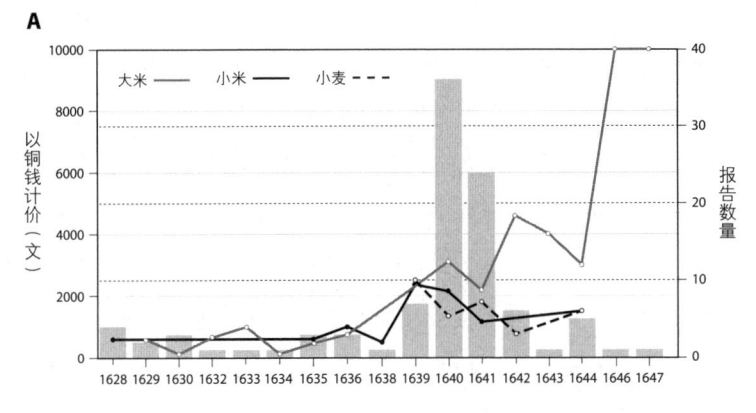

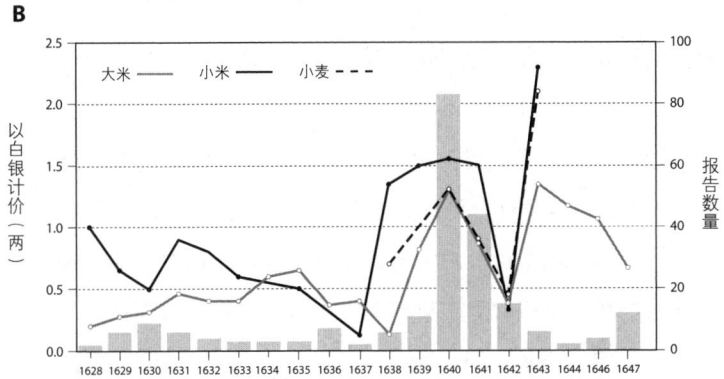

图 4.3 灾荒粮价（每斗）记载，涉及粮种是大米、小米、小麦，1628—1647 年：(A) 以铜钱计价；(B) 以白银计价

因饥荒而啸聚西北的叛军占领了北京，崇祯皇帝在煤山自杀。随后清军越过长城，入主中原，建立了全国政权。[1] 彼时天气不稳定，政治也不稳定，因此在明朝灭亡后的三年里，价格也一直不稳定。

---

[1] 对这一时期气候灾害对人类的影响进行初步建模的，可参见 Xiao et al., "Famine, Migration and War"。

"崇祯深渊期"的粮价记载在中国各地分布不均匀，价格也因地而异。如果要在这十年间以白银计价的价格中划出一道高低价的界限的话，那么环境更为恶劣的北方，与农业更为发达的长江流域乃至更南方地区之间，就是一道清晰的界限。1638年，南方以白银计价的米价涨到了1钱8分，而北方则高达7钱。到了1639年，南北之间的差距略有缩小，南方米价最高2钱，北方最高则为5钱。1640年，灾荒粮价在南北方相差5钱，北方价高，南方价低。1641年到1642年，南方米价最高5钱，北方则从8钱起步一路猛涨。南北差距在1643年到1644年间进一步扩大，南方的灾荒价格通常保持在4钱及以下，而北方可见的最低灾荒价格记载则为2两。

以铜钱计价反而看不出与以白银计价一样的明确地理划分，或许是因为以铜钱计价更直观地反映了特定地点的粮食短缺情况，而非整个地区的粮价短缺情况，而以白银计价则更多地反映出一个地区的批发价格。为了总结北方地区在"崇祯深渊期"内以铜钱计价的粮价走势，我以华北平原南部的偏僻县城内丘为参考，从《内丘县志》中引用数据如下：[①]

  崇祯元年、二年（1628—1629年）连旱，斗米一百六十钱。
  崇祯八年（1635年）饥，斗米二百钱。
  崇祯十一年（1638年）夏无麦，秋无禾，斗米五百钱。
  崇祯十三年（1640年）春旱，百室皆空，人掘草根剥树

---

① 《内丘县志》（1832年版）卷3，第45a—45b页。

皮殆尽。夏无麦,斗米七百二十钱。八月九月(公历9月、10月)无雨,不布麦。

至十四年(1641年)六月(公历7月)犹不雨,斗米千二百钱,市有一合二合之量。民无所逃徙,少男少女相遇不相淫(淫)而相食。甚有母子相食、夫妇相食者。饿死、瘟死、兵死、刑死无虚日。呜呼!人性灭矣,变至此极矣!至六月二十九日(公历8月5日)始雨。七月(公历8月)荞麦种,踊贵,每斗二千六百钱,后至三千六百钱。冬十月(公历11月),民食百草子,每子一斗……昔未尝有也。

正如杰弗里·帕克在对17世纪全球危机的研究中所注意到的,在17世纪40年代早期的北半球,欧亚大陆东部与其西部一样,在很大程度上遭受了同样的极端气候、同样的社会和政治动荡。[1]内丘县及更偏远的地方所反映的"崇祯深渊期"是这一全球现象的一部分,尽管它可能比其他地方的危机更严重,也比过去任何时期的危机都要严重,因为彼时从东南的智利到日本、菲律宾,再到西南的爪哇的所谓环太平洋火山带正好处于活跃爆发期。中国几乎没有火山,但它正好位于东部诸岛屿一连串火山的下风处。"崇祯深渊期"内有数十座火山有喷发活动,向大气中喷射出大量微尘颗粒。1637年,日本九州岛和伊豆群岛出现大量火山喷发,随后在1638年,北海道的有珠火山和爪哇的拉翁火山相继喷发。1639年亚洲没有火山爆发记载,只有意大利和佛得角群岛有火山喷发记录。1640年,亚洲又发生了火山爆发,分别为北海道

---

[1] Parker, *Global Crisis*, 3–8 passim.

的驹岳火山、棉兰老岛的帕架火山、苏拉威西桑格岛的阿武火山，以及夏威夷的莫纳罗亚火山。次年，即1641年，爪哇、吕宋、棉兰老岛（又是帕架火山）和日本再次出现了火山大爆发，南极的欺骗岛也有一次火山爆发记录。随后在1642年，日本九州的樱岛火山、伊豆群岛的三宅岛皆有火山喷发。1643年，今巴布亚新几内亚海岸边的卡卡火山岛（原丹皮尔岛）以及马纳姆岛（原汉萨岛）也出现了火山爆发。1644年，日本本州岛的浅间山也有火山爆发。[1] 这一系列的火山爆发不仅阻止了太阳能量到达地球表面，也通过厄尔尼诺现象引发了南方涛动。厄尔尼诺现象一直从1638年持续到1639年，随后又于1641年到1642年再次发生。这就导致，通常应落在中国和东南亚的季风性降雨向东席卷，沿着太平洋到达彼岸，在美洲引发大洪水，在中国引起大规模旱灾。

气候扭曲剥夺了农民种植粮食所需的温度和降水，将明人推向了可能的生存极限之外。作物歉收意味着以前存储的粮食（如果还有的话）价格将高得令人难以置信。干旱不仅使田地干枯，还掏空了运河水，要不然粮商和国家的驳船还有可能向受灾地区输送粮食。气候不仅迫使价格上涨，也改变了整个粮食生产和销售体系。

因此，明朝饥荒时期的粮食价格历史，不仅能成为研究年代久远气候变化的指标，也成为研究气候变化与人类生存状况之间相互作用的指标。在明朝最后命运攸关的十年里，极端价格是环境危机的一部分，加速了经济崩溃、流民叛乱以及女真南下。灾荒粮价固然不是解释明朝灭亡的唯一原因，但在谈论崇祯皇帝所

---

[1] Siebert et al., *Volcanoes of the World*, 244–245, 324. 又可参见 Atwell, "Volcanism and Short-Term Climatic Change," 62–70。

遭遇的最后社会大危机时撇开气候问题,引用莎士比亚的话说,"如痴人说梦,充满着喧哗与骚动,却没有任何意义"。更重要的是,价格道出了崇祯时期危机的原因,即明朝崩溃的原因并非德不配位,而是气候变化。气候恶化的程度使大明王朝处于不可逆转的衰落境遇中,这是任何道德叙事都无法解释清楚的。陈其德将这一天灾归咎于上天,我们则认为这是气候变化所致。然而,无论是他还是我们,采用何种分析框架,归根结底就是大自然所致。或许存在某些领导人或政府班子有能力想出办法来缓解这场危机,但是,当地里无法产出粮食的时候,这几乎是毫无意义的反事实思考。政权一旦崩溃,原有的价格体系自然崩盘,两者终将不复存在。

崇祯时期的价格猛涨

到崇祯时期后期,原先的价格水平被打破了。出现在人们眼前的每一个异常价格,都将在接下来新出现的价格面前变得微不足道。

在第一章里，我曾打趣说，读者可以把本书看作陈其德关于1640—1642年灾荒记录的长篇脚注。我并不完全是在开玩笑，因为我差不多就是这样做的。之所以要给陈其德的文章加上脚注，是因为他的目标读者并非我们。读这两篇文章的我们不是明代时期的中国人。我们生活在一个彼此离散的世界，这是陈其德从未想到过的。我们居住在一个比明代晚了四个世纪的地球，在陈其德写作的时候，他是无法理解气候变化问题的。即使是当代中国读者，对四个世纪以前陈其德生活的世界来说，也与外国人无异。陈其德的目标读者是同时代的人。他希望自己的文字能够将这段苦难深重的岁月记下来，使其得以传承给下一代，而非从桐乡人的集体记忆中消失。陈其德确信，如果忘掉了这些，桐乡的后人必将面临危险。

对目标读者而言，陈其德的文章的意义显而易见。他们生活在同样的价格体系中，知道某物应花多少钱，或者至少知道它们在更早些时候值多少钱，并对陈其德所记录的骇人听闻的价格有直观的认识。如果陈其德的描述对我们有直观的意义，那是因为我们了解他所描述的事件背后更宏观的气候背景。明人对于天谴自有体会，而我们则将这些事件与小冰期联系起来，两种思路的差异是相当大的。前几章介绍了中国诸物的价格、每个家庭如何努力应对其花销，以及当恶劣气候破坏收成并导致部分商品价格上涨时所伴生的事件。在最后这一章中，我的目的是在中国历史发展长时段进程中考察陈其德的经历，并将之与明朝灭亡联系起来。作为历史学者，我们除了注意到价格对于政局稳定与否的作用外，还能对这些价格记载进行什么研究呢？我们要如何构建曾经发生的事件呢？"崇祯深渊期"仅仅是一个持续七年、单纯只在短期内产生影响的时期吗？又或者，它不仅在分析彼时主要政治事件的背景时占有一席之地，也在分析17世纪前后中国所经历的长时段变化发展趋势中占有一席之地？

其中一种建构的模型是我们曾在第三章回顾的，欧洲在16世纪到17世纪经历的"价格革命"。这个模型认为，大量白银在大西洋彼岸流动，以欧洲经济无法承载、吸收的速度增加了货币供应量，从而推高了价格。这些被推高的价格改变了商品交换、劳动力支付以及资本形成的条件，造成了广泛的负面影响。西班牙人以为他们在新大陆发现了遍地是金的"黄金国"，结果却事与愿违，财富并没有无限增长，反而给经济带来了混乱。历史学者对17世纪欧洲价格上涨的看法没有异议，他们质疑的是该模型的理论核心中关于货币的论点，即来自西班牙美洲殖民地的白银输入是否为价格产生上涨趋势的原因。这里我将再次援引经济史学者约翰·门罗的批判性观点，即现代早期欧洲的通货膨胀不仅仅是货币供应导致的，还受到许多因素，如铸币、人口增长、国家财政政策等的影响。每一个因素都有不同的影响，其影响程度则取决于该因素在局地经济中的作用。白银流入并不必然推高所有经济体的价格，也不必然导致所有经济体的价格以同等速度变化，其变化如何并非可预先确定的。① 如果仔细检视欧洲实际发生的事件，价格革命的理论基础也就瓦解了。

大卫·费希尔提出了一种低级别的价格革命理论，他称之为"价格波浪"。他的这一模型在一些历史学者当中产生了一定影响。这些历史学者跟我一样并非经济学者，但大家都敏锐地意识到，评估影响历史研究对象生活的经济环境是有必要的。根据费希尔的模型，价格在一个被他称为"价格波浪"的长期持续的过程中显著上涨。这个过程分五个阶段展开。当价格在长期繁荣和人口增长的时期开始缓慢上涨时，浪头就开始出现了。他把这一阶段的价格上涨归因于"物质进步、文化自信以及对未来的乐观预期"等。到了第二阶段，用费希尔的话说，价格越过了"以往的平衡点"，通常还伴随着奸雄谋乱或王朝内斗，导致价格不稳定及政局混乱。第三阶段，国家和个人通过寻求扩大货币供应来应对价格上涨。此说颠覆了以往认为货币供应增加会导致价格上涨这一因果关系。随着货币供应量达到极值（这是不可避免的），就会进入第四阶段，即价格混乱、市场不稳定、实际收入下降以及引发财政危机。最终则为波浪破碎的第五阶段，包括政权崩溃、人口减少、价格下跌等，最终形成新的平衡。②

约翰·门罗等人批评"价格波浪"模型忽略了价格通胀如何以及在何处高企的具体性，并且排除了货币变量、国际贸易影响及金融机构的能动性等因素的影响，仅仅将人口变化视为其主导因素。门罗还认为，"最好将通货膨胀前后的时期描述为平衡"这

---

① Munro, "Money, Prices, Wages, and 'Profit Inflation,'" 17–18.
② 本段我是对 The Great Wave, 237–239 观点的提炼。

一观点也不具说服力。[①]尽管存在这些局限性,但我认为仍有必要叩问一点,即这一波浪理论是否在形式上与"崇祯深渊期"前后的价格涨跌存在一定相似性。我提出此点的目的并非支持波浪模型,也并非让中国与欧洲的"价格革命"范式保持一致。这一思考仅仅只是重新组织我们迄今为止看到的内容,并据此思考整个17世纪的价格曲线形状。需要考虑的问题是:17世纪30年代到17世纪40年代粮价暴涨之前是否已经开始出现小幅价格上涨;崇祯时期价格的猛涨是否已经永久地突破了原有的价格体系;价格上涨是否又进一步引发了所谓第三阶段的货币供应增加;是否又会因此无情地催生价格混乱和政局崩溃;最后,当然是崇祯时期之后,价格是否下跌并在一个新的平衡点稳定下来。

只要用通俗易懂的语言来陈述这些问题,我们就会发现费希尔所谈到的各个阶段并非都与中国的价格记载完全一致。最明显的不一致出现在他所假定的第三阶段,该阶段假定价格猛涨将导致货币供应扩大。但问题在于,贵金属早在价格猛涨之前就已经流入中国,而且也没有证据表明"崇祯深渊期"的粮价影响了贵金属的价值走势。诚如费希尔的波浪模型第五阶段所预测的那样,大明王朝确实崩溃了。然而,由于缺乏第三阶段货币供应量激增这一破坏性因素,政权崩溃是货币扩张后果的逻辑就无法成立了。如果我们绕开模型的这两个阶段,通过其前两个阶段的预测,直接跳到第五阶段来思考价格在明亡以后是否回归平衡,我们或者还能发现一些东西。

从费希尔模型的第一阶段切入,明朝经济是否有一个长期表现出价格温和缓慢上涨的阶段?为了验证这一命题:第一,我将

[①] Munro, review of Fischer, *The Great Wave*.

使用1368年到1590年间的四组价格数据，来估算明朝统治前两个世纪的长期通胀率；第二，我将研究一组从万历中期到17世纪之初的价格，来考察在崇祯时期出现价格混乱前，我们是否可以发现价格变化速度正在加快。这些研究有助于确定国内价格上涨是否早在价格猛涨峰值到来之前就已经开始，以此进一步确定，崇祯时期的价格上涨是否可被视为前述过程导致的结果。

明朝崩溃之后，我们可以看看该模型是否有助于描述崇祯时期粮价暴涨之后发生的事情。崇祯时期遇到的价格猛涨，是短期的反常现象吗？它是否掀起了一股以崇祯时期价格为基础的新价格体系浪潮？复归的稳定是否能够长期存在？陈其德当然希望自己经历的价格混乱只是暂时的，但他也担心混乱结束后幸存者会庆幸自己度过了危机，"一饱暖便生纵恣，纵恣则恶心生"，仿佛一切从未发生过，一切都回到了原来的样子。那么，当下一次危机来临时，他们将会再次措手不及。为了把崇祯时期的事件置于更长时段的背景中，我们将参考另一位生活在长三角地区的文人叶梦珠从17世纪30年代到17世纪90年代所搜集的价格数据。

但我的工作重点不在于将价格作为经济史研究的某种独立变量，而是要用它们来评估气候对经济和社会所产生的影响。如果只从气候的角度来谈论最后一次"崇祯深渊期"，那只是对历史的简化；但如果不从气候的角度进行谈论，那我们就会忽略其基本背景。将气候变化置于事件中心的价值在于，它有助于我们将注意力集中在这种变化对普通人生活的影响上。科研工作者们已经根据实物指标做了许多工作，来追踪我们从文献记载中发现的气候波动现象。然而，叶梦珠在记载17世纪40年代的价格灾难时，曾在文末以"民已困惫矣"作结，这一时间点，恐怕是任何气候模型也不能精准说明的。①这也正是为什么，叙述明朝气候史时不能离开价格史，反之，叙述明朝价格史时也不能没有气候史。价格史和气候史各自为对方提供了地方性的精确度，它们共同提醒我们，前工业社会最终受制、依赖于气候变化。换句话说，它容易受到到达地球表面的太阳能总量变化的影响，农民依靠太阳能种植粮食，社会则靠此实现自我循环。从通货膨胀率入手研究，既可以帮助我们解读长期气候变化背景下价格变化的意义，也可以帮助我们解读短期气候扰动背景下价格变动的意义，因为通货膨胀率是通过价格变化表现出来的。

长时段下明朝的价格变化

为了检验气候变化导致价格推高这一假设，我们需要考虑其他通胀或通缩因素是否在背后发挥作用。为了检验通胀率，我将使用来自1368年、1451年、1562年、1565年和1590年的五份史料中提取的四组数据，对不同时间的价格进行比较。

第一组价格数据是明朝最早有记录的价目表《计赃时估》，它也将作为三次比较的基准值。《计赃时估》用于指导地方官评估财产的价值，作为判决时量刑定罪的参考，一般适用于窃盗犯罪或毁损公私财物案件中。《计赃时估》颁行于明朝建立的1368年，保存于《大明会典》中，其中所列的264件物品价格并非实际交易产生的记载，而是由国家根据物品价值赋予价格并汇编在一起。这些价格具有法律属性，但我们有理由相信，它们也反映了民众

---

① 叶梦珠:《阅世编》，第15页。

实际支付的价格。《计赃时估》的颁行，构成新生政权合法性及法律权威性的一部分。因此，我们可以认为，其中的定价应与实际价格相近，符合民众预期。但这一史料来源还存在一项挑战，即其中的价格是以作为纸币的宝钞计价的，而宝钞是元代常用的一种金融工具，在明太祖统治期间已经迅速贬值。不过，在1368年，1贯宝钞可折合1000文铜钱，等于1两白银，这使我们能把纸币的价格粗略地转换为白银的价格。

第二组价格数据是1451年官府发布的另一份价格清单《收税则例》，列出了进入北京城的商品的应税额。《收税则例》中总共列了226项商品的税额。明朝商品税的标准税率是3%，但在1449年遭受瓦剌军队的重创后，新登基的景泰皇帝为挽救岌岌可危的国家财政，将北京城的全部税率翻了1倍，商品税税率就变成了6%。这样，我们就可以用税率为6%的税额乘以16.7，计算出1451年的价格。和1368年一样，《收税则例》中的价格仍以宝钞计价，但到了1451年，宝钞已基本不再是通行货币，纯粹变成一种会计手段。这两组价格数据使用了相同的货币单位，如果假定这一货币单位的官方名义价值没有改变，那么对比这两组数据就变得相对简单。① 在1451年《收税则例》中的226项商品中，我已经确定有17项与1368年《计赃时估》中的项目非常相似，可以进行比较。这些价格列于表5.1中（见附录C）。

这种比较会产生一些简单但有用的观察结果。首先，从1368年到1451年，商品价格都在发生变动，但方向不尽相同。有的

---

① 1373年左右，基于法律需要，1贯的价值下调为400文，这会使我们的研究变得复杂。具体可参见Farmer, *Zhu Yuanzhang and Early Ming Legislation*, 186。不过，我尚未发现修改后的价值适用于1451年的《收税则例》。

商品价格在上升，有的则下降。其次，某类商品的价格变动速度因产品而异。如以金属为例，铅价下跌了44%，而铜价上涨了180%。这种变动差异可能反映了金属采购的难度，也可能反映了能源成本的增加。铅的熔点较低，加工成本要低于铜等较硬的金属，后者需要更多的能量来提炼。同样，纺织品价格的变化走势也不一致。绫下降了7%，而更精致的纱布和工艺复杂的三梭布则分别上涨了39%和67%。这种变动差异可能反映了生产成本的差距，后两种纺织品比绫需要更多的劳动力来生产。最后，价格上涨的商品多于价格下跌的商品，比例为12∶5。而若将这八十三年间所有商品的价格变动进行平均计算，则价格大概上涨了46%，年均通胀率为0.46%，与商业经济中预期的温和通胀率范围的低档数据相符。

第三组价格数据从1562年、1565年的两份史料综合得来，即海瑞在浙江任官时所制定的支出指南中的价格，以及江西查没严嵩财产后制作的清册中的价格。1562年，当时任官时间最长的官员之一，82岁的严嵩倒台，原因是有人举报其子通倭。三年后编制的严家财产清册在查没其家产时并未公开流通，但很久之后一份题为《天水冰山录》的私抄副本流传于世。[①] 从海瑞的指南和严嵩的查没清册中，我选择了14项内容，它们似乎更值得与1368年《计赃时估》中的某些项目进行对比（见附录C中的表5.2）。海瑞提到的交椅和铁锅，1562年左右的价格与1368年基

---

① 《天水冰山录》有若干现行再版，但并无大改动。我所依据的是1951年与毛奇龄编的《明武宗外纪》合印的版本（1982年重印），价格载于157—164页、170页。关于《天水冰山录》的评价，还可参见窦德士：《嘉靖帝的四季》，第215页；Clunas, *Superfluous Things*, 46–49；以及巫仁恕：《品味奢华》，第233—237页。

本一样。名义价格没有发生大的变化，可能反映出普通制成品的价格并未随温和通胀而上涨。换句话说，从 14 世纪 60 年代到 16 世纪 60 年代，这些东西相对于其他东西，其实际价格是有所下降的。第二个值得注意的现象是，虽然有的商品价格下跌，但价格上涨的商品多于价格下跌的商品。综合表格中所有的商品项可以看到，从 1368 年到 1565 年这两个世纪平均价格上涨了 42%，即年通胀率为 0.18%。如果我们将样本缩小到价格上涨的商品项上，则两个世纪以来的价格平均增长了 72%，年通胀率仅为 0.28%，可以忽略不计。

综合这些表格及其结果表明，在明朝统治的第一个世纪里，亦即新政权积极重建经济时，价格每年大约上涨 0.5%。若以统治的前两个世纪计算，则这一比例进一步下降到 0.3%。这些发现似乎表明，在明朝统治的第一个世纪里，实际价格呈上涨态势。而到了第二个世纪，随着私人商业经济与国家经济一起发展，生产成本逐渐降低，商品流通速度加快，零售业壮大，工资停滞，实际价格反而呈下降态势。[①] 但这种假设可能只适用于制成品和加工材料领域，因为没有任何证据表明，在明朝统治的第二个世纪里，实际食品价格也出现下降态势。

借助第四组数据，即沈榜在万历中期（约 1590 年）记载的京城的价格，与 1368 年的价格进行比较，可构成第三次价格比较。如果考虑到沈榜翔实的记载，那么进行更广泛的价格对比是可能的，我将援引 71 项商品作为对比。为了控制两个世纪以来名义价

[①] 岸本美绪的《清代中国的物价与经济波动》，第 220—227 页，也予以论证。李德甫以 16 世纪人口增长和温和通货紧缩为背景，也提出了类似观点，见《明代人口与经济发展》，第 89—101 页。

格的适度上涨所产生的影响，我将以斗米价格为基准数，把名义价格转化为实际价格。1368年，斗米价格为3.125分，1590年则没有确定的米价。沈榜所支付的米价有若干种，为了方便比较，我将价格定在斗米5分。其对比结果见表5.3（见附录C）。列表中间的数据有沈榜的衙署采购的两种主要粮食：大米和小麦。从这两组价格数据可以看出，自1368年以来，这两种粮食的名义价格上涨了60%。中间区域以上有28项商品，其名义价格的涨幅皆小于粮价涨幅，即相对而言，这些商品的实际价格下降了。在中间区域以下，是名义价格涨幅大于粮价涨幅的41项商品。这41项商品中，有17项的实际价格上涨了6%到88%，9项实际价格翻了一番，另有15项实际价格上涨了1倍以上。

从这些发现中我们可以注意到，日常食品，不包括水果、糖等奢侈品，其价格并没有粮价上涨得那么快。相对来说，它们变得更便宜了。然而，茶、酒、醋的实际价格却翻了一番。除了特别昂贵的织造物，纺织品的总体价格趋势是变得更便宜，与我们所料一致，这是受16世纪商业纺织品生产能力增强的影响。同样，各种日用制成品的实际价格也下降了。跌幅最大的是胡椒的价格，但胡椒在明朝的消费中并非主流。1368年之前，它还不是中国人饮食的一部分，后来逐渐作为一种外来商品进入中国人的饮食，由东南亚来的朝贡使节作为地方方物进呈皇帝，成为皇帝赏赐官员的一种代替俸钱的"折色俸"。这种在明初备受追捧的外国方物，在15世纪后期逐渐供大于求，最终在16世纪因大量进口而不再稀缺，从昂贵的奢侈品变成了廉价的日常香料。

如果我们要关注实际价格涨幅超过大米、小麦等粮食的那些商品，那么尤其需要注意的是木材和木炭的价格。明朝出现大面积的森林砍伐,特别是在万历初年,这导致能源价格的上涨,还可能进一步影响到燃料价格。此外,几乎所有类型的纸张价格也跟着水涨船高。且伴随着越来越多的官方文件需要载入档案、越来越多的书籍被印刷、越来越多的信件要书写,明人对纸张的需求无疑在整个朝代中不断增长。看起来,对高质量纸张的需求甚至比供给增长得还要快。在16世纪60年代,海瑞在对淳安县政事的记载中证实了官府对纸张的需求日益增加,他对此表示强烈反对。

> 若上司加意节省,如无甚干系册籍、文票、比较簿,损之。申文只用古干,不必厚美。供招近又添一书册,申文可并入一封。又以房科不同各为一封,似皆可损。县去府不远,只用单纸为封,不裱褙。依准等状附比较文簿内,既省纸又易编阅稽查,无不可者。毫厘皆民脂膏,损之毫厘,莫不有益。①

海瑞为政有一个诀窍,在于将原本合理明智的想法夸大成包治百病的灵丹妙药,所对之"症"却不见得有他想象得那么严重。在前引文字中,他便采用了这种叙述方式。尽管如此,他对官府过度用纸的坦率看法可能部分解释了纸价上涨的原因,尤其是在北京,明廷对纸张的消耗要远比其他地方官府多得多。

回到价格的中间区域。大米和小麦的价格处于中间区域,它们的名义价格在二百二十二年间上涨了60%,基于此,我大胆地认为,它们的价格可以成为我们计算明朝统治前两个世纪年均

---

① 海瑞:《海瑞集》,第42页。

0.21% 的复合通胀率的基础。在前工业化社会的农业经济中,这种低到可以忽略不计的比例都存在。通过这四组基准商品价格的对比,大致印证了陈其德对万历早期价格的美好回忆。在那个时期,如果商人不接受以谷物换取其他商品,即使是穷人,也可能会把酒糟残渣倒掉,并把豆子和小麦拿去喂养牲畜,而非自留食用。严重的通货膨胀并没有将食品价格推至无法承受的地步。

万历年间自然也不可能"比户具足",但从前述的对比中可以看到彼时微不足道的通胀率。陈其德称万历时期为大部分人都负担得起日常生活需求的时期,并非没有道理。但一场危机正在悄然而至,就像 16 世纪 80 年代末发生的那样——大雨滂沱,然后是赤地千里,米价也接着涨到了民众难以忍受的斗米 1 钱 6 分。但这次危机的影响是短暂的,天灾过后,民众又重新见到了危机前的价格。只有那些像陈其德一样活过了万历时代的人,才会被迫发现这样的好运不可能永远持续下去。

万历年间短期的价格变动

前文的几组数据比较跨越了好几个世纪。不过,有一份记载了万历中期十多年价格的文献《程氏染店查算帐簿》留存至今,使我们能够聚焦关注短期内的价格变动。《程氏染店查算帐簿》(以下简称《帐簿》)价值斐然,它也是我唯一能找到的明代商号账本文献,保存在一套徽州历史文献中,而徽州正是以富甲天下的徽商驰名中外。[①] 染店由徽州人合伙开设,所以账本才会出现

---

① 《程氏染店查算帐簿》,影印于《徽州千年契约文书》。

在该地区，但该染店的位置很可能是上海周边的布料生产重镇松江府。[1]该账本由42张纸对开折叠，然后装订成一本84页的账册，内容包括染店的资产、利润的年终总结。

《帐簿》所列第一份档案，日期为万历十九年五月初一（1591年6月21日），内容则为程本修和吴元吉两人合资开设染店的初始出资金额，为2417两4钱1分2厘。下一份档案的日期则是两年后的七月初一（1593年7月28日），也是随后年度报账的第一份记录。1593年的这份年度报账是全部年账中最不详细的，1595年和1596年的年度报账则亡佚。1597年，年账会计日从五月初一挪到三月十六，后来又再度调回。年账的格式每年皆略有不同，笔迹在1601年和1602年之间有了明显变化。此外，年账的呈现形式及具体内容皆相对合理，上下年份基本保持一致。《帐簿》最后一份档案是附于1604年年度报账后的一份协议，由程观如和吴元吉的弟弟吴霞江签署，内容是去岁秋吴元吉去世后，他在染店中的股份的处置问题。

《帐簿》存在的目的，主要是按年清点染店的资产。每年年账都会列出库存货物，以一行记载其数量，其下一行记载其总价值。库存货物的记载顺序每年稍有调整，加工材料通常列在原材料之前。账上所记价值是货物的估值，而非市场价格，当然我们可以假设，这些货物的估值经全体合伙人同意，那么它们应当非常接近市场价格。有意思的是，几乎所有货物的估值每年都在变化，这或许可以支持前述假设。表5.4（见附录C）列举了1594年到1604年至少出现三次不同估值的货物，即靛蓝、布料、酒糟（购

---

[1] 李贵民：《明清时期蓝靛业研究》，第150页。李贵民对《帐簿》的讨论集中在资本形成的议题上，而非价格。参见氏著第144—150页。

入的酒糟可以提炼钾，钾是布料漂白的原料之一，有助于提高染色质量）、熟石灰（氢氧化钙，用作固色剂）、柴火、米以及蒲包（用于包裹染好的成品布）。另外还有两种我可以根据字面意思翻译，但不理解其意义的货物：布头、希皮。

我们从靛蓝开始来研讨各类货物的价格走势。《帐簿》中一共出现过八种靛蓝，其中有三种在年账中至少出现过三次，我已列入表5.4。土靛在1594年和1597年出现的时候，单价均为每斤1分，在1598年出现时，单价为每斤0.72分。日张靛（"日张"可能是某商号名）在1597年的单价是每斤1.53分。园靛的最高价为1600年的每斤1.3分，1601年与1603年跌至约每斤1.1分。从这些为数不多的靛蓝价格可以看出，靛蓝的价格在1600年到1601年略有下滑。

布料的记载更丰富。青布（染过色的布）的价格在1597年和1604年时最高，但其中也存疑。1597年的青布价格有两条，一条是《帐簿》内历年青布最高价格每匹22.9分，一条则是《帐簿》内历年青布最低价格每匹19.6分,《帐簿》中没有说明为什么这一年会有两种布价。同年，白布（未染色的布）的价格为每匹14.4分，处于低位。到了1602年则涨到了18分的高位，与其他年份的价格相去甚远。缸上白布（我猜这也来自一家与染店有生意来往的商号）在1599年价格最低，为14.7分，1604年价格最高，为16分。葛布（苎麻纤维）价格波动较小，1603年价格最低，为14.9分，次年价格最高，为16.4分。客染布的价格比其他布料要便宜得多，1600年价格最高，为6.5分，1603年价格最低，为4.9分。在布类中，我还添加了私染书布这一项，以表明有些价格可能没有变化。1600年和1601年，私染书布的价格一直稳定在

20分，这也是私染书布仅有的两年价格记录。我们如果从这些数据中退后一步，寻找布料价格的走势，将会一无所得。每种布料的价格都独立于其他布料价格而变动。

再看原材料。1594年，酒糟的价格达到最高，为每埕12.5分。其价格最低在1601年，为每埕9.5分。木柴的价格，1600年先是跌到最低价，每斤1.1分，次年上升到最高价，每斤1.5分。1603年，价格再次回落到1.1分。熟石灰只有两种价格，1598年、1601年和1603年这几年，单价皆为每方（《帐簿》原文为"房"）3两，1599年、1600年和1602年这几年，单价则为每方3.33两。但结合我从其他史料文献中发现的情况看，《帐簿》里的米价高得离谱。1593年到1599年间，每石从0.6两涨到了0.704两。1601年一度跌回0.55两，但1602—1604年又涨回0.75两。蒲包的价格从1600年的0.25分跌至1604年的0.23分。"布头"的价格在1600年略微下降到每斤9.7分，后于1604年又涨到11.9分。1601年，"希皮"单价最低，为0.143分，1603年时单价最高，为0.17分。总的来说，无法从这些价格中总结提炼这些货物的整体价格趋势，类型类似的商品之间也没有明显的一致性。只能说，1604年的价格略高于此前十年中的任意一年，尽管差别微乎其微、无足轻重。

这些万历中期短期的价格走势能告诉我们什么呢？首先，价格每年都在变化，但通常增量很小。其次，价格变动并不一致，表明价格波动与该经济体中商品定价的特定条件有关，而非作为一种整体价格，受到宏观层面经济力量的影响。通过这两点可以得知，万历中期的商品价格并未出现整体变动。为了证明这一点，我们再以表5.4（再参见附录C）中每类货物的第一个和最后一个价格为例进行对比。可以看到，酒糟、木柴、蒲包的价格下降了。靛蓝的价格基本不变，熟石灰和私染书布的最终价格也没有变化。其他类型的布料价格最终上涨了约 6%。变动最为显著的是米价，最终上涨了 25%。但诚如前述，我无法解释这些米价为何如此高昂，尤其是 1602 年至 1604 年正是气候温暖、水分充足的年份。

如果从染店这份《帐簿》的整体价格来看，我只能得出这样的结论，即不管我们倾向于将什么因素视为价格变动的来源，皆没有证据表明价格在短期内有任何实质变化。这一结论使我们无法找到任何证据来支持费希尔波浪模型中的第二阶段。费希尔认为，这一阶段中，价格将经历漫长而缓慢的上涨，并为接下来第三阶段的突然猛涨做准备。从万历中期的价格中看不出任何波浪，也看不到为崇祯时期的价格突然飙升做好了"准备"。因此，我们不得不得出这样一个结论，即无论是从明初开始观察，还是从"崇祯深渊期"之前几十年开始观察，该时期皆非明朝经济发展趋势的落脚点。据此我认为，没有理由从崇祯时期的价格乱象往回追溯，来论证这一乱象乃受经济体内部通胀压力所致。崇祯时期的价格是自己涨起来的，受彼时发生的其他事件影响。

后崇祯时期价格的再稳定

清代价格史本身是个独立课题，已经超出了笔者的研究范围。但我将借助另一位亲历"崇祯深渊期"的长三角地区文人的记载，来深入研究这个清朝统治前半个世纪的价格变动情况。

叶梦珠出生在上海西南方的某个普通士绅家庭。叶家在松江府城中有宅邸，老家则在松江与上海之间的农村。在他的回忆录

《阅世编》中,叶梦珠回顾了该地区的历史——从他尚处童年的崇祯时期到17世纪90年代,书中出现的最晚的年份是1693年。[①]氏著条理清晰、文字准确,读起来更像一部清朝统治前五十年长三角地区的民族志。

与其他同时代人一样,叶梦珠也非常关心价格的变动问题,为此他用了整整一卷(卷七)来讨论。该卷多个章节取名"食货"(食品和货物的总称),模仿了正史中记载人口、生产、赋税等财政问题的章节标题。但叶梦珠的兴趣不在人口或赋税,而纯粹在于物价。他在本卷开篇即有概述:"物价之不齐也,自古而然。不意三十余年来,一物而价或至于倍蓰什百,且自贵而贱,自贱而贵,辗转不测,不知何时而始。"[②]与陈其德一样,叶梦珠也从讲述童年时期的价格开始。他说自己的儿童时期是正承祖父膝下之欢之时,以此时为参照点,叶梦珠开始谈论他对所经历的价格乱象的理解。我们将从叶梦珠的叙述中看到,陈其德所说的万历丰亨时代,在叶梦珠生活的崇祯时期已经不复见了。

叶梦珠的童年悲剧始于1630年,是年"年荒谷贵,民多菜色,郡县施粥赈饥"。而当时的叶梦珠"尚幼,未知物价"。他第一次提到的价格是1632年的价格:"壬申夏,白米每斗价钱一百二十文,值银一钱,民间便苦其贵,则庚午(1630年)之米价,概可知已。迨秋成,早米每石价钱止六百五六十文耳。自是而后,米价大约每以千文钱内外为率。"我们从前一章知道,这个

[①] 叶梦珠:《阅世编》,第4、22页。氏著一直没有刊印,直到一家上海出版社得到松江图书馆的抄本后,始于1934年付梓出版。20世纪70年代以来,《阅世编》一直为价格史学者钟爱。
[②] 叶梦珠:《阅世编》,第153页。

价格就是16世纪以来标准的灾荒米价,即斗米百文。到了1632年,本应是灾荒价格的米价变成了日常价格。叶梦珠将米价这种不稳定的变动归因于铜钱与白银之间难以理解的兑换比例波动。他认为伪造铜钱者将原本的铜钱熔化后,于新铸币中掺杂杂质,以此产生缺斤少两的劣质铜币。① 一些学者认为,影响这种兑换比例的不是铜钱的贬值,而是17世纪40年代以来从美洲逐渐减少进口的白银本身价格上涨。但叶梦珠的记载中并未给予这一论点任何证据支持。② 从历史的角度看,伪造货币可能会导致某经济体中流通更多的货币,以弥补当地货币供应的不足,尤其是坐拥白银的人为了应对不确定的未来而将白银撤出流通领域的时候。

与陈其德一样,叶梦珠也试图从自己经历的困境中寻找教训,但不像陈其德那么说教。"灾祥之告,无代无之",在卷一《灾祥》中,叶梦珠如是说:"史册所载,不可枚举。以予所见灾害之甚者,莫如崇祯十四年(1641年)辛巳之旱。"对于叶梦珠和陈其德来说,这一年堪称凶岁。先是夏季旱灾,接着是蝗灾,大规模饥荒接踵而至。官员们虽然与地方缙绅土豪联手施粥赈济,但很多饥民早在前来接受救济的路上就已经倒毙道旁。然后叶梦珠开始谈到价格。"是时,白米石价五两,豆麦稍差,糟糠秕穅,价亦骤贵。宾客过从,饷之一饭,便同盛筵。雇募工作,惟求一饱,

---

① 《上海县志》的编纂者将1642年铜钱大幅贬值归咎于劣币私铸。具体可参见《上海县志》(1882年版)卷30,第9b页。更早一次铜钱与白银兑换比例大幅下跌发生在1599年的苏州,其比例几至3000文兑换1两白银。具体可参见《吴县志》(1642年版)卷11,第30b—31a页。
② Atwell, "International Bullion Flows and the Chinese Economy," 88. 但万志英在《16—19世纪拉美白银在中国经济中的重要性变迁》一文中挑战了这一解释,且立论扎实。见氏著,第558—561页。

不问牟麦。"松江府有近一半人口以纺织为生,一旦无买主光顾,他们就只能"易子而食,析骸而炊"。与此同时,明廷为筹措军饷,在辽东对抗清军,又在松江府增量征收小麦以为赋税,这使得当地的粮价超过了 5 两。一位松江府缙绅极力说服明廷,最终将小麦税改折为银,税率为每石 1.5 两,以舒缓民力。幸喜夏季小麦存活时间较长,终至收成,一些人由此得以承担税收的负担。但随后"疾疫大作,几于比户死亡相继。此予有生以来所见第一凶岁也"。①

叶梦珠接着谈 1644 年夏天的情况。是年,一场长达半年的旱灾在当地创造出两个新的说法,其一是"米价贵,水价倍贵",其二是"饥欲死,渴更欲死"。这次旱灾使整个松江府的经济濒临崩溃。叶梦珠说道:"商旅不行,物价腾涌。"危机终于在年底开始缓解,但复苏举步维艰。"至十二月(1645 年 1 月),始得一雨连日,方快沾足,而民已困惫矣。"②

叶梦珠继续谈论明朝灭亡到 17 世纪 90 年代之间的价格波动情况。这期间的情况令人困惑,因为不同商品的价格走势并不统一,叶梦珠只能一件一件地剖析这些商品的价格走势。他一共谈到了 36 种商品,为了简化论述,我只选取其中 8 种加以论述。首先是大米。

1642 年,米价攀升到每斗 0.5 两,到了 17 世纪 50 年代降至 0.25 两到 0.4 两之间,17 世纪 70 年代进一步跌至 0.2 两以下,17 世纪 80 年代后跌至 8 分到 9 分。小麦价格则在 1642 年涨到了每斗 0.25 两,到 17 世纪 70 年代,价格降至 12 分到 13 分之间。17

---

① 叶梦珠:《阅世编》,第 14—15 页。
② 叶梦珠:《阅世编》,第 15 页。

世纪80年代,小麦价格继续下跌,与大米基本持平,每斗皆为8分到9分。大豆价格在1651年左右每斗高达32分,但1682年时则下降到6分到7分。猪肉与上述谷物粮食一样,是中国商品市场的风向标之一。17世纪20年代,松江府的猪肉价格为每斤2分,与明初价格一致。1645年,猪肉涨到12分的高位,之后又在1680年稳定在5分。17世纪20年代的糖价为每斤3分到4分,但到了17世纪40年代,糖的价格猛涨10倍,高达40分。1681年一度暴跌回2分至3分,最终回升企稳,1690年时每斤约为5分到6分。柴薪在1620年的单价是百斤一担6分到10分,1646年涨到50分至60分,最终在1688年重新企稳,单价为百斤一担12分到14分。纺织品是唯一能够恢复到1620年价格的商品,尽管木棉走了一条不同寻常的路线。1620年,木棉百斤一担,价格约为1.6两,1628年飙升至4两到5两,然后回落,1649年再次上涨,不过这次只涨到3.5两。到了1684年,木棉百斤一担降至1.3两。1628年每匹棉布价格为15分到20分,1654年涨至50分,1684年又回到20分。[①]

从叶梦珠提到的这些价格数据可以看到,不同物品的价格走势是不一样的,但他的记载也确实给人一种总体印象,即松江府的物价早在1620年时就已经高于正常水平,并在接下来二十五年里急剧上涨,几近17世纪20年代的2倍到10倍不等。但17世纪40年代中期之后,价格开始回落。少数商品,如棉布,又回到了17世纪20年代的价格。大多数其他商品的价格未能重新稳定到17世纪20年代的水平,但也在一个新的物价水平处企稳,大

---

① 叶梦珠:《阅世编》,第153—161页。

约是崇祯时代之前价格的 2 倍。叶梦珠的记载表明，17 世纪 90 年代的物价没有再回到 17 世纪 20 年代的水平，且不同商品的价格也无法被称为一种新的"平衡"。大多数商品价格已经翻番，而且还会继续上涨。

崇祯年间的价格猛涨

如何通过叶梦珠的记载来分析"崇祯深渊期"的价格变化？在探讨这个问题之前，我们先来简单回顾一下明朝灾荒粮价的全部记载。其中可能会涉及一些前文已经谈过的内容，但这样做的目的主要在于帮助我们更好地探讨崇祯年间价格猛涨的原因。

14 世纪到 17 世纪物价总体在缓慢地上涨，与此趋势相类似，不同时期灾荒粮价也呈现上涨趋势。在明朝统治的前两个世纪里，斗米百文是标准灾荒价格。在短暂的严重危机期间，灾荒价格会超过这一上限，但每回总能在灾荒过后回落到接近原本粮价的水平，使总体价格保持不变。图 5.1 显示出 17 世纪 30 年代斗米百文到千文的变化过程。白银价格也在上涨，但迹象不甚明显。1428 年，1 钱被认为是标准灾荒价格，但到了 15 世纪 80 年代，标准灾荒价格就已经上升到 1 钱 5 分，16 世纪还在进一步攀升。在偏离以正常价格为下限的背景下，灾荒价格也会有一个上限，其通胀率大致也与正常粮价的温和通胀率相呼应，直到 16 世纪中期，年均约为 0.2%。

到了万历时期，两次"万历深渊期"的粮荒规模和强度皆远超以往，对粮价造成更大的扰动。迟至 17 世纪第二个十年，某些地区的灾荒粮价据报仍为旧的斗米百文，到了"万历深渊二期"

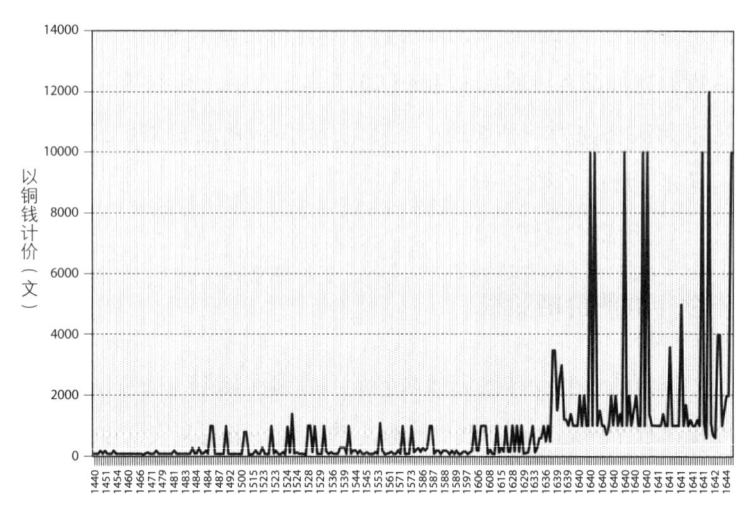

图 5.1 以铜钱计价的年度灾荒粮价（每斗），1440—1647 年

时，这种限制基本被打破并废除。即便如此，直至此时的灾荒价格还没有严重扰乱明朝原有的价格体系。尽管危机期间粮价面临着越来越大的上涨压力，但危机过后，它们基本能够恢复正常。直到 17 世纪 30 年代和 17 世纪 40 年代的动荡期间，农民们发现，自己努力种植再多的粮食也无法养活所有人，灾荒价格进入了全新时期。直到万历时期，支撑朝廷制定救荒政策的逻辑一直是价格最终会回归正常水平，因此官府要做的只是设法将价格变化曲线拉回灾荒前的水平。灾荒赈济旨在帮助民众渡过难关，直至农业恢复生产、粮食恢复供应、价格回归正常。然而，到崇祯时期后期，原先的价格水平被打破了。出现在人们眼前的每一个异常价格，都将在接下来新出现的价格面前变得微不足道。曾经民众相信某一价格已经临近极端，不会出现更为糟糕的价格，这种信心也逐渐消失了。灾荒价格猛涨，直冲云霄，灾荒粮价几无上限，

人们对此亦束手无策。

诚如我们从叶梦珠的《阅世编》中的价格记载所看到的,明朝价格的故事并未因明朝灭亡而结束。明末的价格混乱并未止于1644年,此时中国处于蒙德极小期中,因此接下来清初的几十年里,农业仍然受到压力,价格依然被层层推高。粮价在叶梦珠青年期趋于稳定时,已处于每石2两到3两的范围之内了,这个价格在以前任何时候都是不可想象的。又过去几十年,粮价才最终回落,但也仅仅只是回落到崇祯初期的价格水平,而当时的价格早已远远高于万历价格体系下的正常粮价了。[1]

问题在于,将触底价格定位在哪里,将会直接影响到我们如何解释价格波动的形状和幅度。一些历史学者将叶梦珠所谈的价格下降视为康熙时期经济萧条的证据。的确,有很多已经定性的证据支持这一史实,也诚如一些学者所谈到的,康熙时期确实是艰难的岁月。[2] 然而,这种分析是从清朝的角度出发的,它有一个隐藏的假定前提,即崇祯时期的价格是后来17世纪价格变动的基准线。但若从明朝的角度看,崇祯时期的价格显然不是重建价格长期变化时应予参考的合理基准线,因为崇祯时期的价格并非费希尔波浪模型的第三阶段,即长期价格加速高涨阶段,而是短期气候条件对崇祯统治末期的中国经济造成的致命破坏。至少,这是我对这一问题的看法。如果像清朝价格史学者所认为的,将叶梦珠所提到的崇祯初期粮价(1632年时的斗米1钱)视为正常价格,那就会忽略掉一个事实,即除了灾荒年,明朝的粮价大多保持在5分以下。以崇祯时期作为起点,而非从更早的几十年前

---

[1] 叶梦珠:《阅世编》,第153—154页。
[2] 万志英:《财源》,第215—216页。

起算，就等于淡化了崇祯时期价格的特殊性，以及忽略了实际发生过的事情。①

如果反过来从明朝而非清朝的角度看，叶梦珠的价格记载表明，价格在17世纪末重新稳定下来，但价格并非回到先前水平的一半（如果是以17世纪40年代价格为基准线的话，那的确可以得出如此结论），而是达到先前价格（明朝正常粮价）的2倍。且并非所有商品的价格都以同样的方式波动，尤其是棉花等原材料，是否卖得出好价还要取决于运输和广伸触角的商业网络，同时还要受到劳动力成本的影响。② 即便借用叶梦珠的价格数据，将整个17世纪的价格走势构建为一道长波浪的话，那么最终这道长波浪中价格的回落点将会远高于起点的水平。更何况从叶梦珠的记载可以看到当时的价格并非一道"波浪"，只是崇祯时期灾荒引发的一次价格高涨，这一高涨最终也没有消退，没有重新回到民众熟知的初始"平衡"状态。17世纪末的价格谈不上恢复正常，只是建立起一种新常态。但这些新的正常价格改变了成本，降低了民众的生活水平，给家庭经济带来了巨大的压力，以至于在康熙时期的经济萧条下，民众几乎赚不到能与这一新价格相匹配的钱。从这层意义上讲，康熙初期，民众确实经历过一次经济萧条，但这次萧条应视为"崇祯深渊期"的价格效应造成的。此外，与

---

① 其他一些研究多使用时间相对较晚的价格作为基准线来建构17世纪的价格曲线。这种研究在目前占有主要地位，如全汉昇：《明清经济史研究》，第165页；Y. Wang, "Secular Trends of Rice Prices in the Yangzi Delta," 39–40；岸本美绪：《清代中国的物价与经济波动》，第112—116页；Von Glahn, "Money Use in China and Changing Patterns of Global Trade in Monetary Metals," 191–192。
② 关于松江地区纺织品价格的崩溃，可参见叶梦珠：《阅世编》，第157—158页。

其说这种"新常态"实现了新的"平衡",不如说它是一种暂时的停顿。接下来在整个18世纪,伴随着人口增加,价格还会继续上涨。

明朝崩溃时的灾荒价格与气候扮演的角色

如果一定要描述"崇祯深渊期"及其后时段的灾荒价格的形态,那么它更像是汹涌的海啸,而非起伏不定的波浪。要在极短时间内将价格推高至如此水平,必须是由强大的外部力量引起的,即能造成严重破坏的气候的突然冲击,而非内在通胀或货币供应变化等因素缓慢的影响。

我们现在知道了,明末的危机其实也是彼时全球危机的一部分。[1]但欧亚大陆两端的情况却存在差异,在进行比较时,不仅要注意到气候带之间的不同,也要注意到人类社会之间的差异,这有助于进一步厘清小冰期对中国农业造成的负担的特殊性。埃马纽埃尔·勒华拉杜里曾大规模调研欧洲气候史,并注意到"总体而言,目前,过度降水是温带气候区——如我们所在的地中海以北的西欧中部地区——的主要危险"。勒华拉杜里将干湿视为气候变化的关键标志,认为潮湿在此二极中更具威胁性。他甚至认为"干燥极好,只要不随机伴生高温或过热即可。至于寒冷,尤其是冬天,影响则相对较轻,且是好是坏的评价还要取决于寒冷的运作方式(如下雪与否)"。[2]

明代中国的情况则有些不同。无论是叶梦珠还是陈其德都认

---

[1] Parker, *Global Crisis*, ch. 5.

[2] Le Roy Ladurie, *Histoire humaine et comparée du climat*, 100.

为，干旱是粮食生产的最大威胁。他们和其他时人一样，都认为是干旱将价格推高至民不聊生的水平。他们确信唯一能舒缓粮价的因素是降雨。然而，这一时期，小冰期气候变化的实物指标显示，造成崇祯危机更重要的因素是变冷，而非干旱。[①] 我在本研究中使用的价格数据，却很难让我们看出这种区别。方志编纂者有时候会附上简短的夹注来解释粮价猛涨的原因，但几乎未见归因于气温下降的记载，除非编纂者亲眼看到运河结冰堵塞，或看到反季节的霜雪降落在田间。这种记载缺失主要是由于彼时缺乏计量温度的度量衡，部分还因为彼时很难检测出寒冷对植物生长的影响，除非时间过去很久以后。干旱带来的残酷证据，似乎已经提供了满足所有人需要的解释。

欧洲湿冷的气候与中国干冷的气候之间的差异也值得密切关注。这很重要，因为欧洲和中国的农业系统在应对降水压力的能力方面存在差异。诚如勒华拉杜里所注意到的，只要不伴随过度降雨，欧洲的粮食生产就能更好地应对寒冷，过度降雨反而会导致歉收。农业系统的这种韧性部分来自欧洲人的饮食结构中畜牧业占比更大，部分则源于其谷物更为耐旱。相比之下，对中国来说，当寒潮来临时，比起寒冷与强降水组合的湿冷天气，干冷天气更为致命。小麦和水稻的种植都要大量的水，且水稻需要更多的水，生产1公斤米需要大约2500升水，而小麦大约需要1500升水。灌溉水稻（通常如此）时，它能吸收的水量预计占整个灌溉系统水量的五分之二。因此，水稻农业不仅消耗更多的水，也更容易造成水资源短缺。若降水过多，水稻就会是一种优良作物，

[①] 举个例子，如 Liu Jian et al., "Simulated and Reconstructed Winter Temperature," 2875。

且水田的结构利于排水，比旱地更容易析出积水。但当干旱来袭时，尤其是连续数月毫无征兆的干旱，水需求量大的水稻就难以生长了。更糟糕的是，寒冷的气温会缩短作物的生长周期，这进一步加剧了水资源短缺所造成的影响。在极端气候肆虐时期，整个春天、夏天往往连续数月滴雨未下，田地干涸，运河也干涸。用我们的话说，自然（当然用当时人的话说就是老天爷）把农民逼到了难以忍受的绝境。

随着明朝在中国的历史记忆中渐行渐远，崇祯危机造成的冲击往往被遗忘，天灾最终也被解读成人祸。18 世纪的许多文人都会怀着对前朝的脉脉温情，认为明朝是个更好的时代。1733 年，《扬州府志》（扬州位于长三角地区的长江北岸）的编纂者回顾 16 世纪，认为那是一个纯朴的时代。与编纂者身处价格猛涨的时代不同，那个纯朴时代"价和税平"①。如果将明朝视为失落的世外桃源，那么粮价必定会给人们的警示是，不可盲目商业化，不可抛弃可以因循的旧俗。不管是 18 世纪的文人，还是我们前文提到的文人，他们对类似问题的阐述，最终必须要落在道德上。道德是唯一能够对经济开展系统性阐述的基础，也就是说，它在阐述中的位阶要高于价格的冲击。至于气候，与上天一样，本质上皆属于无法分析的系统。

从我们今天的角度看，大约在三十年前，人们就把注意力转到 16 世纪和 17 世纪全球白银贸易上，这一研究加强了人们对中国在世界历史中的地位的认识，摆脱了传统以道德沦丧作为王朝兴衰的叙事角度。然而，在以全球史角度考察和重新解释大明王

---

① 《扬州府志》（1733 年版）。

朝的崩溃时,如果没有考虑气候因素,那便会忽略一个显而易见的事实,即中国经济在小冰期各种"极小期"中脆弱的一面。万历至崇祯年间流入中国的白银可能会对某些行业产生影响,但农业生产仍是明朝经济的基础,是养活日益增长的人口的手段,因此农业生产若受到冲击就可能是致命的。当田间作物因干旱或寒冷而枯萎时,影响的不仅仅是人类的温饱,还有与之息息相关的灾荒价格,这也正是为什么灾荒粮价能够成为反映某一王朝环境发展变迁的最好的文献指标。在小冰期最恶劣的年份里,寒冷和干旱给中国粮食生产带来双重打击,此后直到19世纪50年代再席卷重来。[①] 明朝的价格体系和政治体系皆无力承受粮食供应彻底的崩溃。也许满人更能适应寒冷干燥的气候,在气温骤降时他们大举南迁,进入并占领了混乱的中原,进而统治全国,其对中国的再造,影响至今。清人设法适应了后崇祯时期的价格,并最终在18世纪进入了一个新的价格体系。直到19世纪中叶,冰期结束时的气候扰动再次将他们推向了下一波灾荒、内战,进而导致大清王朝的崩溃。

[①] Y. Wang, "Secular Trend of Prices during the Ch'ing Period," 362. 从全球角度讨论此次危机的,还有 Davis, *Late Victorian Holocausts*。

后　记
气候与历史

当我开始搜集明代文献中的价格作为研究参考数据时，我还不知道这些数据会将我引向何方。我曾单纯希望它们会朝着某一确定经验的方向发展，亦即普通民众在明朝的生活成本这一方向。尽管数据中确实有一些真正的购物价格数据，但后来证明，我的这种"希望"仍然很难实现。对于价格类的历史知识，我认为我最大的贡献是通过这些数据提出了两点：其一，计算出明朝一个最贫穷的家庭一年的生活成本是14两多一些，而一个体面家庭（借用欧洲的历史语言）的生活成本，约为23两出头；其二，一个穷人的年收入在5两到12两之间，而维持体面的工资需要在14两到22两之间。

当然，这两点还尚不能概括我研究中的全部发现，且更令我惊讶的是，我在搜集价格数据的过程中，还接触到了环境史的内容。传统的史学研究通常将明朝灭亡描述成党争四起、政府无能、赋税减少和农民起义导致的，所有这些都被冠以一顶"君臣失德"的道德评判的大帽子。根据此说，清朝能够入主中原，只是因为明朝自己出了问题,也正是根源于此说,大清取代大明就有了正统的依据。当然,有权如此书写历史的,也只有"取而代之"的新王朝了。指挥清军入关的多尔衮就在事后承认"崇祯皇帝也是好的",并坚信明朝战败罪在百僚,因为武臣"虚功冒赏",文官"贪赃坏法"。这些失德之臣让多尔衮非常确信明朝"所以把天下失了"。北京郊外,明思陵碑文上也有类似说法。碑文言皇帝"身殉社稷",但群臣尽是"失德亡国者"。[①]无论是把失败者推到一边的人,还是认为自己对失败的局势无力回天的人,"失德"可能都是一个令人欣慰的说法。清初几十年里,许多仍忠于明朝的人接受此说,号啕罪己,并抓住一切机会解释他们为什么没有追随明朝而去,反而苟活至今,以此获得了新王朝的宽容。

当然,否定天启、崇祯两朝君臣的决断失误是无益的。如果两朝君臣中有一二能壁力挽狂澜,而非致力于党同伐异、私相授受,那么一些财政和军事危机是完全可以避免的。但是,方志史料所揭示的明末民不聊生,似应从另外的切入点才能得到更好的解释,不是用绝对的道德评判标准来衡量个人行为,而是应该将这些个人行为与"崇祯深渊期"的局势联系起来。在此前的数个"深渊期"中,官员们已经意识到他们面临着类似的困难:收成不佳、市场粮食缺乏、官仓廪食空虚、价格上涨。但崇祯时期的溃决规模远超时人的预料和想象。有的"深渊期"以政治灾难告终,如1457年初发生的推翻景泰皇帝的"夺门之变",但大多最终都能恢复到此前的状态。"崇祯深渊期"的特点是,粮价

[①] 转引自卜正民:《挣扎的帝国:元与明》,第240页。

已经猛涨至令人震惊的高位，恰逢此时，训练有素的清军又在穿越北部防线，同样强忍着粮食短缺的窘境，虎视眈眈地等待着进攻的时机。这种局面下，大明王朝的崩溃与崇祯君臣的失德之间的关联似乎无甚紧要。诚然，崇祯朝朝野上下确实有许多官员为了个人的富足和安全去贪赃枉法，牺牲公共利益，但大多数官员这样做时，完全意识不到自己正处于怎样一个令人无法想象的时代。

将本书中提到的史实置于小冰期的背景下考察，则凸显出明人及大明王朝从15世纪到17世纪所面临的气候背景。粮价是调节太阳能量与人类需求之间关系的工具。在"景泰深渊期"到"崇祯深渊期"五次环境危机中，粮价都在猛涨，且每一次"深渊期"过后，粮价都会被推到一个新高度。这就促使我采用了这个更广泛的分析框架来研究。由此，我们根本不可能忽略的是，在这几个世纪里，人与自然的关系恰在最根本的层面上决定了中国人所经历的事。当一个经济体依赖太阳能量作为其能源来源时，自然——无论如何强调这一点都不为过——必须被认为是决定社会与国家生存能力的因素。再次引用布罗代尔的话，自然决定了"可能性的限度"。那些限度不一定是绝对的，纵观历史发展，人类也常通过干预手段来塑造有利于自己的环境条件。此类应对措施包括基础设施建设（如灌溉系统和排水渠）、作物改良（如培养早熟水稻）、建立相关制度（如仓库系统、粮食市场）、技术革新（如水泵），以及控制人口增长率，限制人口增加以缓解粮食供应压力等。[①]

[①] 举个例子，20世纪灌溉技术的发展演变就深刻地影响了农业发展的稳定性。具体可参见 Kueh, *Agricultural Instability in China*, 257–258。

那么，关于这类潜在可行的人为举措，明朝的价格记载能告诉我们什么呢？或更不客气地说，明朝在应对气候变化时明显表现得很差吗？对于这个问题，我的观点将会冲击其中隐含的假设，即人类的恢复应变能力是在引发这一能力的条件下自主运作的。这里就有必要区分长期气候变化造成的扰动与短期气候变化造成的扰动。换句话说，应该对气候变化和短期天气变化进行区分，尽管这样做可能会掩盖二者之间的密切联系。气候史学者采用小冰期的概念，以研究人类历史上的某一长时段发展趋势，最初乃基于欧洲的历史记载，但现在基于亚洲的气候指标也可以揭示其发展趋势。历史研究表明，人们，包括明人，在小冰期时经常会使用干预手段，以改善他们的环境状况。在前述应对环境压力的五个方面（基础设施、作物改良、制度建设、技术革新以及人口控制），中国人显得游刃有余。这些创举并非朝夕之间一蹴而就，且当危机钟摆的摆幅远大于此前的摆幅度时，它们也不总是能够发挥弥补功效，但适应自然的能力确实因此得到了发展。

然而，短期的气候扰动会对人类产生不同的影响。长期的气候变化所造成的扰动会迫使人类调整自身，以适应新的环境，但短期的天气变化，尤其是突如其来的天灾，更有可能压制而非刺激这种适应能力。至少，我是这样解读我所发现的从景泰时期到崇祯时期的粮价猛涨的，彼时粮价涨幅已经远超人们以往经历的任一时期。我搜集灾荒价格数据时，几乎没有看到什么有关适应能力的内容。更多的时候，人们只是指出天灾造成了大面积的饥荒，但任何人都束手无策。

从某种程度上说，明人的适应能力应从另一条更长的时间轴来考察。我们已经看到了一些关于这种适应能力的史料，内容涉及对饥荒的干预，最终因此没有酿成大面积饥荒。以 1594 年的河南饥荒为例，万历皇帝和郑皇贵妃就对饥荒进行了直接干预。当粮价涨到每石 5 两时，负责赈济的官员便利用这一价格来激励私商将装满粮食的驳船开到黄河下游的受灾区。也许也曾有一段时间，官仓可以供应赈灾的粮食，毕竟，明太祖朱元璋下令在全国各地建造预备仓。然而，维护粮仓和储粮的成本亦不容忽视，这就会削弱对粮仓的维护。朝廷不愿意采取必要措施来遏制粮仓制度的日益衰颓，反而在 15 世纪时对这种恶化趋势做出让步，于 1527 年允许官仓储粮减额，直接导致官仓预备粮不足以应对严重的生存危机。① 地方官完全明白这会让他们面临什么问题。1594 年的灾荒之所以得以避免，并非因为市场自发干预，而是掌权者们深知他们并无足够的官仓预备粮来应对这种紧急情况，而能够满足粮食需求的是市场。

两次"万历深渊期"与"崇祯深渊期"的不同之处，不在于已经没人知道官营与私营商业如何结合，也不在于官员们已经放弃继续创新举措，其核心区别只在灾荒的规模。17 世纪 30 年代末，寒冷干燥的气候对粮食生产的持续影响已经远远超过了此前气候所造成的影响。彼时，无论是官府还是市场，都已经没有更多的粮食来源可资利用，以应对粮食供应的短缺。不可否认的是，崇祯后期的战乱进一步造成了治安混乱与交通中断，加剧了粮食短缺的影响。如果有足够收成，这一影响可能尚不至此，但历史不容假设。在最后两章着重讨论崇祯时期的一系列事件时，我把

---

① 卜正民：《纵乐的困惑》，第 103—104 页。

小冰期对明朝统治期之中的后两个世纪的长期影响搁置一边，而将重点放在17世纪30年代末到17世纪40年代全球危机所带来的短期气候影响上，正是这种短期气候扰动摧毁了明朝的生存能力。与其历数桩桩件件加剧这种结果的人为失误，不如先看看气候，或者这更能使我们接近造成崩溃的实际情况。

将分析的尺度从长期转移到短期，并不否定或推翻明人所经历并适应的长期寒冷阶段的作用，也不意味着低估人类应对危机并使其减轻的能力。我想说明的是，小冰期降低了每年农业耕作循环所需的温度下限，但无论明人在这种条件下具备怎样的适应能力，一旦这一下限崩溃，明人的适应能力自然无法继续调适，就像1638年到1644年间他们面临的境况一样。在另外的制度下中国能否经受住那些年的天灾，这或许是个有意思的假设，但历史不容假设。如果从我的分析中隐约能看见环境决定论的幽灵，那我也不准备否认它。"崇祯深渊期"这一海啸出现时，很多人在明朝这艘大船的甲板上，虽然并非人人对此无能为力，但大家已经被环境压力的滔天巨浪压倒，正如我们最近才重新注意到环境给我们造成的巨大压力。

我最后以一位来自陕西南部的明人的心声来结束本书，这段心声可能来自一位被派往当地的官员。其人是谁已经无法求证，但他的话流传了下来，因为这些话被刻在石碑上。该碑曾矗立在华州城南3公里处一座寺庙外墙的墙角，而华州位于古都西安以东的渭河流域，正好在渭河汇入黄河的交叉处。石碑在第二次世界大战期间的地方抗日武装斗争中被推倒。抗战胜利后，石碑并未回归原处，因为有人想出了一个好主意，用这块石碑来加固一口坍塌的井。在一口井可以被修复并重新投入使用的现状前，谁还在意这是历史文物呢？十年后，考古学者发现了这块石碑，并将它移走，安置在当时的陕西省博物馆中，现在它矗立在成立于该馆原址的西安碑林博物馆里。

碑文标题是《感时伤悲记》。[①] 作者的名字本在文末，但那部分石碑已被凿去，可能是抗战期间的事。幸运的是，碑文中最重要的一个史实仍清晰可见，那就是日期，1643 年，亦即明朝灭亡的前一年。碑文开篇描述了那段可怕的悲惨岁月，与陈其德一样，作者通过价格来描绘彼时极端的生活处境。他写了一首五言绝句，令闻者伤心，见者落泪。随后他将触目惊心的价格数据条列于后，以此展示 1643 年的恐怖景象：

  稻米粟米每斗二两三钱
  小麦一斗二两一钱
  大麦一斗一两四钱
  荞麦一斗九钱
  荛（豌）豆一斗一两八钱
  麸子一斗五钱
  谷糠一斗一钱
  ……

作者在碑中提到，在过去，灾荒可能会将斗米的价格推高到 3 钱（这在 16 世纪中叶之前很少发生），甚至 7 钱（直到 1643 年之前的十五年，这一价格才有规律地出现）。对 1643 年生活在渭

---

① 李子春:《明末一件有关物价的史料》。

河流域的民众来说，这种价格已经成为历史。昔日不再，现时难以想象，未来也无可预期。他们当然不会知道，清军入关、蒙德极小期，以及中国历史的新纪元都将很快到来，且都要以他们为代价。

附录 A
计量单位

表 1.1　计量单位

单位	公制	英制
货币		
两	37.3 克（银）	1.3 盎司
钱	3.73 克（银）	
分	0.373 克（银）	
文		
容积		
石	107.4 升	23.6 加仑
斗	10.74 升	2.36 加仑
升	1.07 升	0.94 夸脱
重量		
担	59.68 千克	133.3 磅
斤	596.8 克	1.33 磅
两	37.3 克	1.3 盎司
长度		
寸	3.2 厘米	1.2 英寸
尺	32 厘米	1.26 英尺
丈	3.2 米	3.5 码
匹（32 尺／洪武年间）	10.24 米	11.20 码
匹（37 尺／嘉靖年间）	11.84 米	12.95 码
匹（42 尺／万历年间）	13.44 米	14.70 码
面积		
亩	0.066 亩	0.165 英亩

数据来源：Boxer, *Great Ship from Amacon*, 181；《松江府志》（1630 年版）卷 15，第 3a—3b 页；Schäfer and Kuhn, *Weaving an Economic Pattern*, 29, 38；吴承洛：《中国度量衡史》，第 54、58、60 页。

附录 B
明朝皇帝年表（1368—1644 年）

表 1.2　明朝皇帝年表（1368—1644 年）

	帝讳	年号	统治时间
1	朱元璋	洪武	1368—1398 年
2	朱允炆	建文	1399—1402 年
3	朱棣	永乐	1403—1424 年
4	朱高炽	洪熙	1425 年
5	朱瞻基	宣德	1426—1435 年
6	朱祁镇	正统	1436—1449 年
7	朱祁钰	景泰	1450—1456 年
8	朱祁镇	天顺	1457—1464 年
9	朱见深	成化	1465—1487 年
10	朱祐樘	弘治	1488—1505 年
11	朱厚照	正德	1506—1521 年
12	朱厚熜	嘉靖	1522—1566 年
13	朱载垕	隆庆	1567—1572 年
14	朱翊钧	万历	1573—1620 年
15	朱常洛	泰昌	1620 年
16	朱由校	天启	1621—1627 年
17	朱由检	崇祯	1628—1644 年

附录 C

参考表

表中所用文献缩写

CRB	Boxer, *The Great Ship from Amacon*
CSC	Boxer, *South China in the Sixteenth Century*
DP	Pantoja, *Advis du Reverend Père Iaques Pantoie de la Compagnie de Jésus*
HB	吴钢,《华山碑石》
HR	海瑞,《兴革条例》,《海瑞集》上编, 第 38—145 页
IS	井上进,《中国出版文化史》
JFZ	葛寅亮,《金陵梵刹志》
LHL	范涞,《两浙海防类考续编》
LW	张岱,《琅嬛文集》
PHP	Purchas, *Purchas His Pilgrimes*, vol. 3
PYD	潘允端,《玉华堂日记》, 转引自张安奇《明稿本〈玉华堂日记〉中的经济史资料》
SB	沈榜,《宛署杂记》
SC	沈津,《明代坊刻图书之流通与价格》
SF	《松江府志》(1630 年版)
TS	《天水冰山录》, 附于《明武宗外纪》
WSQ	王士翘,《西关志》
WSX	《吴尚贤分家簿》, 转引自巫仁恕,《优游坊厢》, 333
WX	《吴江县志》(1561 年版)
YMZ	叶梦珠,《阅世编》

表 2.1　1562 年浙江官员日用家具（家伙）公开布告价格

	单价	每官配额数		
		尹	二尹	少尹
家具				
床笆	0.01	4	8	2
轿凳	0.02	2	1	0
小床	0.04	2	2	2
床板	0.06	3	2	2
四柱床	0.08	2	2	0
日伞	0.1	1	1	1
雨伞	0.13	1	1	1
案桌	0.15	1	1	1
官桌	0.25	6	4	4
交椅	0.25	0	0	4
交椅	0.275	0	4	0
交椅	0.3	6	0	0
凉床	0.5	1	1	1
中床	0.8	1	0	1
小桌帷	0.8	1	1	1
凉伞	1.5	1	1	1
暖床	1.8	1	1	0
小计（两）		9.58	7.54	6.2
日用品				
脚火凳	0.01	2	1	1
折尺	0.015	2	0	0
粗凳	0.02	2	1	0
粗面架	0.02	1	1	1
粗衣架	0.03	1	1	1
桶盘	0.04	2	0	0
靴架	0.05	1	1	1
木鱼并架	0.06	1	1	0
砚匣	0.07	0	1	1
砚匣	0.08	1	0	0
茶架	0.08	2	1	1
花面架	0.08	1	1	0
净桶	0.1	1	1	1
脚桶	0.1	1	1	1
坐桶	0.12	1	1	1
浴桶	0.15	1	1	1

（续表）

	单价	每官配额数		
		尹	二尹	少尹
方炉	0.16	1	1	0
花衣架	0.16	1	1	0
执事架	0.5	1	0	0
小计（两）		1.93	1.21	0.73
厨卫用具				
刷帚	0.0025	4	1	0
笤帚	0.005	2	1	1
扫帚	0.005	2	1	0
钵头	0.005	2	1	0
粪箕	0.005	2	1	0
筅笼	0.005	1	1	0
火箸	0.01	1	1	0
锅镪	0.01	1	1	0
挽桶	0.01	1	1	0
木烛台	0.015	2	1	0
锅盖	0.015	3	1	2
木箸	0.015	2	1	0
茶匙	0.02	2	1	1
斧头	0.03	1	1	1
厨刀	0.03	2	1	1
插盆	0.03	1	1	0
饭甑	0.04	0	0	0
淘米桶	0.04	1	1	0
水缸	0.04	2	1	1
厨桌	0.05	1	1	1
铜勺	0.05	1	1	1
火锹	0.05	1	1	0
蒸笼	0.06	1	1	0
焙笼	0.06	1	1	0
竹椅	0.06	6	4	0
水桶	0.08	1	1	1
锅	0.1	3	1	2
火盆	0.1	1	1	0
小计（两）		1.58	1.085	0.535

（续表）

	单价	每官配额数		
		尹	二尹	少尹
锡器				
盆		1	1	1
酒壶		1	1	1
烛台		2	1	1
酒镟		1	1	1
茶壶		1	1	1
砚匣		1	1	1
夜壶		1	1	1
计重（斤）		26.375	18.675	14.375
价值（两）		1.85	1.3	1
磁器				
茶钟（盅）		12	12	12
大白盘		10	10	10
汤碗		10	10	10
酒盏		10	10	10
白碟器		60	60	60
价值（两）		0.5	0.5	0.5
锡磁器小计（两）		2.35	1.8	1.5
总计（两）		15.44	11.635	8.965

数据来源：海瑞，《海瑞集》，第 129—135 页。

表 3.1 英国东印度公司年度从亚洲进口到欧洲的商品，约 1620 年

条目	欧洲消费量（磅）	阿勒颇进口成本 单价（先令）	阿勒颇进口成本 总价（英镑）	亚洲进口成本 单价（先令）	亚洲进口成本 总价（英镑）	伦敦售价（与亚洲贸易前）单价（先令）	伦敦售价（与亚洲贸易前）总价（英镑）	伦敦售价（与亚洲贸易后）单价（先令）	伦敦售价（与亚洲贸易后）总价（英镑）
胡椒	6000000	2	600000	0/2½	62500	3/6	70000	1/8	33333
丁香	450000	4/9	160875/10	0/9	16875	8	16000	0/6	12000
肉豆蔻皮	150000	4/9	335626	0/8	5000	9	9000	6	6000
肉豆蔻	400000	2/4	6666/13/4	0/4	6666/13/4	4/6	36000	2/6	20000
靛蓝	350000	4/4	75833/6/8	1/2	20416/12/4	7	52500	5	37000
波斯丝绸	1000000	12	600000	0/8	400000				
总价（英镑）			1465001/10		511458/5/8		183500		108333/6/8
银（千克）			175800		61375		22020		13000
折合银两			4713142		1645442		590349		348525

注：12 便士=1 先令（s），20 先令=1 英镑（£）。
数据来源：Mun, *Discourse of Trade*, 268–269, 291–292。

表 3.2　马尼拉部分商品的价格与中国国内价格的对比，约 1575 年

	马尼拉价格（两）		中国国内价格（两）			
	单位	价格	价格	地点	年代	文献出处
食物						
白面	两	0.01	0.012	北京	1590	SB 151
胡椒	斤	0.05	0.065	漳州	1608	PHP 516
糖	两	0.014	0.03	北京	1590	SB 122
动物						
牛犊	头	1.46	2	上海	1596	PYD 299
正牛	头	2	8	北京	1590	SB 132
鞋类						
鞋	双	0.05	0.045	广州	1556	CSC 124
蓝缎鞋	双	0.3	0.36	广州	1556	CSC 124
丝绸						
捻丝	两	0.115	0.08	广州	1600	CRB 179
散丝	两	0.64	0.32	吴江	1561	WX 1561
陶瓷						
磁汤碗	个	0.01	0.01	北京	1577	SB 141
磁饭碗	个	0.008	0.005	北京	1577	SB 141
磁汤碗	个	0.0163	0.01	北京	1577	SB 141
糙磁	个	0.011	0.005	上海	1628	YMZ 164
花碟	个	0.0167	0.007	北京	1577	SB 141
青花瓷	个	0.0167	0.005	淳安	1562	HR 131
家具						
春柜	个	1.3	1.2	北京	1590	SB 135
柜	个	0.7	0.6	北京	1590	SB 135
红油桌	张	0.4	0.3	北京	1590	SB 132
桌	张	0.4	0.25	江西	1565	TS 162
官桌	张	0.4	0.25	淳安	1562	HR 129
案桌/条桌	张	0.8	0.4	北京	1590	SB 148
椅	张	0.4	0.2	江西	1565	TS 162
中床	张	1.6	0.8	淳安	1562	HR 129
墨						
写榜墨	笏	0.015	0.01	淳安	1562	HR 83
人						
"黑奴"	名	0.2	1	上海	1593	PYD 290

注：马尼拉的价格数据取自 Archivo General de Indias（ES.41091.AGI/16/Contaduria 1195）。

表3.3　约翰·沙利思所记部分离岸价格与中国国内价格的对比

		离岸价格（两）			中国国内价格（两）			
	单位	万丹	苏卡达纳	平户	价格	地点	年代	文献出处
纺织品								
缎	尺	0.168		0.34	0.035	南京	1606	JFZ 49.74a
黄绫	尺	0.126	0.056		0.04	北京	1572	SB 136
素绫纱	尺			0.224	0.121	松江	1631	SF 15.5a
绒	尺	0.232	0.14	0.442				
生丝	担	0.593	0.593	0.433				
食物								
土茯苓	斤			0.04	0.012	广州	1600	CRB 180
沙糖	斤	0.03		0.05	0.032	北京	1590	SB 122
蜂蜜	斤			0.6	0.032	北京	1590	SB 122
胡椒	斤	0.038		0.1	0.065	漳州	1608	PHP 516
染料与香料								
苏木	斤			0.26	0.1	北京	1590	SB 133
麝香	斤	16.3	5.19	15	8	广州	1600	CRB 180
金属								
铅	斤	0.044		0.088	0.033	杭州	1604	LHL 6.66b
铁	斤	0.044		0.04	0.048	北京	1590	SB 122
铜	斤			0.1	0.07	广州	1600	CRB 184
水银	斤			0.4	0.4	广州	1600	CRB 180
锡	担		0.111	0.35				
其他原材料								
蜡烛	斤		0.111	0.25	0.15	北京	1590	SB 129
檀香	斤		0.296	0.1	0.4	松江	1620	YMZ 161
朱砂	斤			0.6	0.4	北京	1590	SB 127
牛黄	两			3.7	6	北京	1590	SB 151

沙利思价格数据来源：Purchas, *Purchas His Pilgrimes*, 3:506–518; Saris, *Voyage of John Saris*, 204–206。

表 5.1 1368 年与 1451 年价格清单中部分价格变化及其百分比

条目	单位	1368 年估价（钞价，文）	1451 年税额（钞价，文）	1451 年价格（税额×16.7）	1368—1451 年价格变化百分比
黑铅	斤	3000	100	1670	−44
中夹纸	百张	10000	340	5678	−43
毡帽	个	4000	170	2839	−29
碾磨/大碌①	副	30000	1340	22378	−25
绫	匹	120000	6700	111890	−7
白蜡	斤	10000	670	11189	11
胡椒	斤	8000	670	11189	39
纱	匹	80000	6700	111890	39
锡	斤	4000	340	5678	42
铁	斤	1000	100	1670	67
芦席	张	1000	100	1670	67
三梭布	匹	40000	4000	66800	67
杨梅	斤	1000	100	1670	67
铁锅	口	8000	1000	16700	109
牛皮	张	24000	4000	66800	178
生熟铜	斤	4000	670	11189	180
鹿皮	张	20000	3400	56780	184

数据来源：《大明会典》卷 35，第 40a—43a 页；卷 179，第 2a—13b 页。

① 编者注：碌，读作 lù 时，常搭配为"碌碡"，表示轧谷物的石制的圆柱形农具，但与大碌搭配常表示一种颜料，另查阅《大明会典》，1451 年的税额应指的是 2 份大碌的税额，即 1340 文。

表5.2　1368年与1562年、1565年部分价格变化及其百分比

条目	单位	《会典》估价，1368年时估（两）	海瑞估价，1562年（两）	严嵩财产抄家估价，1565年（两）	1368—1565年价格变化百分比
交椅	把	0.3		0.2	−33
绫	匹	1.5		1.2	−20
白蜡	斤	0.125		0.11	−12
交椅	把	0.3	0.3		0
铁锅	口	0.1	0.1		0
小刀	把	0.025	0.03		20
桌	张	0.125	0.15		20
锡	斤	0.05		0.06	20
熟铜	斤	0.05		0.076	52
杌	条	0.025		0.05	100
桌	张	0.125		0.25	100
女袄	乘	1		2	100
纱	匹	1		2	100
包头	方	0.0125		0.03	140

数据来源:《大明会典》卷179, 第2a—13b 页;《天水冰山录》, 第 157—164 页;《海瑞集》, 第 129—130 页。

表 5.3 1368 年与 1590 年间实际价格的变化

条目	单位	1368 年价格 折合白银（两）	1368 年价格 以斗米价格为基数的指数	1590 年价格 以白银计价（两）	1590 年价格 以斗米价格为基数的指数	价格指数变化百分比
胡椒	斤	0.1	320	0.007	14	−96
小绢	匹	0.25	800	0.026	52	−94
粗苎布	匹	0.275	880	0.1	200	−77
鹅	只	0.1	320	0.05	100	−69
棕草帽	顶	0.1	320	0.05	100	−69
斗	升	0.025	80	0.015	30	−63
鸭	只	0.05	160	0.03	60	−63
黑铅	斤	0.0375	120	0.025	50	−58
葛布	匹	0.25	800	0.18	360	−55
凳	条	0.05	160	0.04	80	−50
乌木箸	双	0.005	16	0.004	8	−50
核桃榛子	斤	0.0125	40	0.01	20	−50
枣栗	斤	0.0125	40	0.01	20	−50
鸡、野鸡	只	0.0375	120	0.034	68	−43
犬	只	0.125	400	0.12	240	−40
毯段	段	0.6	1920	0.6	1200	−38
交椅	把	0.3	960	0.3	600	−38
银	两	1	3200	1	2000	−38
麻布	匹	0.1	320	0.105	210	−34

(续表)

条目	单位	1368年价格 折合白银（两）	1368年价格 以斗米价格为基数的指数	1590年价格 以白银计价（两）	1590年价格 以斗米价格为基数的指数	价格指数变化百分比
金	两	5	16000	5.4	10800	-33
纱	匹	1	3200	1.1	2200	-31
肉	斤	0.0125	40	0.015	30	-25
鱼鳖蟹	斤	0.0125	40	0.015	30	-25
麦芽	斤	0.0125	40	0.015	30	-25
铁锄	把	0.025	80	0.03	60	-25
面	斤	0.0062	20	0.008	16	-20
铜	斤	0.05	160	0.07	140	-13
粗棉布	匹	0.125	400	0.18	360	-10
米	斗	0.03125	100	0.05	100	0
小麦	斗	0.025	80	0.04	80	0
大铁锅	口	0.1	320	0.17	340	6
大麦	斗	0.013	42	0.025	50	19
桃梨	百个	0.025	80	0.05	100	25
笔	支	0.0025	8	0.005	10	25
小刀	把	0.025	80	0.05	100	25
榜纸	百张	0.5	1600	1	2000	25
锡	斤	0.05	160	0.1	200	25
盐	斤	0.0031	10	0.0067	13	30

（续表）

条目	单位	1368年价格 折合白银（两）	1368年价格 以斗米价格为基数的指数	1590年价格 以白银计价（两）	1590年价格 以斗米价格为基数的指数	价格指数变化百分比
黑绿豌豆	石	0.0225	72	0.05	100	39
竹箸	双	0.0062	20	0.015	30	50
杏	百个	0.0125	40	0.03	60	50
香油	斤	0.0125	40	0.03	60	50
蜂蜜、沙糖	斤	0.0125	40	0.032	54	60
黄牛	头	3.125	10000	8	16000	60
大屏风	扇	0.3	960	0.8	1600	67
朱砂	两	0.05	160	0.15	300	88
墨	斤	0.1	320	0.3	500	88
茶	斤	0.0125	40	0.04	80	100
酒、醋	瓶	0.0125	40	0.04	80	100
葡萄	斤	0.0125	40	0.04	80	100
芦席	张	0.0125	40	0.04	80	100
硫黄	斤	0.0125	40	0.04	80	100
大木桶	个	0.0625	200	0.2	400	100
果	张	0.125	400	0.4	800	100
鼓	面	0.0625	200	0.2	400	100
灰炭	斤	0.0012	4	0.004	8	100
奏本纸	百张	0.2	640	0.7	1400	119

(续表)

条目	单位	1368年价格 折合白银（两）	1368年价格 以斗米价格为基数的指数	1590年价格 以白银计价（两）	1590年价格 以斗米价格为基数的指数	价格指数变化百分比
花椒	斤	0.0125	40	0.048	96	140
铁	斤	0.0125	40	0.048	96	140
木板	155厘米	0.05	160	0.2	400	150
笠	顶	0.0125	40	0.05	100	150
铁索	条	0.0125	40	0.06	120	200
砖	百块	0.2	640	1.055	2110	230
苏木	斤	0.0375	120	0.24	480	300
手本纸	百张	0.0875	280	0.6	1200	329
木柴	斤	0.001	3	0.007	14	367
兔	只	0.05	160	0.375	750	369
木	3米	0.075	240	0.6	1200	400
各色大笺纸	百张	0.25	800	2	4000	400
锡	匹	0.1	320	0.8	1600	400
中夹纸	百张	0.125	400	1.5	3000	650

数据来源：《大明会典》卷179，第2a—13b页；沈榜《宛署杂记》，第121、129—141、145—148、151、170页。

表 5.4 《程氏染店查算帐簿》部分材料价格，1593—1604 年

		数量	单位	折合白银价格（两）	单价（两）	年份
靛蓝	土靛	10000	斤	100	0.01	1594
		16300		160	0.01	1597
		2000		14.4	0.0072	1598
	日张靛	39900	斤	610.4	0.0153	1597
		38200		687.6	0.018	1598
		30750		399.7	0.013	1600
		34100		405.7	0.0119	1601
	园靛	7200	斤	93.6	0.013	1600
		12000		131	0.0109	1601
		5000		55	0.011	1603
布料	青布	13800	匹	3030	0.22	1593
		12500		2680	0.215	1594
		2928		670.7	0.229	1597
		164		32.1	0.196	1597
		8057		1798	0.223	1598
		14219		3185.5	0.224	1599
		10138		2228	0.222	1600
		4002		875.9	0.219	1601
		8214		1800	0.219	1602
		6770		1538	0.227	1603
		7833		1793.7	0.229	1604
	白布	4168	匹	625	0.15	1594
		5073		811.7	0.16	1597
		680		98.2	0.144	1597
		12172		1862.3	0.153	1598
		7296		1079.8	0.148	1599
		5100		790	0.155	1600
		8209		1238	0.151	1601
		9464		1701	0.18	1602
		10016		1596.7	0.159	1603
		10885		1720	0.158	1604
	缸上白布	387	匹	58	0.15	1594
		625		95.6	0.153	1598
		678		99.5	0.147	1599
		583		90	0.154	1600
		682		102.84	0.151	1601
		585		86.6	0.148	1602
		452		72	0.159	1603
		592		94.7	0.16	1604

（续表）

	数量	单位	折合白银价格（两）	单价（两）	年份
葛布	450	匹	67.5	0.15	1593
	181		28	0.155	1597
	339		51	0.15	1598
	238		35.7	0.15	1599
	130		19.5	0.15	1600
	200		32	0.16	1601
	37		5.7	0.154	1602
	71		10.6	0.149	1603
	110		18	0.164	1604
客染布	91	匹	5	0.055	1598
	60		3.5	0.058	1599
	57		3.7	0.065	1600
	50		3	0.06	1601
	71		3.5	0.049	1603
	121		6.5	0.054	1604
私染书布	11	匹	2.2	0.2	1600
	7		1.4	0.2	1601
糟	200	埕	25	0.125	1594
	220		22	0.1	1598
	214		21	0.098	1599
	230		23	0.1	1600
	190		18	0.095	1601
	155		15.5	0.1	1602
	153		15.3	0.1	1603
柴	700	斤	10	0.014	1598
	750		10	0.013	1599
	1000		11	0.011	1600
	700		10.4	0.015	1601
	1700		19	0.011	1603
灰	4	方（房）	12	3	1598
	4		15	3.33	1599
	4		15	3.33	1600
	4		12	3	1601
	3		10	3.33	1602
	2		6	3	1603

（续表）

	数量	单位	折合白银价格（两）	单价（两）	年份
米	60	石	36	0.6	1593
	16		11	0.687	1598
	71		50	0.704	1599
	10		6	0.6	1600
	14		7.7	0.55	1601
	20		15	0.75	1602
	2		1.2	0.75	1604
蒲包	1220	个	3	0.0025	1600
	1800		4.5	0.0025	1603
	2200		5	0.0023	1604
布头	175	斤	17.5	0.1	1597
	500		50	0.1	1598
	190		19	0.1	1599
	514		50	0.097	1600
	530		52	0.098	1601
	19		2.2	0.116	1603
	32		3.8	0.119	1604
希皮	2400	个	4	0.00167	1598
	2800		4.7	0.00168	1600
	1400		2	0.00143	1601
	1700		2.7	0.00159	1602
	1550		2.63	0.0017	1603

数据来源：《程氏染店查算帐簿》，第 8、9、11、19、20、28、29、36、44、54、55、65、71、77、78 页。

参考文献

注：书中引用的方志已在注释中写明书名及版本年份，故此处不再一一枚举。

基础史料

Abru, Hafiz, ed. *A Persian Embassy to China*. Translated by K. M. Maitra. Edited by L. Carrington Goodrich. New York: Paragon, 1970.（火者·盖耶速丁·纳哈昔:《沙哈鲁遣使中国记》）

Blair, Helen, and James Robertson, eds. *The Philippine Islands, 1493–1803*. 55 vols. Cleveland: Arthur H. Clark, 1903–1909.

Chen Qide 陈其德. *Chuixun puyu* 垂训朴语 [Simple words handed down to instruct]. Edited by Chen Zi 陈梓. Tongxiang, 1813.

Chen Zilong 陈子龙, ed. *Ming jingshi wenbian* 明经世文编 [Collected essays on statecraft from the imperial Ming]. 1638. Beijing: Zhonghua shuju, 1987.

Chengshi randian chasuan zhangbu 程氏染店查算帐簿 [Annual ledger of Cheng's Dyeworks]. 1594–1604. Reprinted in *Huizhou qiannian qiyue wenshu* 徽州千年契约文书 [A thousand years of contract documents from Huizhou], edited by Wang Yuxin 王钰欣 and Zhou Shaoquan 周绍泉, 8:74–158. Shijiazhuang: Huashan wenyi chubanshe, 1991–1993.

Ch'oe Pu. *A Record of Drifting Across the Sea.* Translated by John Meskill. Tucson: University of Arizona Press, 1965.

Chuan zheng 船政 [Barge administration]. Nanjing: Ministry of War, 1546.

Da Ming huidian 大明会典 [Collected statutes of the Ming Great State]. Beijing, 1587.

Da Yuan shengzheng guochao dianzhang 大元圣政国朝典章 [Dynastic statutes of the sagely administration of the Yuan Great State]. 1322.

Dean, Kenneth, and Zheng Zhenman, eds. *Fujian zongjiao beiming huibian: Quanzhou fu fence*[Collected epigraphy from Fujian religious institutions: Quanzhou prefecture], 3 parts. Fuzhou: Fuzhou renmin chubanshe, 2003.（丁荷生、郑振满编:《福建宗教碑铭汇编：泉州府分册》）

———. *Fujian zongjiao beiming huibian: Xinghua fu fence* [Collected epigraphy from Fujian religious institutions: Xinghua prefecture]. Fuzhou: Fuzhou renmin chubanshe, 1995.（丁荷生、郑振满:《福建宗教碑铭汇编：兴化府分册》）

Fan Lai 范涞. *Liangzhe haifang leikao xubian* 两浙海防类考续编 [Further compendium on the maritime defense of Zhejiang]. 1602.

Feng Menglong 冯梦龙. *Stories Old and New: A Ming Dynasty Collection.* Translated by Shuhui Yang and Yinqin Yang. Seattle: University of Washington Press, 2000.

Feng Mengzhen 冯梦祯. *Kuaixue tang riji* 快雪堂日记 [Notes from the Hall for Taking Pleasure in the Snow]. Nanjing: Fenghuang chubanshe, 2010.

Ge Yinliang 葛寅亮, ed. *Jinling fancha zhi* 金陵梵刹志 [Gazetteer of the Buddhist monasteries of Nanjing]. Nanjing: Ministry of Rites, 1607.

Girard, Pascale, trans. *Le voyage en Chine d'Adriano de las Cortes S.J. (1625).* Paris: Chandeigne, 2001.

Gu Qiyuan 顾起元. *Kezuo zhuiyu* 客座赘语 [Trivial comments from the guest's seat]. Nanjing, 1618.

Gu Yanwu 顾炎武. *Tianxia junguo libing shu* 天下郡国利病书 [Strengths and weaknesses of the regions of the realm]. Kyoto: Chūmon shuppansha, 1975.

Hai Rui 海瑞. *Hai Rui ji* 海瑞集 [Collected writings of Hai Rui]. Beijing: Zhonghua shuju, 1981.

Jia Guirong 贾贵荣 and Pian Yuqian 骈宇骞, eds. *Difangzhi zaiyi ziliao congkan* 地方志灾异资料丛刊 [Collection of materials on natural disasters in local gazetteers]. Beijing: Guojia tushuguan chubanshe, 2010.

Koo Bumjin [Ku Pŏm-jin], ed. *Imun yŏkchu* 吏文译注 [Annotated translation of "Clerical texts"]. Seoul: Ch'ulp'ansa, 2012.

Li Le 李乐. *Jianwen zaji* 见闻杂记 [Notes on things I have seen and heard]. 1610, with supplements to 1612. Shanghai: Shanghai guji chubanshe, 1986.

Li Rihua 李日华. *Weishui xuan riji* 味水轩日记 [Diary from Water-Tasting Pavilion]. Shanghai: Shanghai yuandong chubanshe, 1996.

Liu Ruoyu 刘若愚. *Zhuozhong zhi* 酌中志 [A weighted and unbiased record]. Beijing: Beijing guji chubanshe, 2001.

Long Wenbin 龙文彬. *Ming huiyao* 明会要 [Digest of Ming statutes]. 1887. Beijing: Zhonghua shuju, 1956.

Lü Kun 吕坤. *Shizheng lu* 实政录 [A record of contemporary administration]. 1598. Taipei: Wenshizhe chubanshe, 1971.

Lu Wenheng 陆文衡. *Se'an suibi* 嗇庵随笔 [Jottings from Se Hermitage]. Taipei: Guangwen shuju, 1969.

Lu Zengyu 陆曾禹. *Kangji lu* 康济录 [A record of aiding the living]. 1739. Suzhou, 1784.

Mao Qiling 毛奇龄, ed. *Ming wuzong waiji* 明武宗外纪 [Unofficial records of the Zhengde era]. 1947. Beijing: Shenzhou guoguang she, 1951; Shanghai: Shanghai shudian, 1982.

Mill, James. *The History of British India*. 3 vols. London: Baldwin, Cradock, and Joy, 1817.

Ming chongzhen changbian 明崇祯长编 [Unedited records of the Chongzhen reign]. Taipei: Taiwan yingyin, 1967.

Ming shenzong shilu 明神宗实录 [Veritable records of the Wanli reign].

Ming shizong shilu 明世宗实录 [Veritable records of the Jiajing reign].

Ming taizong shilu 明太宗实录 [Veritable records of the Yongle reign].

Ming taizu shilu 明太祖实录 [Veritable records of the Hongwu reign].

Ming wuzong shilu 明武宗实录 [Veritable records of the Zhengde reign].

Ming xiaozong shilu 明孝宗实录 [Veritable records of the Hongzhi reign].

Ming xuanzong shilu 明宣宗实录 [Veritable records of the Xuande reign].

Mun, Thomas. *A Discourse of Trade, from England unto the East-Indies: Answering to Diverse Objections Which Are Usually Made against the Same.* 1621. 2nd ed. (1621), reprinted in *Purchas His Pilgrimes,* edited by Samuel Purchas, 5:262–301. Reprinted in *A Select Collection of Early English Tracts on Commerce,* edited by J. R. McCulloch, 1–47. London: Political Economy Club, 1856.

Pantoja, Diego. *Advis du Reverend Père Iaques Pantoie de la Compagnie de Jésus envoyé de Paquin Cité de la Chine.* Translation of *Relacion de la Entrada de Algunos Padres de la Compañia de Iesus en la China.* Arras: Guillaume de la Rivière, 1607.

Purchas, Samuel. *Purchas His Pilgrimes: Contayning a History of the World in Sea Voyages and Lande Travells by Englishmen and Others.* London: Henrie Featherstone, 1625. Glasgow: James MacLehose and Sons, 1905.

Saris, John. *The Voyage of Captain John Saris to Japan, 1613.* Edited by Ernest Satow. London: Hakluyt Society, 1900.

Scott, Edmund. *An Exact Discourse of the Subtilties, Fashions, Policies, Religion, and Ceremonies of the East Indians.* London: Walter Burre, 1606.

Shanghai bowuguan tushu ziliao shi 上海博物馆图书资料室 [Publications office of the Shanghai Museum]. *Shanghai beike ziliao xuanji* 上海碑刻资料选辑 [Selected epigraphic materials from Shanghai]. Shanghai: Shanghai renmin chubanshe, 1980.

Shen Bang 沈榜. *Wanshu zaji* 宛署杂记 [Unsystematic records from the Wanping county office]. 1593. Beijing: Beijing guji chubanshe, 1980.

Shen Defu 沈德符. *Wanli yehuo bian* 万历野获编 [Private gleanings from the Wanli era]. 1606. Beijing: Zhonghua shuju, 1997.

Shen shi 沈氏 (Master Shen). *Bu nongshu* 补农书 [Supplement to the Treatise on Agriculture]. Chongzhen era. Reprinted in Zhang Lüxiang 张履祥, *Yangyuan xiansheng quanji* 杨园先生全集 [Complete works of Master Yangyuan], 1782.

Shum, Chun (Shen Jin 沈津). "Mingdai fangke tushu zhi liutong yu jiage" 明代坊刻图书之流通与价格 [Circulation and prices of commercially printed books in the Ming period].

Song Lian 宋濂, ed. *Yuan shi* 元史 [History of the Yuan dynasty]. Beijing: Zhonghua shuju, 1976.

Song Yingxing 宋应星. *Tiangong kaiwu* 天工开物 [The making of things by Heaven and humankind]. Edited by Dong Wen 董文. 1962. Taipei: Shijie shuju, 2002.

Sun, E-tu Zen, and Shiou-chuan Sun, trans. *Chinese Technology in the Seventeenth Century: T'ien-kung k'ai-wu*. University Park: Pennsylvania State University Press, 1966.

Tan Qian 谈迁. *Zaolin zazu* 枣林杂俎 [Various offerings from Date Grove]. Beijing: Zhonghua shuju, 2006.

Tang Shunzhi 唐顺之. *Tang Jingchuan xiansheng wenji* 唐荆川先生文集 [Collected writings of Master Tang Jingchuan]. 1573.

Tang Zhen 唐甄. *Qian shu* 潜书 [Writings while out of sight]. Beijing: Zhonghua shuju, 1963.

Tianshui bingshan lu 天水冰山录 [Heaven turning a glacier to water]. 1565. Reprinted in Mao Qiling, *Ming wuzong waiji* [Unofficial records of the Zhengde era], 1946.

Tu Long 屠隆. "Huangzheng kao" 荒政考 [A study of famine administration]. In *Zhongguo huangzheng quanshu* 中国荒政全书, vol. 1, edited by Li Wenhai 李文海 and Xia Mingfang 夏明方, 175–195. Beijing: Beijing chubanshe, 2003.

Velho, Álvaro (attrib.). *Le premier voyage de Vasco de Gama aux Indes (1497–1499)*. Paris: Chandeigne, 1998.

Wan Shihe 万士和. *Wan Wengong gong zhaiji* 万文恭公摘集 [Selections from the writings of Master Wan Wengong]. 1592.

Wang Shiqiao 王士翘. *Xiguan zhi* 西关志 [Gazetteer of the Western Passes]. 1548. Beijing: Beijing guji chubanshe, 1990.

Wang Yangming. *Instructions for Practical Living, and Other Neo-Confucian Writing*. Translated by Wing-tsit Chan. New York: Columbia University Press, 1963.（王阳明:《传习录》）

Wu Gang 吴钢, ed. *Huashan beishi* 华山碑石 [Epigraphic records of

Mount Hua]. Xi'an: Sanqin chubanshe, 1995.

Wu Hong 吴宏. *Zhishang jinglun* 纸上经纶 [Grand schemes on paper]. Huizhou, 1721. Ōki collection, Tōyō bunka kenkyūjo, University of Tokyo.

Wu Yingji 吴应箕. *Liudu jianwen lu* 留都见闻录 [Things seen and heard while sojourning in the [southern] capital]. 1644, 1730. Guichi xianzhe yishu reprint, 1920.

Xie Bin 谢彬. *Nanjing hubu zhi* 南京户部志 [Gazetteer of the Nanjing ministry of revenue]. 1550.

Xie Zhaozhe 谢肇淛. *Wu zazu* 五杂俎 [Fivefold miscellany]. Shanghai: Shanghai shudian chubanshe, 2001.

Xu Guangqi 徐光启. *Nongzheng quanshu jiaozhu* 农政全书校注 [Complete handbook on agricultural administration, annotated]. 3 vols. Edited by Shi Shenghan 石声汉. Shanghai: Shanghai guji chubanshe, 1979.

———. *Xu Guangqi ji* 徐光启集 [Collecting writings of Xu Guangqi]. Beijing: Zhonghua shuju, 1963.

Yan Junyan 颜俊彦. *Mengshui zhai cundu* 盟水斋存牍 [Notes from Mengshui Studio]. 1632.

Yang Dongming 杨东明. *Jimin tushuo* 饥民图说 [Album of the famished]. 1748.

Ye Chunji 叶春及. *Huian zhengshu* 惠安政书 [Administrative handbook of Huian]. 1573. Shi dong ji edition, 1672.

Ye Mengzhu 叶梦珠. *Yueshi bian* 阅世编 [A survey of the age]. Shanghai: Shanghai guji chubanshe, 1981.

Yu Sen 俞森. *Huangzheng congshu* 荒政丛书 [Collected writings on famine administration]. 1690.

Yuan Zhongdao 袁中道. *Youju feilu* 游居柿录 [Notes made while traveling and in repose]. Shanghai: Shanghai yuandong chubanshe, 1996.

Zhang Dai 张岱. *Langhuan wenji* 琅嬛文集 [Collected essays from Langhuan]. Shanghai: Guangyi shuju, 1936.

———. *Taoan mengyi* 陶庵梦忆 [Dream recollections from Tao Hermitage]. Shanghai: Shangwu yinshuguan, 1939.

Zhang Han 张瀚. *Songchuang mengyu* 松窗梦语 [Dream recollections at the pine window]. 1593. Reprinted with *Zhishi yuwen*. Beijing: Zhonghua shuju, 1985.

Zhang Kentang 张肯堂. *Xunci* 菅辞 [Level-field judgments]. 1634. Taipei: Xuesheng shuju, 1970.

Zhang Lüxiang 张履祥. *Bu nongshu jiaoshi* 补农书校释 [Supplement to the *Manual of agriculture*, annotated]. Edited by Chen Hengli 陈恒力. Beijing: Nongye chubanshe, 1983.

———. *Yangyuan xiansheng quanji* 杨园先生全集 [Complete works of Master Yangyuan]. 1782.

Zhang Tingyu 张廷玉, ed. *Ming shi* 明史 [History of the Ming]. Beijing: Zhonghua shuju, 1974.

Zhang Xie 张燮. *Dongxi yang kao* 东西洋考 [Studies of the eastern and western sea routes]. Beijing: Zhonghua shuju, 1981.

Zhang Yi 张怡. *Yuguang jianqi ji* 玉光剑气集 [The jade-bright sword collection]. Beijing: Zhonghua shuju, 2006.

Zhao Yongxian 赵用贤. *Songshi zhai ji* 松石斋集 [Collection from Songshi Studio]. 1618.

Zhu Fengji 朱逢吉. *Mumin xinjian* 牧民心鉴 [Mirror of the mind for shepherding the people]. 1404. Japanese ed., 1852.

Zhu Yuanzhang 朱元璋. *Ming taizu ji* 明太祖集 [Writings of the founding Ming emperor]. Edited by Hu Shi'e 胡士萼. Hefei: Huangshan shuse, 1991.

二手史料

Agøy, Erling. "Weather Prognostication in Late Imperial China as Presented in Local Gazetteers (1644–1722)." Unpublished.

Alexandre, Pierre. *Le climat en Europe au Moyen Age: Contribution à l'histoire des variations climatiquesde 1000 à 1425, d'après les sources narratives de l'Europeoccidentale*. Paris: École desHautes Études en Sciences Sociales, 1987.

Allen, Robert. *The British Industrial Revolution in Global Perspective*. New York: Cambridge University Press, 2009.

Atwell, William. "Another Look at Silver Imports into China, ca. 1635–1644." *Journal of World History* 16, no. 4 (2005): 467–489.

———. "International Bullion Flows and the Chinese Economy circa 1530–1630." *Past and Present* 95 (1982): 68–90.

———. "Notes on Silver, Foreign Trade, and the Late Ming Economy." *Ch'ing-shih wen-t'i* 3, no. 8 (1977): 1–33.

———. "Time, Money, and the Weather: Ming China and the 'Great Depression' of the Mid-Fifteenth Century." *Journal of Asian Studies* 61, no. 1 (February 2002): 83–113.

———. "Volcanism and Short-Term Climatic Change in East Asian and World History, c. 1200–1699." *Journal of World History* 12, no. 1 (2001): 29–98.

Bauernfeind, Walter, and Ulrich Woitek. "The Influence of Climatic Change on Price Fluctuations in Germany during the 16th Century Price Revolution." *Climatic Change* 43, no. 1 (1999): 303–321.

Beveridge, William. *Prices and Wages in England from the Twelfth to the Nineteenth Century.* 1939. London: Cass, 1965.

Bian, He. *Know Your Remedies: Pharmacy and Culture in Early Modern China.* Princeton, NJ: Princeton University Press, 2020.

Bol, Peter. *Localizing Learning: The Literati Enterprise in Wuzhou, 1100–1600.* Cambridge, MA: Harvard University Asia Center, 2022.

Boxer, C. R. *South China in the Sixteenth Century.* London: Hakluyt Society, 1953.

———. *The Great Ship from Amacon.* Lisbon: Centro de Estudoes Históricos Ultramarinos, 1960.

Boyd-Bowman, Peter. "Two Country Stores in XVIIth Century Mexico." *Americas* 28, no. 3 (January 1972): 237–251.

Braudel, Fernand. *The Structures of Everyday Life: The Limits of the Possible.* Translated by Siân Reynolds. Civilization and Capitalism, 15th–18th Century 1. London: Collins, 1981.

Britnell, Richard. "Price-Setting in English Borough Markets, 1349–1500." *Canadian Journal of History* 31, no. 1 (April 1996): 1–15.

Brook, Timothy. *The Confusions of Pleasure: Commerce and Culture in Ming China.* Berkeley: University of California Press, 1998. （卜正民：《纵乐的困惑：明代的商业与文化》）

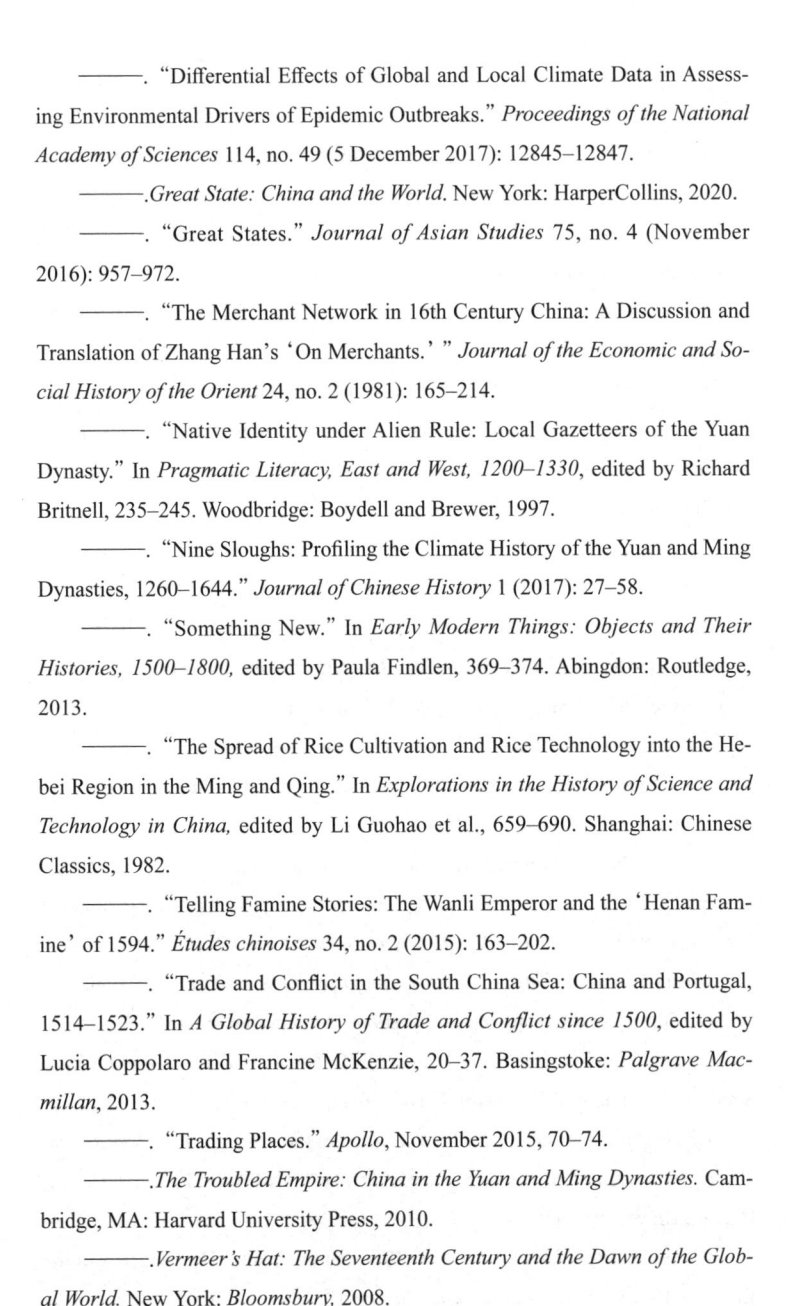

———. "Differential Effects of Global and Local Climate Data in Assessing Environmental Drivers of Epidemic Outbreaks." *Proceedings of the National Academy of Sciences* 114, no. 49 (5 December 2017): 12845–12847.

———. *Great State: China and the World.* New York: HarperCollins, 2020.

———. "Great States." *Journal of Asian Studies* 75, no. 4 (November 2016): 957–972.

———. "The Merchant Network in 16th Century China: A Discussion and Translation of Zhang Han's 'On Merchants.'" *Journal of the Economic and Social History of the Orient* 24, no. 2 (1981): 165–214.

———. "Native Identity under Alien Rule: Local Gazetteers of the Yuan Dynasty." In *Pragmatic Literacy, East and West, 1200–1330*, edited by Richard Britnell, 235–245. Woodbridge: Boydell and Brewer, 1997.

———. "Nine Sloughs: Profiling the Climate History of the Yuan and Ming Dynasties, 1260–1644." *Journal of Chinese History* 1 (2017): 27–58.

———. "Something New." In *Early Modern Things: Objects and Their Histories, 1500–1800*, edited by Paula Findlen, 369–374. Abingdon: Routledge, 2013.

———. "The Spread of Rice Cultivation and Rice Technology into the Hebei Region in the Ming and Qing." In *Explorations in the History of Science and Technology in China,* edited by Li Guohao et al., 659–690. Shanghai: Chinese Classics, 1982.

———. "Telling Famine Stories: The Wanli Emperor and the 'Henan Famine' of 1594." *Études chinoises* 34, no. 2 (2015): 163–202.

———. "Trade and Conflict in the South China Sea: China and Portugal, 1514–1523." In *A Global History of Trade and Conflict since 1500*, edited by Lucia Coppolaro and Francine McKenzie, 20–37. Basingstoke: *Palgrave Macmillan*, 2013.

———. "Trading Places." *Apollo*, November 2015, 70–74.

———. *The Troubled Empire: China in the Yuan and Ming Dynasties.* Cambridge, MA: Harvard University Press, 2010.

———. *Vermeer's Hat: The Seventeenth Century and the Dawn of the Global World.* New York: *Bloomsbury*, 2008.

Campbell, Bruce. *The Great Transition: Climate, Disease and Society in the Late-Medieval World.* Cambridge: Cambridge University Press, 2016.

Cartier, Michel. "Les importations de métaux monétaires en Chine: Essai sur la conjuncture chinoise." *Annales* 35, no. 3 (1981): 454–466.

———. "Note sur l'histoire des prix en Chine du XIVe au XVIIe siècle." *Annales* 24, no. 4 (1969): 876–879.

———.*Une réforme locale en Chine au XVIe siècle: Hai Rui à Chun'an, 1558–1562.* Paris: Mouton, 1973.

Chang, Pin-tsun. "The Sea as Arable Fields: A Mercantile Outlook on the Maritime Frontier of Late Ming China." In *The Perception of Maritime Space in Traditional Chinese Sources,* edited by Angela Schottenhammer and Roderich Ptak, 12–267. Wiesbaden: Harrassowitz, 2006.

Chaudhuri, K. N. *The Trading World of Asia and the English East India Company, 1660–1760.* Cambridge: Cambridge University Press, 1978.

Chen Gaoyong 陈高傭. *Zhongguo lidai tianzai renhuo biao* 中国历代天灾人祸表 [A list of natural and human disasters in Chinese history]. Shanghai: Jinan daxue, 1939. Shanghai: Shanghai shudian, 1986.

Chen Xuewen 陈学文, ed. *Huzhou fu chengzhen jingji shiliao leizuan* 湖州府城镇经济史料类纂 [Collected historical materials on the urban economy of Huzhou prefecture]. Hangzhou, 1989.

Cheng, Hai, Lawrence Edwards, and Gerald Haug. "Comment on 'On Linking Climate to Chinese Dynastic Change: Spatial and Temporal Variations of Monsoonal Rain.'" *Chinese Science* 55, no. 32 (November 2010): 3734–3737.

Cheng Minsheng 程民生. *Songdai wujia yanjiu* 宋代物价研究 [Studies in the price history of the Song dynasty]. Beijing: Renmin chubanshe, 2008.

Chow, Kai-wing. *Publishing, Culture, and Power in Early Modern China.* Stanford, CA: Stanford University Press, 2004.

Chuan, Han-sheng, and Richard A. Kraus. *Mid-Ch'ing Rice Markets and Trade: An Essay in Price History.* Cambridge, MA: East Asian Research Center, Harvard University, 1975.

Clunas, Craig. "The Art Market in 17th Century China: The Evidence of the Li Rihua Diary." *History of Art and History of Ideas* 美术史与观念史, no. 1

(Nanjing: Nanjing shifan daxue chubanshe, 2003): 201–224.

———.Elegant Debts: *The Social Art of Wen Zhengming*. London: Reaktion Books, 2004.（柯律格：《雅债：文徵明的社交性艺术》）

———.Fruitful Sites: *Garden Culture in Ming Dynasty China*. London: Reaktion Books, 1996.

———.*Screen of Kings: Royal Art and Power in Ming China*. Honolulu: University of Hawai'i Press, 2013.

———.*Superfluous Things: Material Culture and Social Status in Early Modern China*. Cambridge: Polity, 1991.

Coatsworth, John H. "Economic History and the History of Prices in Colonial Latin America." In *Essays on the Price History of Eighteenth-Century Latin America,* edited by Lyman Johnson and Enrique Tandeter, 21–33. Albuquerque: University of New Mexico Press,1990.

Cook, Harold. *Matters of Exchange: Commerce, Medicine, and Science in the Dutch Golden Age.* New Haven, CT: Yale University Press, 2007.

Crosby, Alfred. *The Columbian Exchange: Biological and Cultural Consequences of 1492.* Westport, CT: Greenwood, 1972.

Dai, Lianbin. "The Economics of the Jiaxing Edition of the Buddhist Tripitaka." *T'oung pao* 24, no. 4/5 (2008): 306–359.

Dardess, John. *Four Seasons: A Ming Emperor and His Grand Secretaries in Sixteenth-Century China.* Lanham, MD: Rowman and Littlefield, 2016.（窦德士：《嘉靖帝的四季：皇帝与首辅》）

David, Percival, trans. *Chinese Connoisseurship: The Ko Ku Yao Lun, the Essential Criteria of Antiquities.* London: Faber and Faber, 1971.

Davis, Mike. *Late Victorian Holocausts: El Niño Famines and the Making of the Third World.* London: Verso, 2002.

Degroot, Dagomar. *The Frigid Golden Age: Climate Change, the Little Ice Age, and the Dutch Republic, 1560–1720.* Cambridge: Cambridge University Press, 2018.

Deng, Kent. "Miracle or Mirage? Foreign Silver, China's Economy and Globalization from the Sixteenth to the Nineteenth Centuries." *Pacific Economic Review* 13, no. 3 (2008): 320–358.

De Vries, Jan. *The Price of Bread: Regulating the Market in the Dutch Republic.* New York: Cambridge University Press, 2019.

Dudink, Adrian. "Christianity in Late Ming China: Five Studies." PhD diss., University of Leiden, 1995.

Dunstan, Helen. "The Late Ming Epidemics: A Preliminary Survey." *Ch'ing-shih wen-t'i* 3, no. 3 (November 1975): 1–59.

Dyer, Christopher. *Standards of Living in the Later Middle Ages: Social Change in England c.1200–1520.* Cambridge: Cambridge University Press, 1989.

Dyer, Svetlana Rimsky-Korsakoff. *A Grammatical Analysis of the "Lao Ch'i-ta" With an English Translation of the Chinese Text.* Canberra: Faculty of Asian Studies, Australian National University, 1983.

Ebrey, Patricia. *Chinese Civilization and Society: A Sourcebook.* New York: Free Press, 1981.

Edvinsson, Rodney, and Johan Söderberg. "The Evolution of Swedish Consumer Prices, 1290–2008." In *Exchange Rates, Prices, and Wages, 1277–2008*, edited by Rodney Edvinsson et al., 412–452. Stockholm: Ekerlids Förlag, 2010.

Farmer, Edward. *Zhu Yuanzhang and Early Ming Legislation: The Reordering of Chinese Society following the Era of Mongol Rule.* Leiden: Brill, 1995.

Filipiniana Book Guild. *The Colonization and Conquest of the Philippines by Spain: Some Contemporary Source Documents, 1559–1577.* Manila: Filipiniana Book Guild, 1965.

Finlay, Robert. *The Pilgrim Art: Cultures of Porcelain in World History.* Berkeley: University of California Press, 2010.

Fischer, David Hackett. *The Great Wave: Price Revolutions and the Rhythm of History.* New York: Oxford University Press, 1996.

Flynn, Dennis, and Arturo Giráldez. "Born with a 'Silver Spoon': The Origin of World Trade in 1571." *Journal of World History* 6, no. 2 (Fall 1995): 201–221.

Frank, Andre Gunder. *ReOrient: Global Economy in the Asian Age.* Berkeley: University of California Press, 1998.

Fu Yiling 傅衣凌. "Ming-Qing shidai fengjian tudi maimai qiyue zhong 'de yinzhu'" 明清时代福建土地买卖契约中的"银主" [On the silver master in feudal land purchase contracts during the Ming-Qing period]. *Dousou* 52 (1983).

Gallagher, Louis, ed. *China in the Sixteenth Century: The Journals of Matthew Ricci, 1583–1610.* New York: Random House, 1953.

Ge Quansheng, Jingyun Zheng, Yanyu Tian, Wenxiang Wu, Xiuqi Fang, and Wei-Chyung Wang. "Coherence of Climatic Reconstruction from Historical Documents in China by Different Studies." *International Journal of Climatology* 28, no. 8 (2008): 1007–1024.

Gerritsen, Anne. *The City of Blue and White: Chinese Porcelain and the Early Modern World.* Cambridge: Cambridge University Press, 2020.

Gibson, A.J.S., and T. C. Smout. *Prices, Food and Wages in Scotland, 1550–1780.* Cambridge: Cambridge University Press, 1994.

Gil, Juan. *Los Chinos en Manila (siglos XVI y XVII).* Lisboa: Centro Cientifico e Cultural de Macau, 2011.

Grass, Noa. "Revenue as a Measure for Expenditure: Ming State Finance before the Age of Silver." PhD diss., University of British Columbia, 2015.

Grove, Jean. "The Onset of the Little Ice Age." In *History and Climate: Memories of the Future,* edited by P. D. Jones et al., 153–185. New York: Kluwer, 2001.

Guangzhou shi wenwu guanlichu 广州市文物管理处 (Cultural Objects Management Office of Guangzhou Municipality). "Guangzhou Dongshan Ming taijian Wei Juan mu qingli jianbao" 广州东山明太监韦眷墓清理简报 [Summary report on the grave of Ming eunuch Wei Juan at Dongshan, Guangzhou]. *Kaogu* 1977, no. 4:280–283.

Guo, Yanlong. "Affordable Luxury: The Entanglements of the Metal Mirrors in Han China (202 BCE–220 CE)." PhD diss., University of British Columbia, 2016.

Hamashima Atsutoshi 滨岛敦俊. "Minmatsu Kōnan kyōshin no gutaisō Nanjin shōshi nitsuite" [A concrete image of the gentry of late Ming Jiangnan]. In *Minmatsu Shinsho ki no kenkyū* 明末清初期的研究 [Studies in the period of the late Ming and early Qing], edited by Iwami Hiroshi 岩见宏, 165–183. Kyoto: Kyōto daigaku jinbun kagaku kenkyūjo, 1989.

Hamilton, Earl. "American Treasure and the Rise of Capitalism (1500–

1700)." *Economica* 27 (1929): 338–357.

———. "Use and Misuse of Price History." *Journal of Economic History* 4, Supplement (December 1944): 47–60.

Harris, Jonathan Gil. *Sick Economies: Drama, Mercantilism, and Disease in Shakespeare's England*. Philadelphia: University of Pennsylvania Press, 2004.

Hegel, Robert. "Niche Marketing for Late Imperial Fiction." In *Printing and Book Culture in Late Imperial China*, edited by Cynthia J. Brokaw and Kai-wing Chow, 236–237. Berkeley: University of California Press, 2005.

Heijdra, Martin (Ma Tailai 马泰来). "Mingdai wenwu dagu Wu Ting shilüe" 明代文物大贾吴廷事略 [A brief account of Wu Ting, a major dealer in cultural objects in the Ming]. *Gugong xueshu jikan* 23, no. 1 (2005): 397–411.

Ho, Chui-mei. "The Ceramic Trade in Asia, 1602–1682." In *Japanese Industrialization and the Asian Economy*, edited by A.J.H. Latham and Heita Kawakatsu, 35–70. London: Routledge, 1994.

Ho, Ping-ti. *The Ladder of Success in Imperial China: Aspects of Social Mobility, 1368–1911*. New York: Columbia University Press, 1962.

Horesh, Niv. "Chinese Money in Global Context: Historic Junctures between 600 BCE and 2012." Stanford Scholarship Online, doi:10.11126/stanford/9780804787192.003.0004. Translated from "The Great Money Divergence: European and Chinese Coinage before the Age of Steam," *Zhongguo wenhua yanjiusuo xuebao* 中国文化研究所学报 [Journal of Chinese studies] 55 (July 2012): 103–136.

Huang Miantang 黄冕堂. *Mingshi guanjian* 明史管见 [Observations on Ming history]. Jinan: Qi Lu shushe, 1985.

Huang, Ray. *1587, a Year of No Significance: the Ming Dynasty in Decline*. New Haven, CT: Yale University Press, 1981.（黄仁宇：《万历十五年》）

———. *Taxation and Governmental Finance in Sixteenth-Century Ming China*. Cambridge: Cambridge University Press, 1974.（黄仁宇：《十六世纪明代中国之财政与税收》）

Huang Yu 黄煜. *Bixue lu* 碧血录 [Record of blood]. Zhibuzu zhai congshu ed. Shanghai: Gushu liutongchu, 1921.

Huang Zhangjian 黄彰健. "Ming Hongwu Yongle chao de bangwen junling" 明洪武永乐朝的榜文峻令 [Proclamations and orders the Hongwu and Yongle eras of the Ming]. Reprinted in Huang Zhangjian, *Ming-Qing shi yanjiu conggao* 明清史研究丛稿 [Research essays in MingQing history], 237–286. Taipei: Shangwu yinshuguan, 1977.

Inoue Susumu 井上进. *Chūgoku shuppan bunkashi: shomotsu sekai to chi no fūkei* 中国出版文化史：书物世界与知的风景 [A cultural history of publishing of China: The book world and the landscape of learning]. Nagoya: Nagoya Daigaku Shuppankai, 2002.（井上进:《中国出版文化史》）

Jiang, Yonglin. "Defending the Dynastic Order at the Local Level: Central-Local Relations as Seen in a Late-Ming Magistrate's Enforcement of the Law." *Ming Studies* 1 (2000): 16–39.

———,trans. *The Great Ming Code / Da Ming lü*. Seattle: University of Washington Press, 2005.

Jiangxi sheng qinggongye ting taoci yanjiu suo (Porcelain Research Group of the Jiangxi Provincial Light Industry Bureau), ed. *Jingdezhen taoci shigao* 景德镇陶瓷史稿 [Draft history of Jingdezhen porcelains]. Beijing: Sanlian shudian, 1959.

Kaplan, Edward, trans. *A Monetary History of China*. 2 vols. Bellingham: Center for East Asian Studies, Western Washington University, 1994.

Kawakatsu Mamoru 川胜守. *MinShin Kōnan nōgyō keizaishi kenkyū* 明清江南农业经济史研究 [Studies in the history of the agricultural economy of Jiangnan in the Ming and Qing]. Tokyo: Tōkyō daigaku shuppankai, 1992.

Kindleberger, Charles. *Historical Economics: Art or Science?* Berkeley: University of California Press, 1990.

King, Gail, trans. "The Family Letters of Xu Guangqi." *Ming Studies* 21 (Spring 1991): 1–41.

Kishimoto Mio 岸本美绪 (see also Nakayama Mio). "Minmatsu dendo no shijō ni kansuru ichi kōsatsu" 关于明末土地市场的一次考察. In *Yamane Yukio kyōjū taikyū kinen Mindaishi ronsō* 山根幸夫教授退休纪念明代史论丛 [Essays on Ming history to commemorate the retirement of Yamane Yukio], 2:751–770. Tokyo: Kyūko shoin, 1990.

———. *Shindai Chūgoku no bukka to keizai hendō* 清代中国的物价与经

济波动 [Prices and economic change in Qing China]. Tokyo: Kenbun shuppan, 1997.

Klein, Herbert S., and Stanley J. Engerman. "Methods and Meanings in Price History." In *Essays on the Price History of Eighteenth-Century Latin America,* edited by Lyman L. Johnson and Enrique Tandeter, 9–20. Albuquerque: University of New Mexico Press, 1990.

Kueh, Y. Y. *Agricultural Instability in China, 1931–1991: Weather, Technology, and Institutions.* Oxford: Clarendon, 1995.

Kuo, Jason. "Huizhou Merchants as Art Patrons in the Late Sixteenth and Early Seventeenth Centuries." In *Artists and Patrons: Some Social and Economic Aspects of Chinese Painting,* edited by Li Chu-tsing, 177–188. Seattle: University of Washington Press, 1989.

Kuroda Akinobu 黑田明伸. "What Can Prices Tell Us about the 16th–18th Century China?" *Chūgoku shigaku* 中国史学 13 (2003): 101–117.

Laven, Mary. *Mission to China: Matteo Ricci and the Jesuit Encounter with the East.* London: Faber, 2011.

Lee, Fabio Yu-ching, and José Luis Caño Ortigosa. *Studies on the Map "Ku Chin Hsing Sheng Chih Tu."* Taipei: Research Center for Humanities and Social Sciences, Tsing Hua University, 2017.

Le Goff, Jacques. *Money and the Middle Ages: An Essay in Historical Anthropology.* Translated by Jean Birrell. Cambridge: Polity, 2012.

Le Roy Ladurie, Emmanuel. "The Birth of Climate History." In *Climate Change and Cultural Transfition in Europe,* edited by Claus Leggewie and Franz Mauelshagen, 197–216. Leiden: Brill, 2018.

———.*Histoire humaine et comparée du climat. Tome. 1, Canicules et glaciers (XIIIe–XVIIIe siècles).* Paris: Fayard, 2004.（埃马纽埃尔·勒华拉杜里：《人类气候比较史》）

Li Defu 李德甫. *Mingdai renkou yu jingji fazhan* 明代人口与经济发展 [Ming population and economic development]. Beijing: Zhongguo shehui kexue chubanshe, 2008.

Li Guimin 李贵民. "Ming-Qing shiqi landianye yanjiu" 明清时期蓝靛业研究 [Studies in the indigo industry in the Ming-Qing period]. MA diss., Chenggong daxue, Taipei, 2004.

Li Jiannong 李剑农. "Mingdai de yige guanding wujiabiao yu buhuan zhibi" 明代的一个官定物价表与不换纸币 [A Ming official price list and inconvertible paper currency]. Reprinted in *Mingdai jingji* 明代经济 [The Ming economy], vol. 8 of *Mingshi luncong* 明史论丛 [Essays on Ming history], 247–267. Taipei: Xuesheng shuju, 1968.

Li Zichun 李子春. "Mingdai yijian youguan wujia de shiliao" 明代一件有关物价的史料 [A historical document from the Ming dynasty regarding commodity prices]. *Kaogu* 1960, no. 10:50.

Liang Fangzhong 梁方仲, ed. *Zhongguo lidai hukou, tiandi, tianfu tongji* 中国历代户口、田地、田赋统计 [Historical statistics on Chinese population, land, and taxes]. Shanghai: Shanghai renmin chubanshe, 1980.

Liang Jiamian 梁家勉, ed. *Xu Guangqi nianpu* 徐光启年谱 [Chronological biography of Xu Guangqi]. Shanghai: Shanghai guji chubanshe, 1981.

Libbrecht, Ulrich. *Chinese Mathematics in the Thirteenth Century: The Shu-shu chui-chang of Ch'in Chui-shao*. Cambridge, MA: MIT Press, 1973.

Liu Jian et al. "Simulated and Reconstructed Winter Temperature in the Eastern China during the Last Millennium." *Chinese Science Bulletin* 50, no. 24 (December 2005): 2872–2877.

Lu, Tina 吕立亭. "The Politics of Li Yu's Xianqing ouji." *Journal of Asian Studies* 81, no. 3 (August 2022):493–506.

Ma Tailai 马泰来. See Martin Heijdra.

Mann, Michael, et al. "Global Signatures and Dynamical Origins of the Little Ice Age and Medieval Climate Anomaly." *Science* 326 (November 2009): 1256–1260.

Marks, Robert. *China: Its Environment and History*. Lanham, MD: Rowman and Littlefield, 2011.

———. "'It Never Used to Snow': Climatic Variability and Harvest Yields in Late-Imperial South China, 1650–1850." In *Sediments of Time: Environment and Society in Chinese History*, edited by Mark Elvin and Liu Ts'ui-jung, 435–444. Cambridge: Cambridge University Press, 1998.

———. "Rice Prices, Food Supply, and Market Structure in Eighteenth-Century South China." *Late Imperial China* 12, no. 2 (December 1991): 64–116.

Martzloff, Jean-Claude. *A History of Chinese Mathematics*. Translation of *Histoire des mathématiques chinoises (1987)*. New York: Springer, 2006.

Morse, Hosea Ballou. *The Chronicles of the East India Company, Trading to China 1635–1834*. Vol. 1. Oxford: Clarendon, 1926. [马士：《东印度公司对华贸易编年史》(一六三五——一八三四年)》]

Muldrew, Craig. *The Economy of Obligation: The Culture of Credit and Social Relations in Early Modern England*. London: Macmillan, 1998.

———.*Food, Energy and the Creation of Industriousness: Work and Material Culture in Agrarian England, 1550–1780*. Cambridge: Cambridge University Press, 2011.

Munro, John. "Money, Prices, Wages, and 'Profit Inflation' in Spain, the Southern Netherlands, and England during the Price Revolution Era: ca. 1520-ca. 1650." *História e Economia* 4, no. 1 (2008): 13–71.

———.Review of David Hackett Fischer, *The Great Wave: Price Revolutions and the Rhythm of History*. *EH .Net Review*, 24 February 1999, ehreview@eh.net, accessed 10 June 2022.

Nakayama Mio 中山美绪 (see also Kishimoto Mio). "On the Fluctuation of the Price of Rice in the Chiang-nan Region during the First Half of the Ch'ing Period (1644–1795)." *Memoirs of the Research Department of the Toyo Bunko* 37 (1979): 55–90.

———. "Shindai zenki Kōnan no bukka dōkō" 清代前期江南的物价动向 [On the rise and fall of commodity prices in the Jiangnan region during the first half of the Qing period]. *Toyoshi kenkyu* 37, no. 4 (1979): 77–106. Reprinted in Kishimoto Mio, *Shindai Chūgoku no bukka to keizai hendō* 清代中国的物价与经济波动 [Prices and economic change in Qing China], 99–135. Tokyo: Kenbun shuppan, 1997.

Niida Noboru 仁井田陞. *Chūgoku hōseishi kenkyū: Dorei nōdo hō, kazoku sonrakuhō* 中国法制史研究：奴隶农奴法·家族村落法 [Studies in the history of Chinese law: Slave and surf laws, family and village law]. Tōkyō: Tōkyō daigaku shuppansha, 1981.

Oertling, Sewall. *Painting and Calligraphy in the "Wu-tsa-tsu": Conser-*

vative Aesthetics in Seventeenth-Century China. Ann Arbor: Center for Chinese Studies, University of Michigan, 1997.

Paethe, Cathleen, and Dagmar Schäfer. "Books for Sustenance and Life: Bibliophile Practices and Skills in the Late Ming and Qi Chenghan's Library Dansheng Tang." In *Transforming Book Culture in China, 1600–2016 (Kodex 6),* edited by Daria Berg and Giorgio Strafella, 19–48. Wiesbaden: Harrassowitz Verlag, 2016.

Parker, Geoffrey. *Global Crisis: War, Climate Change and Catastrophe in the Seventeenth Century.* New Haven, CT: Yale University Press, 2013.

———. "History and Climate: The Crisis of the 1590s Reconsidered." In *Climate Change and Cultural Transfition in Europe,* edited by Claus Leggewie and Franz Mauelshagen, 119–155. Leiden: Brill, 2018.

Parsons, James. *Peasant Rebellions of the Late Ming Dynasty.* Tucson: University of Arizona Press, 1970.

Peng Xinwei 彭信威. *Zhongguo huobi shi* 中国货币史 [A monetary history of China]. Shanghai: Qunlian chubanshe, 1954.

Pomeranz, Kenneth. *The Great Divergence: China, Europe, and the Making of the Modern World Economy.* Princeton, NJ: Princeton University Press, 2000.

Prange, Sebastian. "'Measuring by the Bushel': Reweighing the Indian Ocean Pepper Trade." *Historical Research* 84, no. 224 (May 2011): 212–235.

Qin Peiheng 秦佩珩. "Mingdai mijia kao" 明代米价考 [Notes on grain prices in the Ming dynasty]. In Qin Peiheng, *Ming-Qing shehui jingji shi lungao* 明清社会经济史论稿 [Draft essays on socioeconomic history of the Ming and Qing], 199–210. Zhengzhou: Zhongzhou guji chubanshe, 1984.

Quan Hansheng 全汉昇. *Ming Qing jingji shi yanjiu* 明清经济史研究 [Studies in the economic history of the Ming and Qing]. Taipei: Lianjing, 1987.

———. "Song Ming jian baiyin goumaili de biandong ji qi yuanyin" 宋明间白银购买力的变动及其原因 [Changes in the purchasing power of silver from Song to Ming and their causes]. *Xinya xuebao* 8, no. 1 (1967): 157–186.

Quanzhou shi wenwu guanli weiyuanhui 泉州市文物管理委员会 (Quanzhou Cultural Artifacts Management Committee) and Quanzhou shi haiwai jiaotongshi bowuguan 泉州市海外交通史博物馆 (Quanzhou Museum of Overseas Communications). "Fujian Quanzhou diqu chutu de wupi waiguo yinbi" 福建泉州地区出土的五批外国银币 [Five batches of foreign silver coins excavated in the Quanzhou region, Fujian]. *Kaogu* 1975, no. 6:373–381.

Reddy, William. *Money and Liberty in Modern Europe: A Critique of Historical Understanding.* Cambridge: Cambridge University Press, 1987.

Satō Taketoshi 佐藤武敏. *Chūgoku saigaishi nenpyō* 中国灾害史年表 [Annual chronology of historical disasters in China]. Tokyo: Kokusho kankōkai, 1993.

Rusk, Bruce. "Value and Validity: Seeing through Silver in Late Imperial China." In *Powerful Arguments: Standards of Validity in Late Imperial China,* edited by Martin Hofmann et al., 471–501. Leiden: Brill, 2020.

Schäfer, Dagmar. *The Crafting of the Ten Thousand Things: Knowledge and Technology in Seventeenth-Century China.* Chicago: University of Chicago Press, 2011.

Schäfer, Dagmar, and Dieter Kuhn. *Weaving and Economic Pattern in Ming Times (1368–1644): The Production of Silk Weaves in the State-Owned Silk Workshops.* Heidelberg: Edition Forum, 2002.

Shan Kunqing. "Copper Cash in Chinese Short Stories Compiled by Feng Menglong (1574–1646)." In *Money in Asia (1200–1900): Small Currencies in Social and Political Contexts,* edited by Jane Kate Leonard and Ulrich Theobald, 224–246. Leiden: Brill, 2015.

Siebert, Lee, Tom Simkin, and Paul Kimberley. *Volcanoes of the World: Third Edition ed.* Berkeley: University of California Press, 2011.

Song Zhenghai 宋正海. *Zhongguo gudai ziran zaiyi xiangguanxing nianbiao zonghui* 中国古代自然灾异相关性年表总汇 [Combined chronology of natural disasters in ancient China]. Hefei: Anhui jiaoyu chubanshe, 2002.

Struve, Lynn. *Voices from the Ming-Qing Cataclysm: China in Tigers' Jaws.* New Haven, CT: Yale University Press, 1993.

Su Gengsheng 苏更生. "Mingchu de shangzheng yu shangshui" 明初的商政与商税 [Merchant policy and commercial taxation in the early Ming]. *Mingshi yanjiu luncong* 明史研究论丛 [Research essays on Ming history] 1984, no. 2:427–448.

Torres, José Antonio Martinez. "'There Is But One World': Globalisation and Connections in the Overseas Territories of the Spanish Hapsburgs (1581–1640)." *Culture and History Digital Journal* 3, no. 1 (June 2014). https://brasilhis.usal.es/en/node/7660.

Tsien, Tsuen-Hsuin. *Science and Civilisation in China. Vol. 5. Chemistry and Chemical Technology. Part I. Paper and Printing.* Cambridge: Cambridge University Press, 1985.

Volker, T. *Porcelain and the Dutch East India Company: As Recorded in the Dagh-Registers of Batavia Castle, Those of Hirado and Deshima and Other Contemporary Papers, 1602–1682.* Leiden: Brill, 1954.

Von Glahn, Richard. "The Changing Significance of Latin American Silver in the Chinese Economy, 16th–19th Centuries." *Journal of Iberian and Latin American Economic History* 38, no. 3 (December 2020): 553–585.

———.*Fountain of Fortune: Money and Monetary Policy in China, 1000–1700.* Berkeley: University of California Press, 1996.

———. "Money Use in China and Changing Patterns of Global Trade in Monetary Metals, 1500–1800." In *Global Connections and Monetary History, 1470–1800,* edited by Dennis Flynn, Arturo Giráldez, and Richard von Glahn, 187–205. Aldershot: Ashgate, 2003.

Wakeman, Frederic. *The Great Enterprise: The Manchu Reconstruction of Imperial Order in Seventeenth-Century China.* Berkeley: University of California Press, 1985.

Wang Guangyao 王光尧. *Mingdai gongting taoci shi* 明代宫廷陶瓷史 [History of Ming court porcelain]. Beijing: Zijincheng chubanshe, 2010.

Wang Jiafan 王家范. "Ming-Qing Jiangnan xiaofei jingji tance" 明清江南消费经济探测 [Exploration of the Jiangnan consumer economy in the Ming and Qing]. *Huadong shifan daxue xuebao* 1988, no. 2:157–167.

Wang Teh-yi 王德毅, ed. *gongcang fangzhi mulu.*

Wang, Yeh-chien. 王业键 "The Secular Trend of Prices during the Ch'ing Period (1644–1911)." *Zhongguo wenhua yanjiusuo xuebao* [Journal of the Institute of Chinese Culture] 5, no. 2 (1972): 347–371.

———. "Secular Trends of Rice Prices in the Yangzi Delta, 1638–1935."

In *Chinese History in Economic Perspective,* edited by Thomas Rawski and Lillian Li, 35–68. Berkeley: University of California Press, 1992.

Ward, Peter. "Stature, Migration and Human Welfare in South China, 1850–1930." *Economics and Human Biology* 11, no. 4 (December 2013): 488–501.

Wilkinson, Endymion. *Studies in Chinese Price History*. New York: Garland, 1980.

Will, Pierre-Étienne. "Discussions about the Market-Place and the Market Principle in Eighteenth-Century Guangdong." *Zhongguo haiyang fazhanshi lunwen ji* 中国海洋发展史论文集 7 (1999): 323–389.

———.*Handbooks and Anthologies for Officials in Imperial China: A Descriptive and Critical Bibliography.* Leiden: Brill, 2020.

Will, Pierre-Étienne,and R. Bin Wong, eds. *Nourish the People: The State Civilian Granary System in China, 1650–1850.* Ann Arbor: Center for Chinese Studies, University of Michigan, 1991.

Wilson, Rob, et al. "Last Millennium Northern Hemisphere Summer Temperatures from Tree Rings: Part I: The Long Term Context." *Quaternary Science Reviews,* 15 February 2016, https://www.sciencedirect.com/science/article/abs/pii/SO277379115301888.

Wong, R. Bin. C*hina Transformed: Historical Change and the Limits of European Experience.* Ithaca, NY: Cornell University Press, 1997.（王国斌:《转变的中国：历史变迁与欧洲经验的局限》)

Wu Chengluo 吴承洛. *Zhongguo duliangheng shi* 中国度量衡史 [A history of Chinese weights and measures]. 1937. Shanghai: Shangwu yinshuguan, 1993.

Wu Renshu 巫仁恕. *Pinwei shehua: Wan Ming de xiaofei shehui yu shidafu* 品味奢华：晚明的消费社会与士大夫 [Taste and extravagance: Late Ming consumer society and the gentry]. Beijing: Zhonghua Shuju, 2008.

———. *Youyou fangxiang: Ming Qing Jiangnan chengshi de xiuxian xiaofei yu kongjian bianqian* 优游坊厢：明清江南城市的休闲消费与空间变迁 [Urban pleasures: leisure consumption and spatial transformation in Jiangan cities during the Ming-Qing period]. Beijing: Zhonghua Shuju, 2017.

Xiao, Lingbo, Xiuqi Fang, Jingyun Zheng, and Wanyi Zhao. "Famine, Migration and War: Comparison of Climate Change Impacts and Social Responses in North China in the Late Ming and Late Qing Dynasties." *Holocene* 25, no. 6 (2015): 900–910.

Xu Hong 徐泓. "Jieshao jize Wanli sishisan, si nian Shandong jihuang daozhi renxiangshi de shiliao" 介绍几则万历四十三、四年山东饥荒导致人相食的史料 [Introducing materials on several cases of cannibalism in the Shandong famine of 1615–1616]. *Mingdai yanjiu tongxun* 6 (2003): 143–149.

———. "Mingmo shehui fengqi de bianqian—yi Jiang, Zhe diqu wei li" 明末社会风气的变迁——以江浙地区为例 [Changes in social customs in the late Ming, taking the JiangsuZhejiang region as an example]. *Dongya wenhua* 24 (1986): 83–110.

Xue Longchun 薛龙春. *Wang Duo nianpu changbian* 王铎年谱长编 [Extended chronological biography of Wang Duo], 3 vols. Beijing: Zhonghua shuju, 2019.

Yang Lien-sheng. *Money and Credit in China: A Short History.* Cambridge, MA: Harvard University Press, 1952.（杨联陞:《中国货币与信贷简史》）

Ye Kangning 叶康宁. *Fengya zhi hao: Mingdai Jia-Wan nianjian de shuhua xiaofei* 风雅之好：明代嘉万年间的书画消费 [What style was favored: The consumption of painting and calligraphy in the years of the Jiajing to Wanli eras of the Ming dynasty]. Beijing: Shangwu yinshuguan, 2017.

Yim, Shui-yuen. "Famine Relief Statistics as a Guide to the Population of Sixteenth-Century China: A Case-Study of Honan Province." *Ch'ing-shih wen-t'i* 3, no. 9 (1978): 1–30.

Zhang Anqi 张安奇. "Ming gaoben 'Yuhua tang riji' zhong de jingjishi ziliao yanjiu" 明稿本〈玉华堂日记〉中的经济史资料研究 [Study of materials for economic history in the Ming edition of "Diary from Jade Flower Hall"]. In *Mingshi yanjiu luncong*, 5:268–311. Nanjing: Jiangsu Renmin chubanshe, 1991.

Zhang Jiacheng. *The Reconstruction of Climate in China for Historical Times.* Beijing: Science Press, 1988.

Zhang Jiacheng and Thomas Crowley. "Historical Climate Records in China and Reconstruction of Past Climates." *Journal of Climate* 2 (August 1989): 833–849.

Zheng, Jingyun, Lingbo Xiao, Xiuqi Fang, Zhixin Hao, Quansheng Ge, and Beibei Li. "How Climate Change Impacted the Collapse of the Ming Dynasty." *Climatic Change* 127, no. 2 (2014): 169–182.

Zhongyang qixiang ju qixiang kexue yanjiu yuan 中央气象局气象科学研究院, ed. *Zhongguo jin wubai nian hanlao fenbu tuji* 中国近五百年旱涝分布图集 [Maps of the distribution of droughts and pluvials in China over the last five hundred years]. Beijing: Ditu chubanshe, 1981.

译后记

翻译卜正民教授的力作《崩盘：小冰期与大明王朝的崩溃》，是我学习历史专业、从事史学科研教学活动多年来的一次精神洗礼。卜氏此作之推陈出新，大要有二：

一、氏著考察的议题虽是老生常谈的明朝崩溃问题，但考察视角别具一格。氏著巧妙地选取了一个历史转折点——生活在万历朝的普通士人陈其德，以其一生遭遇之变故切入，进一步分析环境气候变迁对物价的影响，进而重新分析了明朝为何又一次陷入历史周期论的"天命"中，令人耳目一新。

二、氏著使用的史料旁征博引，并不局限于一地一隅。除了传统的汉文文献外，氏著还大量使用欧美诸国所藏、罕为人发覆使用的材料，如彼时欧洲殖民者之日记、东印度公司的账册数据、中国商人之会计账目等，从更大的背景中勾勒了一个处在世界历史中的明朝及其在海洋贸易中的地位。

卜氏该作，予我许多深思、发覆和启示。考虑到此前该书英文原版面世时，普林斯顿大学出版社与北京大学人文社会科学研究院已经组织过非常精彩的讨论，因此我不打算在译后记中过多地狗尾续貂，仅以上文之总结，表达我对作者卜正民教授最深的敬意。

在翻译的过程，卜正民教授与我有若干邮件通讯，主题是修订其原著中一些细节瑕疵。略举一例，卜氏曾在书中援引《两浙海防类考续编》中若干军需价格作为讨论对象，其中有"密鲁铳"一物，原系"鲁密铳"（明朝仿制奥斯曼火铳之一种）之讹，卜氏原著并未注意。但在此次修订版中，卜氏先后给我发过三份修订的清单，其中就包括将"密鲁铳"改为"鲁密铳"。卜氏原未倾注精力于明朝军器史，《两浙海防类考续编》也确讹作"密鲁铳"，其先未曾注意，原本亦不可强求。但卜氏最后仍予检出并作修改，其治史之慎微由此可见。

与原作者卜正民教授一样值得称道的还有负责的编辑张鹏、贾启博、王晓晓。卜氏之作所涉议题原本非我研究之擅长领域，因此初译稿中难免有存疑或不足之处，多由编辑们细心校订发覆。对于编辑的包容和耐心，以及予我尝试挑战的机会，我在此也一并谨致谢忱。

我接到翻译邀请时，繁体中文版的译本尚未问世。翻译约至四成进度时，该译本横空出世，我的"中文首发"就此"失去"。我一度觉得困扰，感觉自己接下来要做重复工作。不过在拜读该译本之后，我很快释怀，我确实在做"另一件事"。诚如金庸先生笔下的《九阳神功》口诀所言，"他强由他强，清风拂山岗"，我的工作也不过如是。

陈佳臻

2025 年 3 月　于北京蓟门桥

图书在版编目（CIP）数据

崩盘：小冰期与大明王朝的衰落 /（加）卜正民著；陈佳臻译. -- 北京：九州出版社, 2025.6. -- ISBN 978-7-5225-3952-2

Ⅰ. K248.07

中国国家版本馆 CIP 数据核字第 20251CJ203 号

The Price of Collapse: The Little Ice Age and the Fall of Ming China by Timothy Brook

Copyright © 2023 by Timothy Brook

All rights reserved. No part of this book may be reproduced or transmitted in any form or by any means, electronic or mechanical, including photocopying, recording or by any information storage and retrieval system, without permission in writing from the Publisher.

著作权合同登记号：图字：01-2025-2472

崩盘：小冰期与大明王朝的衰落

作　　者	[加] 卜正民 著　陈佳臻 译
责任编辑	张艳玲　周春
出版发行	九州出版社
地　　址	北京市西城区阜外大街甲 35 号（100037）
发行电话	（010）68992190/3/5/6
网　　址	www.jiuzhoupress.com
印　　刷	河北中科印刷科技发展有限公司
开　　本	880 毫米 × 1194 毫米　32 开
印　　张	8.75
字　　数	203 千字
版　　次	2025 年 6 月第 1 版
印　　次	2025 年 7 月第 1 次印刷
书　　号	ISBN 978-7-5225-3952-2
定　　价	78.00 元

★ 版权所有　侵权必究 ★